新生代农民工婚姻报告

李　德　著

上海交通大學出版社

内 容 提 要

本书以中国城乡社会的转型为写作背景，以农民工的婚姻作为研究视角，采用深入个案访谈、问卷调查为主要研究方法，以上海市S厂和P县L村作为本书田野调查地点，通过改革开放以来不同时期农民工婚姻策略的微妙变化，具体分析其背后深层次的原因，来反映中国当前城乡社会转型面临的一些问题：用工荒、农民工培训、户籍改革、老龄化、农村养老保障体制、新农村建设、留守儿童、农民工子女入学等。

本书的读者对象是大学中社会学、人类学、公共管理、公共政策等专业的大学生、研究生，专业性研究农民工问题、婚姻问题等方面的专家学者，政府相关部门制定农民工政策的领导，也可以是广大普通读者，本书具有通俗化、大众化的特点，既符合社会学、人类学研究的规范，又具有很强的可读性。

图书在版编目(CIP)数据

新生代农民工婚姻报告/李德著. —上海：上海交通大学出版社，2011

ISBN 978-7-313-07690-8

Ⅰ. 新…　Ⅱ. 李…　Ⅲ. 民工—婚姻—研究报告—中国　Ⅳ. D669.1

中国版本图书馆CIP数据核字(2011)第171528号

新生代农民工婚姻报告

李　德　著

上海交通大学出版社出版发行

（上海市番禺路951号　邮政编码200030）

电话：64071208　出版人：韩建民

同济大学印刷厂 印刷　全国新华书店经销

开本：787mm×960mm 1/16　印张：15　字数：233千字

2011年9月第1版　2011年9月第1次印刷

ISBN 978-7-313-07690-8/D　定价：35.00元

在“行动”中，认识真实的中国

（代序）

前阵子，因为参加一个有关青年农民工融入城市的行动计划，我在杭州给基层社区的工作人员做培训。午饭中，浙江大学的一位同行说，要认识当下的中国社会，需要的不是研究，而是行动，当时深以为然。

按我的理解，所谓“行动”不是指某种“参与式观察”，而是直接进入工作现场，做一些同今天中国社会变迁直接相关的事情。毫无疑问，对于社会学研究者来说，“行动”根本上还是为了“研究”，但“行动”区别于通常的“研究”之处在于，前者比后者更加贴近现实，因此在认识当下中国时可以具有某种“肌肤感”。这对克服“中国研究热”中频繁出现的“想当然”，可能是一剂良药。

认识当下中国之不易，首先来自这个民族本身不太善于用实证方法来认识世界，更不用说人类世界。作为现代社会学的主流，实证社会学强调用自然科学的方法来研究人类社会，但早在19世纪，西方学者如新康德主义流派在反思实证主义的自然主义倾向基础上，提出了文化科学的独特性，要求在研究“实然”的社会世界时，不能忘记其内含的“应然”或曰“价值”特性，而韦伯由此进一步将社会学研究中研究对象内含的“价值因素”和研究者隐含的“价值偏好”加以区别，提出“价值无涉”的方法论原则，力图减轻研究者主观因素对研究过程和研究结果的不自觉干预。在西方，这是科学地研究人类自身的一大理论和方法论进步。但在中国，由于“人文传统”的根深蒂固，从古至今，要让人不带价值偏好地、实证地研究现实社会，不说不可能，也是难以操作的。反映在方法论上，中国学者对“价值无涉”基本上持批评的态度，认为其不具有“可行性”。缺乏对自身价值偏好的反思，导致中国研究中一厢情愿之作从不鲜见。

其实，人能否认识世界，最大困难不在于世界的复杂，而在人用来看世界的眼睛有其自身边界：看世界的眼睛永远不可能看见自己，而不知道自身的局限，就难以判断眼中的世界同真实世界到底相去多远。要摆脱“眼睛”的局限，最好的办法不是坐在安乐椅上玄思，而是走进生活，让实践中是否“行得通”来修正眼睛的偏差。相比单纯的“研究”，这种类似于“社会实验”的“行动”更受制于生活逻辑，研究者在“行动”中形成的认识，可以更贴近中国的现实，这就是所谓的“肌肤感”。

认识当下中国之不易，又在于文化因素的影响。中国先哲拥有极具穿透力的眼光，老子所谓“道可道，非常道；名可名，非常名”，一句话点破了话语与现实的距离，打开了中国进入“意会”、“体悟”等非语言表达的大门，也堵住了通向概念和定义的通道。没有概念，也不需要概念，进而不需要作为搭建概念与概念关系之工具的形式逻辑，中国人在把握世界时，常常容易陷入“失语”的境地：有能力使用多种语言的国人都有“体会”，汉字更适合形象描绘，而非精确记述。借“西方概念”，说“中国事情”因此成为自 19 世纪来，中国学者认识中国社会的基本策略。如此“言必称希腊”常为人诟病，但这并非“崇洋媚外”情结所致，没有那么简单，缺乏从经验事实中提炼概念并加以精确界定的能力和习惯，没有自己的概念，才是根本原因。问题在于，概念就是眼光，习惯于用西方概念来观察和描述中国，最后得到的成果肯定会具有某种“卡通”性质。比如当下中国学者关于中国社会的研究论文，如果以农村为主题，几乎必引那几位西方学者的成果，让人常生好奇之心。这里最关键的不是引用外人的成果，而是完全被局限在外人的眼光之中，中国人看中国最后竟然看出“世界真奇妙”的效果。这同前几年中国学者翻译英语材料，连“孟子”都会译错，是一个道理。

目前，要完全走出西方的概念，进而超越西方的社会研究眼光，不说不可能，也是很困难的，中国要形成自己的理论体系和分析工具，还有待时日。但在使用西方概念的同时，突破西方视野的局限，不仅必要，而且可行，其中最基础性的一步是回归日常生活，在“行动”中获得对西方概念、理论和眼光的自觉、主动和自主。

认识中国之不易，还在于中国社会仍处在转型之中。以 1840 年为时间界标的中国社会转型，至今尚未结束，也很难确定何时结束，甚至如今究竟走到了哪个节点，都可能引发争议。坐在车厢内，一个人很难从内部环境，来判断车到了哪里，偶尔望望车外，也不一定找得到参照物，因为走在一条全新的路上，结果只能按照别人对路径的描述，判断大概走到了什么地方。令人不愿接受的是,这个“别人”只能是已经在现代化道路上先行了数百年的西方发达国家。“言必称希腊”因此不仅成为“研究者”的通病,也成为“行动者”的陷阱。中国社会到底哪些变了,哪些没变,哪些进入了所谓的“现代”,哪些甚至在“传统”的方向走得更远,哪些看似“现代”,其实更加“传统”,哪些原来被认为“传统”,却更能适应“现代”,如此这般的问题没搞清楚,高谈阔论“中国模式”或“文明型国家”,都可能成为不折不扣的“指鹿为马”。参照西方那匹“马”,来认识转型中国这头“鹿”,发生些许误会,还是可以理解的。承载着五千年历史的民族一个转身,转晕了国人的头脑,理论失去了方向,给感性,特别是那种带有创造性直觉的感性腾出了空间,在“行动”中,重建方向感,成为认识中国的必要条件。

作者李德博士在上海大学获得学位,这本书是他在学位论文基础上整理而成的。李博士不是我的学生,我甚至从未给他上过一次课。他之所以找我写序,不只是因为我从事农民工研究多年,还因为他知道我是一个“行动”的人,而我之所以愿意给这本书写序,是因为我从他的书中看到一种气质,这种气质恰恰同我上面谈到的“行动”及其重要性有关。

我不知道作者有没有参加大量的“行动”,但至少他有一个极为有利的条件,那就是与所研究的对象有共同生活的体验。一个贫瘠乡村中走出来的学子,一个曾经为学费出走的学子,一个同农民工一起住过窝棚的学子,他对当下中国的感觉是真切而且深切的。更为有利的是,相比童年伙伴,凭借 20 多年的学校教育,特别是从本科开始的学科训练,作者能够用学理世界的语言,来讲述那个他生长于其中、至今仍然时时接触的生活世界,而相比其他总在“研究”的学者,凭借与生活世界亲密无间的接触,作者在认识中国社会时,不至于像当年传道士初涉“野蛮社会”时那样,屡屡发出“世界真奇妙”之大惊小怪。

细心的读者可以发现,同为中国学者,当别人真诚地为农民工“重物质消费,轻精神消费”而惋惜时,作者则明白地告诉我们,大部分农民工日常生活的最大问题是没得消费:那么一点收入,应付那么多的开支,他们的物质需求尚且不具有经济学的有效性,也就是没有支付能力作保证,何谈“精神消费”?确实,不是农民工不想消费,而是没有能力消费,或者只能把精神消费“打包”在物质消费之中:有谁统计了农民工花在春节回家的路上和走亲访友之际的经济支出中,到底有多少属于“物质消费”,多少属于“精神消费”?

没有学理,我们无法认识现实社会,借助学理,我们却有可能最后呈现一个遭受“学理污染”的生活世界。对于认识中国的学者来说，这一“学理悖论”可能尤显突兀，但更可能不被察觉。

回归农民工的日常生活，借助向西方借来的概念和其他分析工具，找到当今中国社会变与不变之处，重新确定中国下一步的起点，所有这一切，不是这本书所能完成的，更不是作者已经完成的，但确实是他希望完成并作出了探索的。

在本书中，无论农民工，还是他们的婚姻策略和婚姻距离，其实都只是作者丈量中国社会变迁的尺子。中国仍处变迁之中，每一项测量结果转瞬已经过时，唯一不变的是丈量仍在继续，方法还有用武之地。

顾　骏

2011 年 9 月 12 日中秋

乡村是否终结？乡村是否衰落？

（代前言）

中国改革开放的发展、城市化的推进以及城乡社会的转型，也是广大农民生产方式、婚姻家庭等生活实践变迁的历史进程，这些都深深地打上了时代的烙印，难以消逝。

我生长在中原地区的一个小村庄，直到考上大学才恋恋不舍离开生我养我的故乡。祖辈们世世代代以种地为生，我的家庭经历了中国整个改革开放农民外出打工的整个历程。我父亲会一手精湛的木工技艺，当地百姓经常请我父亲做家具和一些农具。1976 年，我父亲凭着精湛的手艺，在驻马店找到了一个临时工作。那时农村还是大集体，没有实行联产承包责任制，国家不允许农民到城市打工，如果城里确实需要，村里就要开具介绍信，而且每年还要向村里上交一定费用，算是弥补在村里应该种地劳作的损失。

20 世纪 80 年代，改革开放初期，我们那里开始包产到户，我们家四口人，分到近 10 亩土地。当时的生产条件很落后，农业劳动全部靠人的体力和家庭养的牛、马、驴等大牲口来完成。除去暑假和寒假外，我们那里的小学和初中当时有 6 月份的麦忙假和 10 月份的秋忙假，假期是一周左右，学校放假的考虑就是要求孩子帮助父母抢收抢种，还有一个原因，就是我们的老师全是民办教师，他们也有自己的责任田，也需要收获和耕种。收获的季节对于父老乡亲们来说是喜悦的，但更多的是繁重的体力劳动，记得当时我和父母一起用镰刀割麦子，用牛等拉着石磙在场地上碾麦秸等。1988 年左右，村里条件好的家庭买了手扶拖拉机，之后有的家庭开始买四轮拖拉机等，数量不多，但可以帮助村民做很多事情，减轻了一部分繁重的体力劳动。父亲在农闲时，还是到驻马店干活，和原来相比，不再向村里交钱，而且还带了村里很多人一起去。打工挣的钱不多，一个月也就 150 元左右，就是补贴家用，为我兄弟俩交学费，买些化肥等，一年的全部收入，到年底没什么剩余，日子过得紧巴巴的。当地其他村民的经济条件都差不多，大家都不是很富裕。跟父亲一起外出打工的村民，每到庄稼收获的季节，就要回来忙田地里面的事情，一忙完就要出去，跟候鸟一样往返于家与打工的地方。

我上初中二年级的时候，村里和我一样大小的伙伴们兴起了一股出去打工的热潮。尤其是春节期间，村里外出打工的年轻人回家过年，他们穿着新衣服，新皮鞋，拿着从城市里带回来的新玩意，说着城市里精彩的生活，让我们这些没出过门的人很是羡慕。一些学习成绩不好或家庭经济条件不是很好的青少年，很多人过完年就跟着别人外出打工了。

我上初三时，父亲不再外出打工。当时我们那里的农民负担很重，粮食丰收之后，交完国家的公粮，各级政府的提留粮之后，所剩粮食已不多。父亲一个月到学校为我交一袋子小麦，大约 100 斤左右，算是我一个月在学校期间的口粮。由于当时正在长身体，但又不能多吃，否则就不够一个月吃的，经常半夜里饿醒，很难受。加上学习压力很大，考虑到弟弟将来还要上学，于是就在初三上半学期开始懈怠起来，天天想着如何辍学之后挣钱发财的事。后来就不想上学、想出去打工、将来供弟弟上学的事跟父母说了。父母很生气，把我打了一顿，还采取各种办法逼着我去上学。我想父母逼我上学，一方面是我学习成绩好，从上学以来每次考试都是班级第一，每次都参加乡、县举办的各种竞赛，经常获奖。另一方面是父母觉得在村里经常受人欺负，希望我将来考上大学、找到好工作后，他们在村里也很有面子。初三下半学期时，我也想通了，就继续好好学习，由于基础好，中考时考得还算行，本来可以上个师范学校(中专)，后来就直接上了县重点高中的重点班，发誓一定要考大学。我上高中期间，村里的年轻人都出去打工去了，大部分是在北京的饭店里工作，有做厨师的，有做面点师傅的，也有做凉菜的。他们找工作一般是通过亲戚或地缘网络资本，先出去的带领后来出去的，这样可以提供找工作的信息、暂时的住宿或手头紧时借些钱花，很少有人直接去到北京或其他地方找工作，那样风险太大。由于那时工作机会多，在城里如能找到工资相对较高，而且可以带亲戚朋友一起出去工作的人，被村民视为能人。

在高二暑期补完课，我觉得还有一个多月时间才开学，就突发奇想，拿着几十块钱坐火车跑到北京，想挣些钱，以备高三学习、生活之用。由于没有身份证，我找了很多地方，没有任何单位敢雇佣我。我很失落，沿着北京的大街漫无目的到处走，饿了就吃一点面包，渴了就喝自来水，第一天晚上，我翻过陶然亭公园的院墙，在公园里躺椅上睡了一夜。第二天，我继续沿着北京的大街走了一天，到傍晚时分，饿得很厉害。当我走到一座立交桥下时，看到一个老大爷拉着架子车在捡破烂，就走向前去问他哪里人？老大爷说是河南的，我问河南哪里的？他说是驻马店的，然后我就抱着老大爷哭了起来，说我也是驻马店的，想暑假到北京打工挣点钱，但没身份证就没找到工作，已经两天没吃饱饭了。我说完就拿出学生证和获得的各种奖状给他看。老大爷看了我一下，说了一句："跟我走吧！"我在后面推着架子车，跟着老大爷来到他们居住的地方。

记得当时是在北京市丰台区一个叫草桥的地方，来自驻马店上蔡县的16位农民工，挤在两间低矮的出租房里。没有床，大家就打地铺睡，把报纸、废纸板铺在地上，盖上从家里带来的床单和被子。一到住的地方，老大爷就赶紧给我做了一大锅面条，我连喝三洋瓷碗，当时真是饿坏了。这些农闲时出来讨生活的农民工，每天的工作就是拉着架子车在附近收破烂，也捡破烂，傍晚就到废品收购站卖掉。一天下来，收入有30块钱左右，他们舍不得花钱，白天在外面就买一些油条烧饼，晚上煮面条，节省下来的钱寄回去供孩子上学、盖房子、娶媳妇、买化肥等。当时一个刚去不久的年轻人，身体不是很好，在大家的建议下才买一斤白糖，说是补补身体。居住在附近低矮民房里的大多是来北京打工的农民工，房租与楼房相比，便宜很多，但居住条件很差，周边的生活环境也不是很好。

我于是就白天跟着老大爷去收破烂，穿行于北京的大街小巷，除了收、捡废品外，老大爷还带我路过北京动物园等一些旅游景点，由于买不起门票，就在栏杆外看。10多天之后的一天晚上，我喝完两碗面条，向老大爷提出要回家，因为快开学了，马上就要投入到紧张的高三学习生活。等屋里的人回来的差不多了，老大爷就召集大家开个会，意思就是我快开学了，要回去，他收破烂也挣不了几个钱，由于身体不好，每天还要买药吃，看大家能不能兑几个钱，把我的火车票给买了。大家一致同意老大爷的提议，于是你三块、他五块，大家总共兑了50多块，当时北京到驻马店的火车票是37块钱，剩下的钱就买了一些路上吃的。当时正好一个老乡要回家办事，老大爷就委托他一直把我送到我父母手里。我忘不掉这段经历，它使我加深了对农民工的热爱，对普通劳动人民的尊重，对广大农民深深的感情，它也使我更加珍惜自己来之不易的学习生涯，更加努力。

十多年过去了，草桥这个地方或许已大规模改造，建了很多高楼，周边也变得很漂亮，再也没有以前的那种印象。2010 年，2011 年 4 月份，由于我在中国浦东干部学院参与了一些中央调训班的教学活动，我两次见到了来自北京丰台区委副书记王苏维，向他讲述了十几年前我在丰台草桥的经历，他笑着对我说："现在草桥这个地方变化很大，欢迎你故地重游。"

考上大学后的第一个暑假，我骑着自行车到上蔡县找那位帮助过我的老大爷，村民说他后来病情加重，很快就走了，这让我很难过。后来，由于家里供不起两个孩子同时上学，我弟弟在初三时辍学跟着村里人到北京打工，成为第二代农民工。当时出现了中国历史上罕见的民工潮，大量农村剩余劳动力涌向东南沿海等发达地区打工。随着中、西部经济的发展以及工资待遇与发达地区差距的缩小，全国各地出现了所谓的"民工荒"。还是那么多的农民工，还是那样的打工生活，唯一不变的还是他们缺乏对乡村土地的眷恋。

村里跟弟弟一样年龄的年轻人，常年在外打工，即使是庄稼收获季节也不回来，很多结了婚，与父母分家后的年轻人就把村里的责任田交给别人种，也不要一分钱，在农业税没减免之前，只要求种地的村民把他应该交的公粮交掉，在春节回家时给些小麦面粉够过年的就行。现在虽然农业税免了，但当地种地的积极性仍然不高，因为粮食价格国家控制得很严，一直卖不上好价钱，而且化肥、农药、种子等农业生产资料大幅度上涨，农民一年忙到头也挣不了几个钱。因此，很多年轻人不愿意种地，常年在外打工，只有过春节时才回家看看，留在家里的大多是老人、孩子及在外找不到工作的妇女。村里平时很冷清，几乎见不到年轻人，每次给家里的老父亲打电话，他总是说现在村里没一个年轻人，全是老人和孩子及跑来跑去的几条狗。新一代农民工虽然对生长的村庄有一定的感情，但很少愿意在家种地，他们更喜欢向往城里的生活，习惯了在城里打工。大量 80 后新生代农民工，更是没有务农的经历，也没有种地的技能，他们对农村已缺乏认同，但城市生活的不易使他们成为"无根"的一群人。

未来中国的乡村是否会终结？是否会衰落？孟德拉斯在《农民的终结》一书中写到，"10～20 亿农民站在工业文明的入口处，这就是在 20 世纪下半叶世界向社会科学提出的主要问题"，"较之工业的高速增长，农业的缓慢发展可以给人一种安全稳定、千年平衡的印象，与工业的狂热相对照，农民的明哲适度似乎是永恒的：城市和工业吸引着所有的能量，但乡村始终哺育着恬静美满、安全永恒的田园牧歌式幻梦”。但中国城市化的迅猛发展，在我国经济发达的地区，城镇化快速发展，农村大量土地被征收，用于建设开发区、居住小区及公共工程，已使城郊大量的村庄消失。失地农民住上楼房，进入工厂工作，过上了城里人的生活，大量农民走向终结。改革开放30多年来，我国的城市化进程不断加快，为我国经济社会发展提供了强大的动力。1978年我国的城市化率只有17.9%，2009年达到46.6%。据预测，“十二五”期间我国的城市化率将突破50%，到2020年城市化率将达到55%到60%，年均增长1个百分点以上。李培林曾做过一个统计，从1985年到2001年，在这不到20年的时间里，中国村落的个数由于城镇化和村庄兼并等原因，从940617个锐减到709257个。仅2001年一年，中国那些延续了数千年的村落，就比2000年减少了25458个，平均每天减少约70个。它们悄悄地逝去，没有挽歌、没有诔文、没有祭礼，甚至没有告别和送别，有的只是在它们的废墟上新建的文明的奠基、落成仪式和伴随的欢呼。而现在，村庄和农民终结的速度更快。

城市是抽水机，城市是榨汁机，农村的劳动力、资金、资源等正在源源不断向城市聚集。但凡不靠城，不靠海，没有任何矿产旅游等资源的村庄正在逐步走向衰落，留下的只是空空的房屋及走也走不出去的老人，加上中国广大农村未富先老，养老制度建设的不完善，子女数量的渐少及常年不在身边，使未来农村老人的养老面临很多挑战。很多乡村，少了田园牧歌式的理想与向往，更多的是悲壮与凄凉。未来中国一些城郊及发达地区乡村的终结难以避免，其他落后地区乡村的衰落则是必然。梁鸿在《中国在梁庄》一书中，对其故乡河南穰县梁庄未来发展充满了悲凉之情，他写道：“我在那里生活了二十年。即使在我离开故乡的这几十年，我也无时无刻不在牵挂它。它是我生命中最深沉而又最痛苦的情感，我无法不注视它，无法不关心它，尤其是，当它，及千千万万个它，越来越被看成中国的病灶，越来越成为中国的悲伤时。”“从什么时候起，乡村成了民族的累赘，成了改革、发展与现代化追求的负担？从什么时候起，乡村成为底层、边缘、病灶的代名词？……”

水利部副部长鄂竟素2011年3月5日在中华环保世纪行启动典礼上指出，中国每年因水土流失丧失耕地约100万亩。“十五”期间，全国各类建设名目扰动土地面积5.53万平方公里，弃土弃渣量92.1亿吨，每年因生产建设活动新增的水土流失面积超过1.5万平方公里，增长的水土流失量超过3亿吨，人为水土流失持续呈扩展趋势，一旦中国发生粮食危机，后果不堪设想，20世纪60年代初历史上出现的三年自然灾害仍然让很多当年经历过的人刻骨铭心。据统计，中国目前常年在外务工的农民工，加上全部失去土地的农民，数量有3亿5千万。当前高速发展的经济可以容纳这么多劳动力，但中国经济将来能继续保持高速增长吗？一旦中国经济发展放缓，这些回流到农村的大量劳动力如何安排？“为什么我的眼里常含着泪水，因为我对这土地爱得深沉！”

正是由于自己成长的经历，我饱含着对我国广大乡村这种浓厚的情感，自进入大学以后，总想做些实际调查、写点东西来反映改革开放以来我国乡村的转型与发展，但又迟迟找不到很好的切入点。2002年春节，在我读硕士期间，在北京打工的弟弟回家结婚，对象是他在北京打工期间认识的同事，安徽界首人，两家相距300多里，算是跨省婚姻，我们村庄跟弟弟一样跨省结婚的有好几个，这对于倾向于在附近寻找婚姻伴侣的父辈们来说，是一件不可想象的事。但最近几年，广大中西部地区外出务工的农村青年，春节回家探亲期间兴起了一股“闪婚潮”，即在短短的春节十多天里，附近村庄的适婚青年男女在父母及亲戚的撮合下见面、下彩礼、订婚，并约定好来年举办婚礼等。这些微妙的变化给我很大启示。婚姻是人一生中重大的事情，具有鲜明的时代烙印。我国大部分地区农村家庭辛辛苦苦种地、打工挣钱，很多就是围绕孩子的婚姻大事来展开，给子女盖房子、买嫁妆、办酒席，完成家庭的延续与家族的繁衍。基于此，本书以中国城乡社会的转型为背景，借鉴了布迪厄的“婚姻策略”这一概念，结合当前中国社会的实际，对这一概念进行了阐述、界定，并把“婚姻策略”这一概念与理性选择理论、婚姻中的择偶标准进行的区别，重点强调了社会转型与农民工婚姻策略的辩证关系，即：社会转型背景下农民工生存、生活实践决定了农民工的婚姻策略；农民工的婚姻策略反映了我国城乡社会的变迁。

本书选取上海S厂和P县L村作为田野调查地点，进行个案深入访谈，同时对在上海各个行业工作的农民工进行问卷调研，结合他们的生活、生产实践，围绕与他们婚姻状况相关问题进行分析。在农民工婚姻场域（即婚姻圈）的社会圈中，由于受到我国传统婚姻“门当户对”的深远影响，及他们在城市中的客观现实生存状况，决定了农民工的婚姻社会圈是“同阶层”的。即使在上海等大、中城市有少数从外地农村嫁过来的媳妇，本书分析后认为这是婚姻当事人及其家庭之间互补的需要，也并不是“高攀”或“低就”的婚姻。关于农民工婚姻场域的地域圈（即婚嫁距离），按照一般思路，随着我国城乡经济社会的迅猛发展，农民工常年在外打工，他们的交往圈扩大了，婚姻市场扩大，相应他们的婚嫁距离也会逐步扩大。但本书运用比较的研究法，通过对L村改革开放前结婚的村民与该村第一代、第二代、新一代农民工在不同社会时期的婚嫁距离，以及上海S厂已婚农民工的婚嫁距离和未婚农民工对自己将来婚嫁距离预期调查研究后认为，当前农民工婚嫁距离并不是随着中国城乡经济的发展、社会的转型逐步普遍性扩大，而是在相对扩大之后在逐步缩小。

关于农民工婚姻的自然资本因素，本书分析了不同时期L村三代外出农民工和上海S厂农民工与其父辈们在结婚年龄上的变化，及对婚姻伴侣在容貌要求上的差异。关于农民工婚姻中的经济资本策略，分析了青年农民工父辈们的婚姻支付，主要体现在高额的彩礼及其他结婚费用上，贫穷的家庭有时会选择倒插门、互换亲等形式来为孩子完婚的特殊社会现象。新一代青年农民工越来越倾向于自由恋爱，他们中相当一部分人不要求双方家庭支付高额彩礼及嫁妆，而是靠自己在城市打工挣的钱来解决自己的婚姻支付，在他们恋爱期间、结婚之前会有一些前期花费，但这也有前期花了钱而婚姻不成的风险，这与他们父辈们婚姻不成要退还彩礼的情况截然不同。

爱情源于实践，由于受到贫穷家境、单调生活、繁重劳动、媒人牵线的婚姻途径及传统观念的影响，L村改革开放前结婚的村民大都是“先结婚后培养感情”，且这种婚姻相对稳定，很少会出现因感情不和而离婚的现象；L村和上海S厂青年农民工越来越看重感情因素在婚姻中的重要性，倾向于“先培养感情后结婚”，出现了一些婚后因感情不和而离婚的现象。

由于长期以来严厉的计划生育政策在我国农村地区的实施，农村家庭的小型化趋势明显，原来一个家庭有四个孩子的现象很普遍，而目前有的家庭很多是一个孩子，部分有两个孩子，有三个孩子的家庭就极少。中国广大农村地区传统的“养儿防老”观念根深蒂固，加上我国很多农村地区还没有建立有效的养老保障制度，很多老年人还是主要依靠子女来养老。在这种情况下，父母就不希望自己的子女嫁到很远的地方。近年来，中西部地区经济飞速发展，农民工的报酬与沿海发达地区相比，差距越来越小，这也使一部分农民工回流到当地所在的城市工作，便于照顾家，致使沿海发达地区出现所谓的“民工荒”。

计划生育政策、农民工的婚嫁距离、农村养老保障建设、民工荒等这些以前看起来风马牛不相及的问题，在当前我国城乡经济发展、社会转型的大背景下，似乎有了千丝万缕的内在联系。通过农民工婚姻策略这一视角，反映中国城乡社会转型面临的一些实际问题，正是本书的价值和意义所在。

目　录

第 1 章

引子：社会转型背景下农民工的婚姻演化

第一节 婚姻的时代烙印

婚姻行为与人类社会的发展息息相关，不同时期人类婚姻的策略行为反映着该时期社会的基本特征，进一步反映出不同时期社会的转型与变迁，婚姻具有鲜明的时代烙印。

婚姻策略，这一概念来源于法国社会家布迪厄的实践理论，指在当时“社会实践”背景下，行动者在“婚姻场域”中，在传统婚姻“惯习”的延续影响下，婚姻的缔结过程中所采取的方式、方法，以及婚姻策略自身所体现出的功能等，婚姻策略行为与社会发展的客观实践背景密切相关。

《礼记·昏义》说：“昏礼者，将合二姓之好，上以事宗庙，而下以继后世也。”[①]这是对婚姻策略的一种基本解释，从这个最古老、最典型的婚姻定义里，我们可以看出：婚姻无论是对个人还是对整个社会都是非常重要的，婚姻伴随着人类社会的变迁、生产的发展而不断走向文明。人类婚姻策略由群婚制向对偶婚过渡，由“望门居”到“从妇居”，从对偶婚向单偶婚制转变，由“从妇居”到“从夫居”，以及出现的抢劫婚、买卖婚、典当婚、拐骗婚、暂时性婚姻、一夫多妻、一夫一妻制等婚姻形式都反映出每个社会形态的转型与变迁。

芬兰社会学家、人类学家韦斯特马克把婚姻策略分为内婚制和外婚制，内婚制策略，是禁止本群体的人与其他群体的人结婚，而外婚制策略，是禁止某一

---

① 邵伏先. 中国的婚姻与家庭[M]. 北京：人民出版社，1989.

特定群体的成员与该群体以内的任何人结婚。[①] 内婚制策略是源于种族、民族或阶级的自豪感，近亲结婚的内婚原则的根本是社会环境，其目的是将亲属联合起来，或防止财产的散失，或保证血液的纯粹。外婚制策略的目的是防止人们过早结婚，或为了防止人们出于保着家产的目的而相互通婚。詹姆斯·弗雷泽认为，外婚制策略起源于一种观念，即近亲结合不仅危及后代，而且还会危及整个部落。[②]

我国传统婚姻基本上是"门当户对"策略，统治阶级凭借他们在政治、经济、思想、文化等方面所占统治地位，不遗余力地长期宣传和提倡，门当户对策略渐渐被统治阶级所接受，成为全体社会成员缔结婚姻的传统和惯习，高攀低就都没好处。婚姻的"合二姓之好"就是"门当户对"策略的突出表现，指将婚姻行为作为两姓互相合作的政治手段，借以扩大彼此势力，在婚姻过程中采取的策略反映出每个社会形态的特征与变迁，封建统治者实行"良贱不婚"的婚姻策略反映出封建社会严密的等级观念，一个典型的例子就是北魏和平四年(463)统治者曾下了一道禁令："皇族师傅与王公侯伯及士民之家，不得与百工伎巧卑姓为婚，犯者加罪。"[③]在封建社会里，这种通过联姻、结亲而"合二姓之好"的政治婚姻渗透到各个方面，表现形式也多种多样：有为政治上的结合而联姻的，有随政治情况变化而变更婚姻的，也有为了实现某种政治目的而与其他民族或其他国家结亲的特殊婚姻的和亲策略，这是一种超越国界的联姻，是一种以联姻换取和平、安定环境的政治婚姻策略。明清时期的徽州是一个极为典型的宗族本位的地域社会，将婚姻视为两个异姓宗族的联合，婚姻成为置男女个人爱情和幸福于不顾，只强调宗族人丁的繁衍和宗族的整体利益的"超私人"的行为。[④]

婚姻策略也是现实生活的需要，传统和惯习毕竟是属于意识形态的问题，更主要原因还是社会生活本身需要，植根于社会的物质基础。恩格斯说："结婚的充分自由只有在消灭了资本主义生产和它造成的财产关系，从而把今日对选

---

① 王铭铭.西方人类学名著提要[M].江西：江西人民出版社，2004：83.

② [芬兰]韦斯特马克.人类婚姻史[M].北京：商务印书馆，2002：626.

③ 李天石.论北魏时期良贱身份制的法典化[J].江海学刊 2004(5)：131-137.

④ 陈瑞.以歙县虹源王氏为中心看明清徽州宗族的婚姻圈[J].安徽史学 2004(6)：68-76.

择配偶还有巨大影响的一切派生的经济考虑消除后,才能普遍实现。”[①]传统与习惯之所以还有巨大影响,也正是因为它与现实生活的需要发生“共振”。[②]

孟德拉斯在《农民的终结》一书中指出,20亿农民站在工业文明的入口处,这就是20世纪下半叶世界向社会科学提出的主要问题,[③]这句话也形象概括出中国当前社会转型的现状。20世纪70年代后期,中国实行改革开放政策,原有的经济、政治结构开始变革,逐步向商品经济、市场经济过渡和发展,中国社会结构发生了前所未有的巨大的变迁,大量的农村剩余劳动力涌到城市谋生。据农业部统计:2002年农村外出务工人员已达9400万人,这一调查结果表明,2002年全国外出就业的农村劳动力比上年的8961万人增加约470万人。外出就业农民约占农村劳动力的13%左右;在中西部一些地、县,则占农村劳动力总数的20%~30%,其流动就业人数超过了在当地乡镇企业就地转移的人数。[④]另一种数据显示,2001年全国农村外出务工经营的劳动力数量为10738万人,外出比重达21.9%。[⑤]

2010年6月27日,国家人口计划生育委员会流动人口服务管理司发布的《中国流动人口发展状况报告》提供的信息显示:2009年中国流动人口已达到2.11亿,平均年龄约为27.3岁,由于分布、结构、素质复杂,其生存发展面临6大问题,对国家战略规划、政府社会管理和公共服务提出了严峻挑战。为加强流动人口服务管理提供决策依据和数据支撑,引导人口有序流动,国家人口计划生育委员会,于2009年7月启动了重点地区流动人口监测试点调查,在北京、上海、深圳、太原和成都5城市,对56个县、区,173个乡镇街道,423个村居委会、21771个流动人口家庭,47461流动人口进行实际调查,得出的该报告显示:流动人口中78.7%为农业户口,以青壮年为主,其中20至44岁占被调查人口的三分之二,14岁及以下儿童占20.8%,男性占50.4%女性49.6%。流动人口家庭平均规模为2.3人;16至59岁人口中86.8%接受过初中教育,人口月平均收入1942元人民币。其主要在制造、批发零售和社会服务业领域就业,

---

① 马恩全集[M].北京:人民出版社,2003:95.

② 刘英,薛素珍.中国婚姻家庭研究[M].北京:社会科学文献出版社,1987:10.

③ [法]孟德拉斯.农民的终结[M].社会科学文献出版社,2005:1.

④ 张玉玲.公平对待农民工——访韩俊[N],光明日报,2003-1-20(B1).

⑤ 张晓辉.中国农村研究——2002[C].中国财政经济出版社,2003:510.

多集中在低薪或高危行业。[①]

目前学界对农民工研究的很多，可以说成果非常丰富，如李培林(1996)、周晓虹(1998)、李迎生(2001)、渠敬东(2001)、李强(2003)、朱力(2003)、余小平(2004)、李汉林(2003)、江立华(2003、2004)、郑月琴(2005)、风笑天(2006)等从现代性、社会化、社会冲突排斥、社会距离、社会网络或资本视角对农民工的城市适应性、社会保障、流动原因、社会地位等进行了研究；梅金平(2003)、邓鸿勋(2004)、陆百甫(2004)、卢海元(2004)等从制度和政策变革的角度对农民工进行了研究。近年来，农民工市民化也逐步成为许多学者关注的主题(江立华，2003；文军，2004；刘传江，2006；魏万青，2009)，其内容广泛，涉及农民工在生产方式、思维方式、生活方式和身份认同等各个方面，其核心是国家、社会等如何帮助农民工如何克服各种制度、文化、心理等方面的障碍，融入到现代城市居民的工作、生活方式当中去。本书在借鉴国内、外学者对农民工相关研究成果的基础上，侧重从婚姻角度对农民工日常行为进行研究，进而反映中国城乡社会的变迁与转型。

第二节 相关文献梳理

婚姻在家庭社会生活中占有重要的地位，而农民工大多处于结婚年龄，婚姻是农民工一生中的大事，是摆在农民工面前重要的问题，也是摆在社会各界的一个重要课题，转型中的中国社会势必会影响到人们在婚姻缔结过程中所采取的婚姻策略。目前国内外学者对婚姻策略的研究遵循了两条线索：一条以理论研究为主；另一条则重视以实证为基础的经验研究，本书主要从以下四个方面对当前有关农民工婚姻的文献进行梳理：

一、婚姻策略的功能研究

这类文献大多把婚姻策略的功能与家庭财产继承、社会再生产、亲属关系构建以及家族绵续、感情、社会地位维系等密切联系，认为婚姻策略基本功能是财产继承、社会再生产。如奥地利社会学家赖因哈德·西德尔认为，在一种建立于地

---

① 曾利明. 中国流动人口超 2.11 亿，多从事高危或低薪行业[EB/OL]. http://www.zynews.com/news/2010-07/03/content_731823.htm，2010-6-27.

产和土地耕种的经济中,男人和妇女的婚姻机会取决于父母的和将继承的地产,取决于个人的劳动能力,也取决于父母家庭经济中获得的结婚财产。潘绥铭先生认为:“近一万年的农业社会中,无论一夫一妻制还是一夫多妻制或一夫多妾制,婚姻策略一个个基本的功能就是对财产的占有,合并或继承关系。”[①]农民工的婚姻策略也必然要满足社会再生产这一基本的功能。

婚姻策略的功能可以构建一种亲属关系。美国学者威廉·古德认为,婚姻造就了新的社会关系,并为一个家庭增添一些资源。婚姻本身是一种公共事业,对局外人和亲属都至关重要。[②] 威廉·古德将婚姻策略看成是用来扩大家庭的政治影响,求得最大的安全,或与朋友、长期的盟友保持良好的关系。[③] 当婚姻被当做一种社会制度加以解释时,往往和家族的利益联系在一起,是两个家族之间的联盟:既有共同的利益,又有合作的机会。农民工在城市中是一种“非正式就业”,他们找工作的途径基本上是通过亲属网络介绍,农民工日常生活遇到困难,也大多求助于亲属,通过婚姻策略建立一种新的亲属网络关系,对于农民工社会再生产发展具有积极意义。

费孝通在《生育制度》中指出:人类生活的目的之一就是绵续他们的种族,而人类的婚姻策略恰恰是种族绵续的保障,因为婚姻行为确定了双系抚育模式,这种模式既能保证单个家庭的种族绵续,又能满足社会继替的需要。费孝通认为农村婚姻的目的就是保证传宗接代,如果媳妇没有能力来完成她的职责,大家就有充分的理由将她遗弃而无需任何赔偿,妇女在生完孩子以后,她的社会地位才得到完全的确认。[④] 费孝通认为婚姻的意义在于确立双系抚育。[⑤]

庄孔韶认为婚姻有三个基本功能:①保持社会群体的稳定;②婚姻为繁衍后代提供适应的条件,包括社会条件和经济条件;③婚姻可以增进不同群体之间的联合。[⑥] 庄英章认为婚姻的根本功能超越了生物性,而纯粹是一种社会性

---

① 潘绥铭.中国性现状[M].北京:光明日报出版社,1995.

② [美]威廉·古德.家庭社会学[M].台湾:台湾桂冠图书有限公司,1988:74.

③ [美]威廉·古德.家庭社会学[M].台湾:台湾桂冠图书有限公司,1988:76.

④ 费孝通.江村经济[M].南京:江苏人民出版社,1986:23.

⑤ 费孝通.乡土中国、生育制度[M].北京:北京大学出版社,1998:129.

⑥ 庄孔韶.人类学通论[M].太原:山西教育出版社,2003:272-273.

功能，庄英章进一步举例，说中国大陆或台湾的汉人社会都有冥婚的习俗，这一习俗的主要功能在于为未出嫁而夭折的女儿寻一处归宿，借以取得其家庭社会地位。[①]

风笑天指出：婚姻是青年农民工个体社会化的一个特定阶段。尽管他们进城的主要动机和目的是去“打工挣钱”，获取经济收入以外，但无论他们自己是否意识到，无论他们是否有某种准备，也无论他们是否将其作为进城打工的一种动机和目标，“恋爱、结婚、生育、抚养”这一进程却总是会自然而然地发生在他们身上，总是会自然而然地出现在他们的流动和打工生涯中。恋爱择偶、结婚成家、生育抚养，既是他们所面临的生存问题，更是他们所面临的发展问题。[②]农民工在考虑他们婚姻时，也必然会考虑到婚姻策略与社会再生产等其他因素功能的联系。

二、转型期农民婚姻策略研究

目前，对农民婚姻策略的文献主要体现在转型期农民婚姻决定权、择偶标准、结识方式、婚嫁年龄等方面。

这类文献在婚姻决定权方面，由于婚姻关系到财产的继承、劳动力的更替、亲代的养老和“香火”的绵延，农村青年男女结识的方式基本上有四种：自己认识、别人介绍、家里人介绍和媒人牵线。中国传统农村子女的婚姻，基本由双方家庭及媒人操纵，强调双方家庭经济上的互相交换，注重礼仪的完备等，婚姻当事人很少有自主权。改革开放后，婚姻决定权发生了微妙变化，由“包办”、“半包办”逐步向“相对自主转变”。如 1988 年中国社会科学院社会学所青年研究室“当代中国青年价值观念演变”课题组所做的一项全国调查表明，当问及“在婚姻问题上你倾向于听谁的意见”时，无论是城市还是农村青年，选择频率最高的是“父母同意、自己做主”，比例达到 76.4%，[③]在确定婚姻关系的方式上，由传统的“父母做主”向“自己做主，征得父母同意”过渡，例如上海郊区的比例为

---

① 庄英章. 家族与婚姻——台湾北部两个闽客村落之研究[M]. 台北：中央研究院民族学研究所，“中华民国”八十三年十二月，第 187 页.

② 风笑天. 农村外出打工青年的婚姻与家庭：一个值得重视的研究领域[J]. 人口研究，2006(1)：57-60.

③ 肖爱树. 20 世纪中国婚姻制度研究[M]. 北京：知识产权出版社 2005：261.

46.9%,河南潢川为 42.5%,父母在子女婚姻关系的确定上仍有较大的权威性,完全由自己做主的婚姻在不同经济发展水平的两类地区都不高,[①]这说明与封建包办婚姻形式相比,中国青年婚姻自主性越来越高,但婚姻的自主性有一定的限制。

杨善华、沈崇麟(1997 年)通过在上海青浦、江苏太仓、四川宜宾三个地区对农村婚姻变迁进行了调查,认为在子女婚姻大事的决定权方面,父母总能想出办法让子女同意自己的意见,[②]这实际上是一种"半包办婚姻",在确定婚姻关系的方式上,由传统的"父母做主"向"自己做主,征得父母同意"过渡,完全由自己做主的婚姻在不同经济发展水平的两类地区都不高。许安琪(1996 年)主持实施的"中国城乡婚姻家庭调查"结果表明,在农村地区,由长辈做主的婚姻比例从 1966 年以前的 67.2%下降到 1996 年的 43.2%,本人做主的婚姻从 1966 年以前的 32.8%上升到 1996 年的 56.8%。[③] 梁旭光 1986 对山东诸城县郝戈庄乡 147 对农村新婚夫妇进行调查,其中 144 对是经过自由恋爱,只有 3 对由父母包办,自由恋爱比例高达 97%。[④] 这说明转型期农民婚姻决定方式由父母包办、父母半包办逐步转向父母与子女商量上来,但父母在子女婚姻关系的确定上仍有较大的权威性。

择偶标准的变化也是农村青年男女婚姻策略变化的一个反映,如阎云翔通过在中国内地一个村庄的长期调查认为:在 20 世纪 50 年代,基本上还是父母包办婚姻,双方的父母都在给自己寻找合适的新成员与社会关系,好婚姻的标准首先是不是好亲戚,其次是其本人是不是好媳妇或好女婿,至于年轻人自己的意见则无关紧要。对于男方来说,贤惠、孝顺而又善于理家务的女子是理想的配偶,对女方来说,男方的经济条件要好,同时身体健壮,勤劳朴实也是不可少的条件。

20 世纪六七十年代集体化期间,理想的对象是人老实,脾气好,干活勤快,

---

① 雷洁琼.改革以来中国农村婚姻家庭的新变化[M].北京:北京大学出版社,1994:185.

② 杨善华、沈崇麟.市场经济与非农化背景下城乡家庭的变迁[M].杭州:浙江人民出版社 2000:176.

③ 吴鲁平.当代中国青年婚恋、家庭与性观念的变动特点与未来趋势[J].青年研究,1999(12).

④ 梁旭光.改革以来农村婚姻状况的变化[J].人大复印资料《社会学》1987(4):104.

听老人和领导的话。无论男女，都最好是身强力壮，这对挣工分非常重要。家庭出身也很重要，从女方的角度看，男方家庭经济状况是第一位的考虑，从男方的角度看，女方家庭的名声要被考虑得更多，因为那决定了姑娘的品德。但改革以后在择偶的标准上，无论男女都显示出物质主义倾向。女子择偶标准有三个基本方面：对方家庭相对富裕；未婚夫非农业技术的挣钱能力，传统的身强力壮与种田能力不再是首选；外貌也很重要。男方择偶有女方的外貌，姑娘是否会干农活已不再重要，还有女方的性格等。[①] 贺军平也认为改革开放后，外貌、人品和能力逐渐成为青年农民择偶的先决条件，而一直受欢迎的勤劳朴实的男青年出现冷门，相貌较差却善于理家务的女子竟遭无人问津的命运，男方要求女方漂亮、有文化，女方则倾心于有致富能力、头脑活络的男子。[②] 王思斌认为改革以来，农民的婚姻以当事人的幸福为中心，不再注重对方的家庭背景，而是人品、能力，并且注重世俗生活，功利色彩浓厚。[③] 这说明不同时期，农民的择偶标准随着社会的发展而有所变化。在婚姻观念上，吴鲁平认为农村青年的择偶观由传统向现代位移，由重视家庭背景转向个人条件，由“无情人强成眷属”转向“有情人才成眷属”，由看重“老实可靠”转向“聪明能干”，[④]这与改革开放前农民的择偶观截然不同。

雷洁琼等人认为改革开放后，农村青年男女的择偶标准已基本上由注重对方家庭条件转向注重本人条件。王东虓等人 1998 年在河南农村通过调查表明，有 87.4%的农民择偶标准是人品和能力，追求志同道合。[⑤] 雷洁琼等人认为改革开放后，农村青年男女的择偶标准基本上已由注重对方家庭条件转向注重本人条件，例如 1979～1986 年间，通过调查，上海郊区农民这一比例为 82.5%，河南潢川的比例为 66.3%。传统农村的择偶是追求家庭利益，注重经济条件，改革开放后追求个人利益，注重感情因素，择偶观念发生了很大变化。

---

① 阎云翔.私人生活地变革：一个中国村庄地爱情、家庭与亲密关系 1949～1999[M].上海：上海书店出版社 2006：88-91.

② 贺军平.新中国农村的婚姻与家庭考察[J].人大复印资料《社会学》1990(1)：91.

③ 王思斌.婚姻观念的变化与农村社会亲属化[J].人大复印资料《社会学》1990(6)：139.

④ 吴鲁平.农村青年的择偶观从传统向现代位移[J].中国青年研究 2000(3)：13-15.

⑤ 王东虓，时延春，王景花.河南省各类农民思想政治意识与价值观念状况分析[J].河南社会科学，1998(3)：19-24.

青年农民注重对方本人条件,并不意味着择偶时注重情感因素而忽视物质利益,而是注重对方是否具有养家糊口的能力,勤劳能干,会持家过日子的品质,这一调查结果与阎云翔得出的结论是一致的。[①] 这说明传统农村的择偶是追求家庭利益,注重经济条件,改革开放后追求个人利益,注重感情因素,青年农民注重对方本人条件,并不意味着择偶时注重情感因素而忽视物质利益,而是注重对方是否具有养家糊口的能力,勤劳能干,会持家过日子的品质。在农民择偶方式上,李建萍(2003年)通过对河北省青年农民的调查结果显示,主要的方式是自由恋爱,其次是经他人介绍,而由父母包办和借助"婚介"和"征婚"的比例都很小。[②] "七五"期间,北京大学社会学系雷洁琼教授主持的"改革以来中国农村婚姻家庭的新变化"课题组,通过对北京郊区、河南潢川、黑龙江农场、四川农村、上海郊区、广东农村等五个有代表性的中国农村进行调查后认为:无论是经济发达地区,还是经济落后地区,农村青年农民婚姻自己结识的比例在改革开放后的1979～1986年间大幅度上升,比如上海郊区为14.0%,河南潢川为15.8%,这一时期两地的"媒人牵线型"结识为10.5%和39.6%。[③] 这说明,这一时期虽然内地农村产业结构没有根本调整,但在一定程度上打破了农村的封闭状态,大量农村剩余劳动力流到城市,受到城市文明的熏陶,不同程度地接受到现代婚姻观念影响,使农村青年男女从"媒人牵线型"向"自己结识型"跳跃性转变,进而打破了传统农民的婚姻社会圈与地域圈。

三、关于城市居民婚姻策略研究

农民工生活、工作在城市,他们的婚姻策略深受城市居民婚姻策略的影响。吴本雪(1987年)对北京、天津、上海、南京、成都5城市1937～1982年间妇女婚姻结合途径的抽样调查显示,1949年以前由父母包办的比重都很大,各时期平均占41.24%,自由恋爱的比例只有10%多一点。新中国成立后,1950年以后

---

① 雷洁琼.改革以来中国农村婚姻家庭的新变化[M].北京:北京大学出版社,1994:183.

② 李建萍、赵宏、王俊华,河北省青年农民的道德现状及其构建[J].河北建筑科技学院学报(社科版))2003(2):7-9.

③ 雷洁琼,改革以来中国农村婚姻家庭的新变化[M].北京:北京大学出版社,1994:174-177.

父母包办的婚姻，各个时期下降为7.49%，而且到1966年以后，包办婚姻几乎在城市绝迹。[①] 夏文信通过对上述五城市的调查，认为新中国成立后，打破封建婚姻枷锁，城市青年取得了婚姻自主权，城市女青年破除了早婚的旧习俗，推迟了婚龄。据五城市家庭调查汇总资料，1937年以前结婚的妇女，初婚年龄15～17岁的比例有36.14%，而1950～1953年结婚妇女的初婚年龄，15～17岁的下降到16.84%。1977～1982年结婚的妇女，初婚年龄在17岁以下的已经没有了，而这一时期的初婚年龄在25～29岁的已占绝大多数。[②] 崔风垣根据1991年北京婚姻家庭资料，分析认为北京结婚妇女61.5%是经人介绍相识的，38.5%的人是自己在交往中相识的，打破了几千年历史形成的“父母之命、媒妁之言”的择偶方式。崔风垣进一步预测，自己相识的择偶方式所占的比重，会随着改革、开放、人口流动的频繁等因素有稳步增加的可能性。[③]

1996年，徐安琪等在上海、哈尔滨对3200名已婚男女关于择偶标准进行入户访问，实际获得1600个妻子和1566个丈夫样本，对各项择偶标准所作的统计显示，从总体上看研究对象在选择意中人时最为关注的是健康(60.9%)、老实可靠(53.4%)、性格脾气相投(47.0%)和温柔体贴(36.9%)4个项目，而对于教育程度、职业、收入、住房等社会经济条件和容貌、身材等外表形象等人之常情的指标在以往几十年的入选率甚，而只是在近些年才备受青睐。[④] 1982我国“五城市家庭调查”发现，许多夫妻在婚姻择偶时往往都有经济和其他方面的考虑，以爱情为基础的婚姻还没有普遍实现。婚姻当事人在择偶时会考虑到对方的家庭背景，希望选择和自己有相似家庭背景的人为配偶。夫妻相匹配、条件要相当，是人们择偶的普遍心理。[⑤] 徐安琪通过研究认为，城市居民的择偶网络从亲缘关系、地缘关系到业缘关系转变，如下表所示：

---

① 吴本雪.中国婚姻家庭研究[C].社会科学文献出版社，1987:3.

② 夏文信.中国城市家庭地位的变化，中国婚姻家庭研究[C].北京：社会科学文献出版社，1987:260.

③ 冯立天，巴巴拉·安德森等.北京婚姻家庭与妇女地位研究[C].北京：北京经济学院出版社，1994:68.

④ 徐安琪.择偶标准：五十年变迁及其原因分析[J].社会学研究，2000(6):18-30.

⑤ 孙淑敏.农民的择偶形态——对西北赵村的实证研究[M].社会科学文献出版社，2005:7.

表 1　不同年代择偶的社会关系网　单位:%

择偶的社会关系网	结婚年代				
	～66	67～76	77～86	87～96	总计
亲缘关系	46.1	39.5	31.7	27.2	33.6
地缘关系	26.2	26.7	20.3	15.8	20.9
业缘关系	27.1	32.8	47.5	56.2	44.4
其　　他	0.6	0.4	0.3	0.2	0.2
合　　计	100	100	100	100	100
	477(人)	613(人)	1031(人)	2866(人)	6032(人)

资料来源:徐安琪《世纪之交中国人的爱情和婚姻》中国社会科学出版社,1997 年第 1 版第 43 页.

可以说择偶标准具有很深的时代烙印,如 20 世纪 50 年代,女青年倾向于追求"南下干部",认为"南下干部"政治条件好,工作有保证,收入稳定,人品正派。而南下干部找对象的条件是:"自带饭票,读书看报,唱歌跳舞,蹦蹦跳跳。"也就是要求女方要有工作、有文化、性格活泼、身体健康。到了 60 年代,看重出身成分,要求"根正苗红",出身要"苦大仇深"。如果是地主的儿子与资本家小姐谈恋爱,就会被人嘲笑为"鱼恋鱼、虾恋虾、乌龟恋的是王八。"文革时期,流行的是"老子英雄儿好汉,老子反动儿混蛋","龙生龙、凤生凤,老鼠生儿会打洞"。80 年代女方对男方更注重学识,希望嫁给大学生、研究生。到了 90 年代,物质生活更为丰富,许多青年的择偶标准是"谈得来、情投意合","跟着感觉走"。①

可以看出,城市居民的择偶方式基本自主,择偶标准:更加注重个人的条件,感情因素日益上升,同时兼顾经济条件。城市居民在择偶理念上将爱情因素视为择偶第一重要因素的同时,也不忽视经济社会因素,使得择偶的经济成分加大,物质的中介作用增强。市场经济使人们的经济行为活跃起来,人们在不同程度上认识到经济利益在现代社会生活中的地位和作用。在一些人心目中,荣誉、声望及社会地位有时与金钱、物质、利益比较起来已显得不那么重要。中国人过去那种讲面子、爱虚荣的市民心态在市场经济的冲击下已有所改变,在选择配偶和朋友时,人们开始注重实用、实在和实惠,经济比重在婚姻家庭中

---

① 刘达临,等. 中国婚姻家庭及其变迁[C]. 北京:中国社会出版社,1998:184.

所占的份额越来越大。这说明改革开放以后，因外来文化的传入和商品经济的观念的深入，城市居民的思想观念在中西文化与新旧思想冲突中迅速发生变化，竞争意识、主体意识和平等意识得到了空前的认同，"以人为本"、"人的需求至上"开始代替"以家为本"、"家庭利益至上"，"以人为本"的观念成为现代婚姻观念的核心，使城市居民的婚姻策略发生了深刻的变化。

四、关于农民工婚姻策略的研究

农民工深受城市文化的熏陶，他们的婚姻也会相应地发生变化。目前关于农民工婚姻策略的研究文献较少，主要集中在婚姻观念、择偶标准、嫁娶地域三个方面。

在婚姻观念上，一些研究者指出，女性流动人口婚恋观的形成不仅要受到传统的生活习惯和物质条件的制约，而且还受到她们自身的道德观念、社会阅历、文化素质、职业性质和接受新生事物的程度等因素的影响。由于她们所处的社会环境条件，有其价值观念、生活方式、从事职业和经济收入情况的特殊性，这在很大程度上影响到她们的婚恋态度，直接支配着她们的择偶观、成婚方式、结婚时间乃至生育意愿和生育行为。封福霖通过调查了解到农民工有超过一半(50.4%)不会过早结婚和追求婚姻自主权，70.8%认为择偶应看重人品和感情。①

朱考金 2002 年 11 月通过 610 名农民工进行调查后认为，农民工已经不是从前的生活在封闭的乡村里的农民，他们有了自己的想法和比较现代的观念，个人的自主性大大提高，婚姻观念更为开放。在回答"外出打工，对你的婚恋观影响最大的是什么"时，50.4%的被调查者选择了"不能过早结婚"和"要有婚姻自主权"，而认为择偶应"看重人品和感情"的占 74.8%，"看重经济条件"的只有 4.3%；50.9%的人认为双方感情是影响家庭和睦的最重要条件，对于没有领证就住在一起的，认为"只要感情好，可以接受"和"只要双方愿意，可以接受"的有 61.2%，"无论如何也不能接受"的有 21.8%；对于自己的一个熟人(女性)即将离婚，认为"只要感情破裂，可以离"和"不干涉"的有 42.5%，而认为"女性应该从一而终"的只有 4.7%。对于熟人被发现有婚外恋或艳遇，认为"只要对方人好，可以交往"占 40.7%，甚至对于女孩傍大款、当小蜜的态度，"只要对方人好，

① 封福霖. 社会转型过程中农民工的思想教育[D]. 南京：河海大学，2005.

可以交往"的也有 26.8%。这说明农民工婚姻观念较改革开放前更为开放。[①] 周大鸣(1999 年)认为农民工流动对婚姻策略的影响表现在四个方面：①认识途径由媒人或亲戚介绍到自己认识的机会增多；②婚姻圈的扩大；③性观念的变化，未婚同居的增多；④婚姻习俗的改变。[②] 陈庆立认为由于农村逐渐走向开放，农民越来越频繁的流动，带来婚姻上的重大变化，通婚范围明显扩大，异地通婚数量增多，这不仅对改善人口智力素质有促进作用，而且对经济文化交流也很有裨益。农民外出就业扩大了社交范围，增加了男女直接接触和了解的机会，对于借助说媒达到结识的需要性降低，为结识的自主性提供了有利的条件。[③] 结婚年龄也体现出婚姻观念的变化，吴鲁平等人认为，由于农民工中打工妹的年龄段基本集中在婚育年龄，她们受到城市文化的熏陶，不愿意遵循农村的传统早婚；另一个原因也使她们在婚姻上存在较大困难，即所从事的职业一般都需要黄金年龄，结婚很可能失去工作。为了增强竞争力，打工妹结婚生育年龄大大推迟。[④]

在择偶标准方面，由"看重经济条件"逐步向"看重人品和感情"转变。从以上对农民工婚姻的研究可以看出，改革开放后农民工的婚姻观发生了很大改变，择偶标准体现出实用主义、社会主导价值、传统规范和个人感情的多方面影响。择偶标准中最值得一提的是感情开始逐渐占据重要的位置。以往的婚姻因为是两个家庭出于利益或其他因素的结合，个人的需要处在相对忽视的地位。正如冯友兰先生所言："儒家论夫妇关系，但言夫妇有别，从未有言夫妇有爱。"

在嫁娶地域上，一些研究认为打工妹婚姻主要有三种嫁娶地域类型：嫁到家乡、嫁到打工所在城市、嫁到外地农村，目前对打工妹婚姻嫁娶地域类型的研究显示了绝大多数打工妹是嫁到家乡所在地。如谭琳，苏珊・萧特，刘惠研究

---

① 朱考金. 城市农民工心理研究——对南京市 610 名农民工的调查与分析[J]. 青年研究，2003(6)：7-11.

② 周大鸣. 中国农民工的流动——农民工输入地与输出地比较[J]. 广东青年干部学院学报，1999(4)：59-65.

③ 陈庆立. 论提高中国农民素质[D]. 北京：中国社会科学院研究生院，导师：丁泽霁教授.

④ 吴鲁平、俞晓程、闰晓鹏等. 城市青年农民工的弱势特征及其后果——对 1997～2002 年 43 篇学术论文的文献综述[J]. 中国青年研究，2004(9)：7-24.

了嫁到打工所在地的外来打工妹的婚姻生活经历,并把这类婚姻移民的打工妹称为“双重外来者”,1998年他们对嫁入到张家港市的外来打工妹进行了一项实地调查,认为婚姻迁移的地区差异性和个体差异性相当大,不同地区对婚姻迁入和迁出的引力和推力具有不同的表现形式和强度。由于打工所在地的经济条件远远好于家乡,嫁入到当地的打工妹虽然在家庭婚姻中遭遇到很多困难,但她们总体上对自己的婚姻还是满意的,她们也为婚姻家庭的幸福付出了很多努力,采取了尽可能的融合策略。[①] 邓智平通过调查,具体研究了嫁给一个与自己一样的打工男性的打工妹的婚后生活情况。邓智平认为由于制度与自身的原因,很多在城市相恋的打工妹婚后会回到丈夫所在的农村,但由于社区文化之间的差异性,嫁到外地的打工妹并不都是安于在当地生活,基于此,邓智平把这种嫁到外地的打工妹的婚姻生活分为四种情况:安居乐业型、外出型、女方外逃型、女方自杀型。[②] 这说明嫁到外地的打工妹有大部分不安于在当地生活,相当一部分回到家乡或重新到城市打工,继续寻找自己的婚姻。笔者认为随着户籍制度的改革,越来越多的打工妹会嫁到打工所在地或嫁到离家乡很远的外地,但这样的比例毕竟是少数,绝大多数打工妹会把婚姻地域选择在家乡。

通过梳理上述文献,可以看出:由于农民工具有“农民”和“城市居民”的双重属性,从目前国内外对在家从事农业生产的纯粹传统农民、城市居民、农民工婚姻研究的文献来看,对改革开放后农民、城市居民、农民工婚姻的研究侧重于择偶标准、婚姻结识方式、婚姻范围等静态方面(吴本雪、夏文信,1987;李银河,1989;徐安琪,2000)来展开,学者们对市场转型后,农民工的婚姻研究相对较少,且理论研究匮乏,经验研究不多,且大多是从传统城乡二元对立的角度着手,从宏观层面来反映中国城乡社会的变迁,有的单纯研究农民的婚姻状况变迁(雷洁琼,1994;吴鲁平,2000;阎云翔,2006),有的仅仅研究中国市场转型以来社会流动对农民婚姻的影响(周大鸣,1999;朱考金,2003);有的单纯研究市场转型以来城市居民婚姻的变化(沈崇麟,杨善华,1995、1999),大多数学者还是停留在问题的表面进行探讨,没有从中国市场转型以来,特殊城乡二元结构下

① 谭琳,苏珊·萧特,刘惠.“双重外来者”的生活——女性婚姻移民的生活经历分析[J].社会学研究,2003(2):75-83.

② 邓智平.关于打工妹婚姻逆迁移的调查[J].南方人口,2004(3):35-40.

的身份制角度对农民工的婚姻进行研究，没有从中国社会结构的特殊转型来研究农民工婚姻策略的变化，没有从农民工的日常生活实践逻辑来研究农民工的婚姻策略这一立体、动态过程，而对农民工婚姻策略进行系统研究的微乎其微。

在研究方法上，也多以抽样调查和问卷调查为主，采用概率抽样方法对不同年代男女当初择偶标准的经验研究少，而以方便采样方法对某单位、某群体未婚青年目前的择偶条件进行的调查、分析方法也大多停留在简单描述及双变量相关分析上（杜承尧，1995；张萍，1989；李银河，1989；张广群，1995），这样得出的统计结果也与普通样本的考察结论具有不相一致的倾向，这意味着所得结果只能反映静态的表面情况，而不能揭示事件运行得动态过程和内在本质，且目前的研究把农民的婚姻与城市居民的婚姻分割开来的较多。通过分析当前国内外相关研究文献，可以看出，学者们把农民工婚姻策略作为一个独立主题进行系统性、动态过程分析的较少，把农民工的婚姻置于市场、社会转型大背景下进行比较研究的也较少。在研究方法上也多以平面、静态分析为主，对婚姻策略进行立体、动态过程的考察很少纳入到研究者的视野。本书在当前国内外学者研究的基础上，把传统农民、城市居民与城市农民工三者的婚姻策略结合起来进行研究，试图探究中国市场、社会急剧转型后，农民工进入城市打工，工作、生活环境的改变，他们婚姻策略的动态过程是什么？他们采取婚姻策略的原因、依据、根源是什么？他们采取的婚姻策略能反映出当今中国转型期城乡社会的什么特征？

第三节　研究特点

一、方法论层面

以实践逻辑视角研究农民工婚姻策略的动态过程，以深入个案访谈全景式展现农民工在行动中为实现其婚姻目标而所采取的各种策略，从而克服以往对农民工婚姻静态研究的片面性，超越主、客观二元对立，克服只见结构不见行动者的片面结构功能主义取向；通过对传统农民、当代都市青年、农民工三者婚姻的比较，展现农民工婚姻策略的特殊性。本书把婚姻策略作为一个独立的问题进行研究，是对婚姻、家庭问题研究的一大突破；本书同时考虑爱情等感情因素对行动者婚姻策略的作用，对单纯强调“实践”的布迪厄婚姻策略理论是一个有益补充。①

二、在理论层面

从农民工日常生活世界中的一个很基本的层面来展现中国城乡社会结构的变迁，把布迪厄的实践理论和农民工的婚姻实践有机结合起来，通过分析建国至今中国城乡婚姻变迁的过程，揭示在中国现代化的过程中传统与现代并非二元对立，而是可以互相兼容和促进的。

三、在现实层面

通过具体分析转型期农民工的婚姻策略这一动态过程，了解农民工婚姻的基本特征以及出现的问题，关注农民工婚姻对自身及社会的重要影响作用，从而为克服农民工婚姻出现的问题、建设社会主义新农村、促进社会稳定、构建和谐社会提供有益参考。

---

① 布迪厄(1930～2002)出生于法国比利牛斯-大西洋省的丹郡一个普通公务员之家。1951年考入高师，1954年通过教师会考成为中学哲学教师。1958年应征入伍，到阿尔吉利亚为军队服务，从这儿开始，布迪厄由此开始了他的社会学工作。1958年与1963年发表的两部著作《阿尔吉利亚的社会学》、《阿尔吉利亚的劳动与劳动者》引起知识界的关注，从而奠定了他毋庸置疑的社会学家地位，成为法国高等实践学院最年轻的研究指导教授。1968年至1988年任法国国家科研中心教育文化社会学中心主任，并创办了《社会科学的研究行为》。1981年进入著名的法兰西学院执掌社会学教席成为他学术生涯的巅峰。布迪厄在国际上获得的殊荣更是不胜枚举，2000年英国皇家学院颁发给他的赫胥黎奖章，代表了国际人类学界的最高荣誉。

第 2 章

研究内容

笔者试图引用布迪厄的“婚姻策略”这一核心概念，作为研究的理论工具，同时也是本书研究的主要内容，同时在研究方法上以个案深入访谈为主，问卷调查为辅，紧紧围绕农民工的“婚姻策略”这一核心内容展开实地调查。

实践是人类的存在方式，“婚姻策略”概念来自于布迪厄的实践理论。布迪厄认为，社会学的任务在于揭示构成社会宇宙的各种不同的社会世界中那些掩藏最深的结构，同时揭示那些确保这些结构得以再生产或转化的机制。因此在方法论上布迪厄提出了一种“双重解读”的关系主义方法论，即社会实践理论。布迪厄建构社会实践理论在方法论意义上就是为了超越社会学界普遍存在的社会物理学的客观主义、结构主义方法论和社会现象学的主观主义、建构主义方法论之间的二元对立。社会物理学的解读方式就是用社会物理学的方式透视社会，即将社会可看做一种客观的结构，可以从外部加以把握，可以无视居处于其间的人们的各自看法而从物质上观察、测量和勾画的关联结合。另一种对社会的解读方式是社会现象学立场，这一立场是主观主义或建构主义的方法。布迪厄提出了的总体性的社会实践理论综合客观主义与主观主义、结构主义与建构主义的基础。布迪厄提出了这种研究的方法和步骤是：首先，将世俗表象搁置一旁，先建构各种客观结构（各种位置的空间），亦即社会有效资源的分配情况，正是这种社会有效资源的状况规定了加诸互动和表象之上的外在约束。其次，再引入行动者的直接体验，以揭示从内部建构其行动的各种知觉和评价（即各种性情倾向）的范畴。布迪厄非常强调实践的模糊性和总体性，并且认为，要把握好实践的这些特性，非常重要的一点，就是从对规则的过度关注转向对策略的重视，从建立模型的机械力学转向勾勒策略的辩证法。也就是说，实践的原则应该在各种外在约束（它们往往为选择留下了可塑性非常大的余地）

和各种性情倾向(它们是各种经济和社会进程的产物)之间的关系之中来寻找,即要到结构和惯习的交织作用中来理解实践。只有从综合了结构主义和建构主义两种途径的社会实践理论出发,才能认识到,诸如客观主义和主观主义、机械论和目的论、结构必然性和个人能动性之类的对立都是虚幻的,都掩盖了人类实践中的基本特点。

布迪厄的社会实践观是围绕着行动者在哪里实践?如何实践?用什么实践等相互联系的社会实践观上的基本问题而展开的,具体来说,就是行动者的实践空间、实践逻辑、实践工具是什么?布迪厄用场域、惯习、资本以及三者之间的关系分别回答了这三个社会实践观的基本问题。布迪厄对这三个概念的基本含义、特点、用途及其相关关系的阐述只有置于辩证的、关系的、实践的、反思的布迪厄思维中才能得到准确的理解和把握。

第一节　场域是行动者的实践空间

场域解决了行动者在哪里实践的问题。布迪厄把"场域"看成是一个竞技场,是一个充满争斗的空间。场域的结构既能加强又能引导某种策略,无论是个人还是集体,这些位置的占有者力图用这种策略来维护或改进他们所处的位置,并且将等级化的原则以最佳的方式强加到他们自己的产品上。[①] 婚姻场域也涉及家族利益、权力、地位、社会再生产等客观历史关系,婚姻策略要考虑到"现实关系",客观关系,遵循一定的"游戏"规则,符合自身的价值观。作为对结构主义的反驳,布迪厄提出"从规则走向策略"。行动者都有目标和兴趣,在他们社会现实的经验中,策略成为他们的实践之源,这就是实践的逻辑。[②] 农民工的婚姻也是一个"场域",在这一场域中,根据现实的社会经验,农民工为了实现婚姻的成功,策略是必不可少的。

在布迪厄的实践逻辑中,策略即不是一种一般化的经济决定论,也不是理性选择论,即不是意向论,也不是功利主义,布迪厄坚决反对那种将个人自愿选择的意识作为行动动力的意识哲学的目的论。布迪厄的策略概念,指的是客观趋向的"行动方式"的积极展开,而不是对业已经过计算的目标有意图的、预先

① 侯钧生.西方社会学理论教程[M].天津:南开大学出版社,2001:355.
② 侯钧生.西方社会学理论教程[M].天津:南开大学出版社,2001:355.

计划好的追求;这些客观趋向的“行动方式”乃是对规律性的遵从,对连贯一致且能在社会中被理解的模式的形塑,哪怕它们并未遵循有意识的规则,也未致力于完成由某位策略家安排的事先考虑的目标。布迪厄并不否认行动者面临各种选择可能,发挥主观能动性,做出选择,他反对的是像理性选择理论家所阐述的,行动者以一种有意识的、系统的、意向性的方式最大化地来获取自己需要的目的,行动者追逐策略,他们的选择是更加心照不宣的、更加实践性与倾向性的,反映了累计的资本与相应的倾向——这种倾向产生于过去的经验、现在的机遇、行动者活动于其中的场域的制约的相遇。

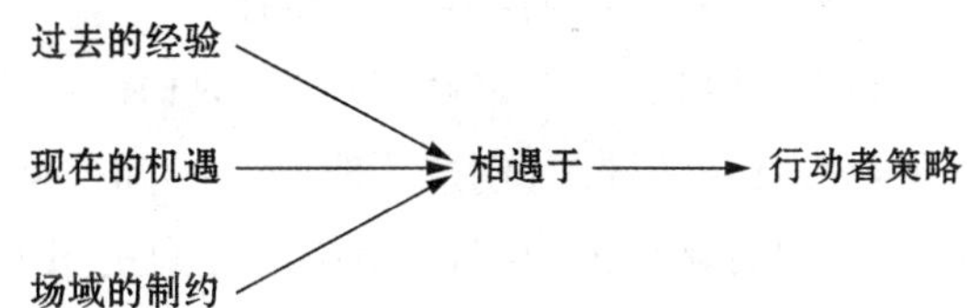

行为是行动者行为倾向与特定场域的结构动力之间相互作用的产物,当惯习与被称为场域的斗争领域相遇的时候,实践就发生了。布迪厄在《区隔》(1984a:101)一书中,提出他的分析模式的简要公式:

[(惯习)(资本)]+场域=实践

策略产生于“惯习”,布迪厄把“惯习”看成是一个中介性的概念,是一种“生成策略的准则,使行动者得以应付难以遇见的各种情境,各种既持久存在而又可变更的性情倾向的一套系统,它将过去的各种经验结合在一起的方式,每时每刻都作为各种知觉、评判和行动的母体发挥其作用,从而有可能完成无限复杂多样的任务”。惯习所指示的行动路线极可能伴有对成本和效益的策略性计算,这种策略性计算就将惯习以自己方式运作的过程提到自觉的层面上。

第二节 惯习是行动者如何实践

惯习,即实践逻辑,回答的是行动者如何实践的问题。布迪厄认为,惯习来自于行动者的实践活动,一旦经过一定时期的积累,经验就会内化为人们的意识,去指挥和调动行的行为,成为行动者的社会行为、生存方式、生活模式、行为策略等行动和精神的强有力的生成机制。“惯习”和“场域”是两种不同的时间存在状态,“惯习”存在时间可以看成“过去”,影响农民工的婚姻“惯习”可以看做是传统婚姻习俗的延续，"场域"存在时间可以看成与"过去"相对应的"过去的未来"，在"过去"和"过去的未来"这一时间过程就是行动者的实践行为，时间是实践活动的产物。"惯习"、"场域"和"实践"三者通过"时间"联系起来，实践既不能还原为惯习或场域，而是产生于由两者所代表的一套关系在某个时间点上确立的"相互关系"，它们之间的关系可以用下图表示：

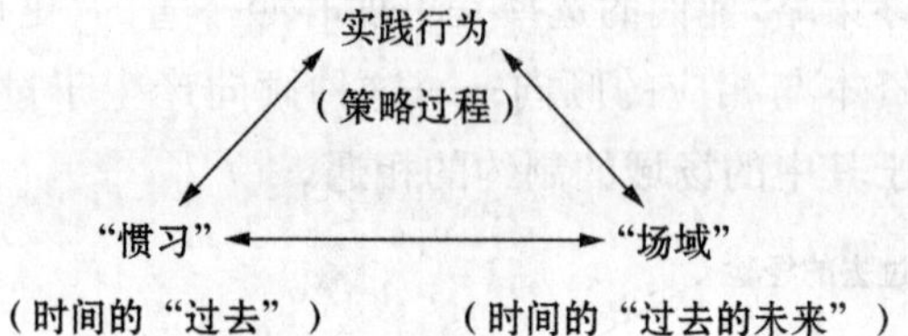

实践行为正是在创造自身的同时，创造了时间。时间产生于行为或思想的实现过程中，实现过程指现时化和去现实化的结合，也就是我们常说的"时光流逝"。因为实践是惯习的产物，而惯习又来源于世界固有的规律和趋向在身体层面的体现，所以实践自身就包含了对这些规律和趋向的预期，也就是包含了对未来的一种非设定性的指涉，它深刻地存在于现在的直接性之中。也就是说，实践行为是一种时间化的行为，行动者通过组织调动过去经历的实践，对以客观潜在性状态深藏在现存事物中的未来进行实践预期，实现了对直接现实的超越。由于作为过去产物的惯习，以实践的方式指涉蕴含在过去中的未来；所以在惯习借以实现自身的行为中，它同时使自身时间化了。作为外在结构内化的结果，惯习通过实践行为以某种大体上连贯一致的系统方式对场域的要求作出回应。也就是说，惯习既是行动者内在的主观精神状态，又是外化的客观实践活动；既是行动者主观心态的向外结构化的客观过程，又是历史的及现实的客观环境向内被结构化的主观过程。行动者既在他们所处的移动的社会世界里面活动，也在持久铭刻于他们身体之中的、建构起来的可能性范围内活动，积淀在行动者内心深处的惯习对行动者的行动有深刻的影响。

第三节　资本是行动者用什么实践

布迪厄的资本概念借鉴了马克思的政治经济学，同时又吸收了卢森堡、韦伯、舒尔茨等学者思想，进一步发展、深化了资本理论。马克思既把资本作为一种生产要素，又把资本当做一种社会关系。马克思认为"黑人就是黑人，只有在一定的关系下，他才成为奴隶。纺织机是纺棉花的机器，只有在一定条件下，它才成为资本。”①因此，“资本不是物，而是一定的、社会的、属于一定历史形态的生产关系，它本质在一个物上，并赋予这个物以特有的社会性质。”②布迪厄的资本理论被认为是带有古典资本理论色彩的新古典资本理论。

资本回答了行动者用什么实践的问题，布迪厄认为，纯粹的经济学忽略了这样一个事实，即实践除了有其机械性的起因和有目的性的意图，以便保证投入最少、收益最大，尽可能发挥效用以外，除了服从“利益最大化”这一内在的经济逻辑以外，实践还有其他原因，还要遵循其他的原则。把行动者的行为简化为机械地反应或有意图的行为，这一有关实践的“合理性”的狭隘的、经济主义思想，忽略了行动者历史、经济和社会的制约性，根本不可能清晰的解释人类所有的实践活动。③ 因此，布迪厄认为，资本概念必须与场域概念联系起来，一种特定的资本的价值取决于一种游戏的存在，资本既是行动者争斗的工具，又是争斗的对象，布迪厄认为资本表现为四种基本形式，即经济资本、文化资本、社会资本和象征资本。在每一个社会阶层中，布迪厄又区分出哪些人主要对经济资本感兴趣，哪些人主要对文化资本感兴趣。在布迪厄的社会实践理论中，资本概念其实是指行动者的实践工具。布迪厄的实践理论也就是行动者在某一场域中如何运用资本、如何实践的问题。

第四节　实践理论下的婚姻策略

策略是各个行动者的资本状况及其场域的竞争逻辑决定的，布迪厄认为，社会场域中的行动者在制定和运用策略时，至少要考虑惯习、资本、场域中的位置三个方面的因素。

在实践逻辑理论中，布迪厄提出策略的“合目的性”、“合理性”与理性选择理论是有区别的。理性选择理论的核心观点是人以理性的行动，以满足自己的偏好，并使效用最大化。格雷鲁维特(Granovetter，M.)认为经济学与社会学最大的差别在于前者强调人们为何作出选择，后者强调人们为何不作出选择。亚

① 马克思恩格斯选集第1卷[M].北京：人民出版社，1995：344.

② 马克思恩格斯选集第25卷[M].北京：人民出版社，1975：920.

③ 宫留记.布迪厄的社会实践理论[D].南京：南京师范大学，2007(04).

当·斯密认为人的理性在于他在各项利益的比较中选择自我的最大利益,以最小的牺牲满足自己的最大需要。理性选择理论是建立在下列前提上的:第一,个人是自身最大利益的追求者。第二,在特定情境中有不同的行为策略可供选择。第三,人在理智上相信不同的选择会导致不同的结果。第四,人在主观上对不同的选择结果有不同的偏好排列。理性选择可以概括为最优化或效用最大化,即理性行动者趋向于采取最优策略,以最小代价取得最大收益。[①] 社会学对理性选择的贡献最早始于乔治·霍曼斯(George Homans)的《交换的社会行为》,他运用社会心理学家的群体动力学以及其他理论重新解释了小群体的行为,从而构建了社会交换的形式。科尔曼于 1990 出版了《社会理论的基础》,在该书中,科尔曼试图用理性选择范式研究传统的社会学问题。科尔曼在分析批判传统社会理论的基础上,创立了新的社会行为理论。[②] 科尔曼以理性选择理论为立足点,发展出新的社会行动理论,成为社会学中理性选择理论的代表人物。科尔曼的理性选择理论的基本原理是:一个行动者发生可能性是行动者所期望从多种可能的行动结果中获得功利的函数。行动者的这种行动所追求的是价值或利益的最大化。不同的行动有不同的效益,而行动者的行动原则可以表述为最大限度地获取利益。

布迪厄反对社会学上意义上的理性选择理论,他认为这种理论在 4 个方面存在错误:①武断地强调理性和利益的重要性;②对现实进行模式化分析;③认为社会生活的动力在于人们有意识的决定,忽视无意识在社会生活中的作用;④在方法论上,缺乏个人之间以及个人与环境之间关系的关系的理解。布迪厄强调两点:①实践既是自由的又是受限制的;②实践既非全然有意识也非全然无意识,实践根植于连续不断的习得过程。理性选择理论的使用范围也受到质疑,理性主义的行为观认为人类行为都是由理性思考所支配,试图以理性选择理论分析所有人类行为。詹姆斯·博曼认为这一理论的论域是狭窄的而不是宽泛的,无论是从微观的理性层面,还是在宏观的制度结构层面,都需要其他理论补充。

布迪厄和理性选择论的差异,并不像那些将他的观点庸俗地表达为某种机械形式的结构主义的人有时所认为的那样,仿佛在于行动者是否自己做出

---

① 丘海雄,张应祥.理性选择理论述评[J].中山大学学报社科版,1998(1):117-123.

② 周长城.理性选择理论:社会学研究的新视野[J].社会科学战线,1997(4):224-229.

选择。布迪厄并不否认行动者面临各种选择的可能,发挥主动性做出选择。他反对的是像理性选择理论家所阐述的,行动者以一种有意识的、系统的、意向性的完成上述活动。他主张的与此正好相反,所谓深思熟虑的决策活动及对规则的遵循,只有惯习未能达到预期的目的时,才作为权宜之计,用以弥补失败。[①]

布迪厄提出的"婚姻策略"概念实质上是博弈逻辑理论在婚姻中的具体应用。博弈逻辑理论是博弈论和逻辑学相交义的一个新的研究领域,属于应用逻辑范畴,是研究所谓"理性的"行动者或参与者在互动的过程中如何选择策略或如何做出行动的逻辑,与博弈论既有区别也有联系。张峰认为博弈逻辑有两个基本假定:第一,博弈参与者是理性的,即参与者努力使自己的得益最大化;第二,博弈参与者的利益不仅取决于自己的行动,同时取决于他人的行动。[②] 笔者认为博弈参与者采取的一个策略是一套完整的行动方案,它事先确定一个博弈方在对局过程,出现的一切可能情况下采取什么方法或做法,这种策略是与博弈参与者所具有的客观现实条件相符合的,是遵循实践的逻辑的,这与布迪厄提出的"婚姻策略"概念是一致的。

布迪厄运用实践理论,以实地调查、访谈为基础,具体分析了法国贝亚恩地区农民的婚姻策略,在《实践感》著作中的"土地与婚姻策略"这一章进行了详细描述。在婚姻这一"场域"中,法国贝亚恩地区农民采取婚姻策略深受传统习惯、风俗等"惯习"的深远影响。在一个受货币稀少性支配的经济世界里,法国贝亚恩地区农民家庭中的长子具有遗产继承的优先权。例如:当一个家庭只有两个孩子,次子的份额定位家产价值的 1/3,也就是说长子具有家产价值的 2/3 份额;在其他情况下,家产价值的 1/4 不予分割,要留着给长子,所余价值按子女总数平分,非头生孩子各得一份,故长子所得为 1/4 再加一份。按照惯例,家庭中除去长子 1/4 优先财产外,每个非头生的儿子和女儿有权获得一份定额的家产,而增资一般在结婚时给予,几乎都用现金支付,以免家产分割,只有在特殊情况下才用土地抵偿(此土地只是抵押品,可通过支付事先确定的金额赎回)。可以看出,在一个家庭中非头生儿子和女儿继承的财产份额和结婚时家庭支付的补偿增资额是一样的。通过增资这一媒

---

① [法]布迪厄,[美]华康德. 实践与反思[M]. 北京:中央编译出版社,1998:17.

② 张峰. 博弈逻辑述评,福建论坛人文社会科学版[J]. 2004(3):54-57.

介,婚姻交换受经济支配,倾向于发生经济上门当户对的家庭,根据一种不言明的最优化计算——以使在家庭经济独立范围内进行的婚姻交易可能提供的物质和象征资本最大化。

但在实际上,财产分割从来只是一种最后解决办法。由于现金奇缺,家产虽然习惯上可以数年,甚至是等父母死亡后才支付,补偿增资往往不能兑现,人们便只好在一个非头生孩子结婚时,或父母死亡后,进行分家,来支付增资,或用土地抵偿,并希望能筹措赎回卖掉的土地所必需的钱,以便有朝一日使祖产重归统一。

无论是长幼男女,家庭中的每个孩子的婚姻是摆在全家人面前的一个特殊问题,要解决这一问题,就必须利用财产继承或婚姻传统所提供的一切可能性,以保存家产的永存。如果说婚姻策略的基本和直接职能是提供确保家族再生产,即劳动力再生产的手段,它也必须确保遗产的完整性。赋予长子的特权,既是为了维护财产完整性这一绝对优先权的简单的家谱表达,也是为了维护家族的世系,按照中国人的说法就是"传宗接代"。

亚恩地区农民在"惯习"的影响下,在婚姻策略的选择上,他们采取的实践行为根植于他们的生存条件。亚恩地区农民婚姻选取的家庭一般与自己家庭经济、社会地位相当,也就是中国人所说的"门当户对",这样便于维护家庭财产、地位的稳定与延续。

家庭会禁止男子缔结会导致追求最大物质和象征利润的"高攀婚姻":长子不能与地位远高于他的人结婚,这不仅因为有朝一日要归还补偿增资,更因为他在家庭权力关系结构中的位置因此而受到威胁,做母亲的会反对儿子取一个地位(相对)过高的媳妇,因为她心里明白,她更容易使出身低贱的女孩服从她的权威。长子也不能与地位远低于他的人结婚,生怕因此而使自己名誉受损,不可能向弟妹补偿增资,使长子的切身利益服从家族的利益,最重要的是维护家族在社会结构中的地位。如果长子违抗父母意志而结婚,那只有一个办法,就是离家出走,后果是继承权得让给另一个弟弟或妹妹。

与长子相比,非头生儿子,他更应避免与地位低的人结婚所造成的风险及物质和象征代价,更不能屈服于缔结远远超出自己条件的婚姻的诱惑,否则就会使自己处于受支配的屈辱地位。当继承人是独生子时,在今后无须抵偿增资的前提下,如果对可望获自婚姻的物质和象征利润的最大化追求,他可以不受限于一桩高攀婚姻，因为一般在结婚时会收到女方一笔契约嫁妆，平时会花掉一部分，将来遇到以外就很难归还，这样的策略会有一定的政治风险。

婚姻策略触及一切实践活动的一个基本原则：文化传统确立了有利于男子的不对称性，该不对称性要求人们从男性的观点出发判断一桩婚姻（总是隐含地意味着地位较高男子和地位较低女子之间的“俯就”婚姻）。如果没有经济障碍，小户人家的长女可以和大户人家的非头生儿子结婚，但小户人家的长子不能取大户人家的非头生女儿。如果家庭中没有男性后裔这一不可抗力的情况下，才会把财产传承给她。另外家庭会要求非头生子不要急于结婚，以便成为家庭或长子免费的“雇佣”，有的非头生女儿也一生不结婚，在家庭中成为免费“雇佣”，这样家庭财产就得以保全，并减少相当一部分他们结婚时所必需的增资。

贝亚恩地区农民的婚姻策略是与财产继承策略、生殖策略、教育策略等密不可分的，因此他们的原则既不是计算理性，也不是经济必要性的机械决定，而是由生存条件灌输的潜在行为倾向，一种社会构成的本能，在这种本能的驱使下，人们把一种特殊经济形式的客观上可计算的要求当做义务之不可避免的必然或感情之不可抗拒的呼唤，并付之于实施，每个群体都履行这套策略以便把世代继承的权力与特权传递给下一代。行动者天生具有米歇尔·克罗齐耶所称的“策略本能”，行动者行为不应仅仅归于以往的社会化，而且应归于他们对其行动领域里诸种机遇与制约力量的感知，归于他们对其各自短期或长期利益的相应理解（埃哈尔·费埃德伯格，2005）。

借鉴布迪厄对法国贝亚恩地区农民的婚姻策略进行研究的方法，即个案研究方法。这一方法是针对单独的个人、群体或社会所进行的案例式考察，主要目的是描述，也可以试着提出解释。[①] 个案研究方法属于典型调查，典型调查的特点是：对调查对象中个别或少数几个单位进行的调查，是对调查者有意识地选择的单位进行的调查，是系统的、深入的调查，是面对面的直接调查，并且是定性的调查。[②] 典型调查的优点有：①它是面对面的调查，它能获得比较真实可靠的第一手资料；②它是系统、深入的调查，它可以调查比较广泛、丰富、系统的内容，它可以采取多种多样的方法，作较深入的调查；③它便于把调查和研究结

① [美]艾尔·巴比.社会研究方法[M].北京：华夏出版社，2000：357.

② 水延凯.社会调查教程[M].北京：中国人民大学出版社，1988：123.

合起来，因此它有利于揭示事务的本质及其发展规律。[①] 个案研究属于质的研究方法，这一方法尊重作为个体的被研究者，对每个人的生活经历和意义解释都非常清楚，认为每一个人都有自己生动的故事，都有自己丰富的内心，都值得去倾听、探询、研究，一滴水能够折射出太阳的光辉，个案样本可以反映出集体群像。

在调查地点的选取上，既不单一选择乡村社区，也不单一选择城市社区，而是选取上海市 S 厂作为主要田野调查地点，同时选取 P 县 L 村作为比较的调查地点。本书通过个案访谈、深入观察，让农民工自己展示自己的情欲与欲望的内在世界，让人们了解他们的喜怒哀乐和生存法则，关注农民工的生存状态、思维方式和行为习惯。

在个案访谈对象上，本书之所以选择户籍在农村，在城市打工的"城市农民工"这一能够反映中国社会转型的特殊流动群体上，原因有二：第一，"城市农民工"的本质是"农民"，"城市农民工"占农村劳动力比重很高，他们的婚姻有传统农民"婚姻惯习"的烙印；第二，"农民工"常年在城市打工，生活、工作环境的改变使他们又具有城市现代人的某些属性。宋林飞认为"农民工"在城市中主要进入传统产业工人的队伍，是"新兴工人群体"是"新市民"，[②]因此农民工的婚姻又能反映出现代都市人婚姻的时代特征。可以说农民工的婚姻策略既不同于传统农民，也不同于现代都市人，但农民工父辈们和城市年轻人的婚姻策略在农民工身上都有所体现，本书运用对比研究，目的就是通过农民工动态的婚姻策略过程来反映中国城乡社会的变迁。

另外，问卷调查是本书研究的一个辅助调查方法，目的是为了获得调查研究所需要的基本数据资料以及有关农民工婚姻的一些情况等，比如被调查者的年龄、性别、收入、婚姻状况等，便于从问卷调查中选取典型性的研究对象进行访谈。问卷调查分两个方面：一是了解上海农民工婚姻的基本概况，2006 年6～9月，笔者利用上海大学夏季学期和暑假三个月的时间，围绕"转型期农民工婚姻观念"这一主题，在整个上海地区随机对 335 名农民工进行了问卷采访。二是 2006 年 11 月份，围绕有关"农民工的婚姻策略"这一主题对上海 S 厂农民工

---

① 水延凯. 社会调查教程[M]. 北京：中国人民大学出版社，1988：126.

② 宋林飞. "农民工"是新兴工人群体[J]. 江西社会科学，2005(3)17-23；宋林飞. 中国农村劳动力的转移与对策[J]. 社会科学研究，1996(2)：105-117.

进行问卷调查。本书所需资料主要来源于实地调查中的深度访谈和参与观察，也有一部分是来自于文献资料，资料分析方法主要是定性分析和投入理解法。

如果说婚姻“场域”着重描述农民工婚姻的客观性结构，那么“惯习”则偏重于强调农民工自身方面，或者说传统婚姻习俗在农民工身上的一种积淀，惯习具有一种能动性，不断创造自己的新本质的特性，所以它具有生成性、建构性甚至带来某种意义上的创造性能力。农民工婚姻缔结的背景、条件、过程可以看成“实践”农民工自身所具有的各种条件可以看成“资本”。农民工传统的“婚姻惯习”，随着社会环境，“婚姻场域”的变化，也会逐渐被灌输一种新的“婚姻惯习”，农民工在先天、后天“婚姻惯习”的双重影响下，他们婚姻策略必然会反映出社会结构的变迁、市场的转型。本书的研究进路就是以布迪厄的实践理论为依据，以转型期农民工的婚姻策略为主要内容，以个案访谈方法为主，通过农民工婚姻策略的变化以反映中国社会的转型。

在运用布迪厄的社会实践理论，研究的具体内容是：在中国市场转型（特指改革开放后由计划经济向市场经济的转变），城乡二元身份制的背景下，农民工婚姻策略，以及婚姻策略的依据和根源。农民工的婚姻策略可以界定为农民工面对生存环境的变动和社会变迁所采取的应对措施，农民工不是被动地接受社会变迁的影响，而是以“自己原有的特点对社会作出反应”，它体现出社会转型对农民工的影响以及农民工对社会的反作用。农民工婚姻策略是行动者在婚姻这一场域中，运用各种资本，在实践的逻辑下（惯习的影响）进行博弈的一个动态发展过程，即农民工从婚姻的结识到进入婚姻殿堂这一婚姻准备期他们所采取的策略及其原因，力图克服单纯从择偶标准等某一方面进行的静态研究，忽视婚姻是一个动态发展过程的弊端，同时考虑到感情因素对农民工婚姻策略的影响。另外，农民工结婚之后家庭的维系、离婚、婚外恋等不是本书研究的内容。

婚姻策略是一个动态的选择过程，包括婚姻类型和婚姻轨迹两个方面。婚姻类型指缔结婚姻的基本形式，分类的标准不同类型也不同，根据婚姻制度划分，从古到今有一夫多妻、一妻多夫、一夫一妻制三种类型；根据结婚群体的差别划分，可以分为内婚制、外婚制两种类型；根据婚姻形态划分，可以分为嫁娶婚、童养媳、娃娃亲、交换亲、招婿婚、变异婚（冥婚等）等六种基本类型。婚姻轨迹指通过婚姻的缔结引起社会地位的上升、维持或下降，包括上升（高攀）婚姻、平行婚姻、下行(低就)婚姻三种轨迹。在2006年6~9月关于“农民工婚姻问题”通过对上海市335名农民工进行随机抽样调查显示:在目前我国一夫一妻、外婚制[①]的大背景下,与传统农民相比,农民工的婚姻策略倾向是“社会、地域圈相对扩大的平行、嫁娶婚姻策略”,童养媳、娃娃亲、交换亲、招婿婚等婚姻类型很少,在所调查的335名中没有一例,但不排除这些婚姻类型在其他地区存在的可能性。

---

① 外婚制,又称“族外婚”,产生于旧石器时代中、晚期,始于原始社会的母系氏族社会向父系氏族社会过渡阶段,正式形成于父系社会,从血缘集团内的群婚发展而来。不论在母系制或父系制氏族社会,都实行这一通婚原则。外婚制与内婚制互相关联,一个部落包括若干氏族,从氏族来说是实行外婚制,而从部落来说就是内婚制。外婚制的出现,符合自然选择的法则,有利于人类的优生和繁衍,加强了各通婚氏族间的联系。我国封建宗法制度下的“同姓不婚”,是氏族外婚制的体现。外婚制有利于人类的体质和种的繁衍,加强各通婚集团间的社会经济联系,是人类婚姻史上的巨大进步。

第 3 章

生活实践——田野调查地点概述

生活实践是农民工采取婚姻策略的基础。费孝通说“为了对人们的生活进行深入细致的研究,研究人员有必要把自己的调查限定在一个小的社会单位内来进行,这是出于实际的考虑。调查者必须容易接近被调查者以便能够亲自进行密切的观察。”[①]马克思认为,人作为“自然存在物”本身就是“现实的、有形体的”“自然实体”,[②]也就是说人是实践活动的存在物,对于作为实践存在物的人来说他所处的一定地理区位首先是作为实践活动的场所。

改革开放后,随着我国经济的发展和户籍政策的松动等一系列制度的改革,乡村场域中的关系发生了深刻的改变:城乡关系由隔绝转向融合,农村经济资本的匮乏,使得农民失去了扩大再生产以增加收益的物质基础。组织资本的缺位,使得农民在传统的生存经济难以缓解生存困境并实现发展目标的情况下,很难进入市场进行商品生产。由于经济资本匮乏和组织资本缺位导致的生存经济难以向商品经济的转向,农民个人的人力资本难以转化为实际的生产力并形成资本增值。社会资本的脆弱,使得农民获得直接帮助的力度和向上向外流动的机会很小。

尤其是到了 20 世纪 80 年代中期,乡镇企业、家庭副业等“离土不离乡”、非农化吸纳农村剩余劳动力能力逐渐下降;工农业产品价格剪刀差进一步拉大,农民增产不增收,强化了农村剩余劳动力转移的利益动机。城镇户籍制度和劳动用工制度开始松动和改革,使得农民有了离开农村的可能,农民“离土又离乡”,向城市转移成为解决农村剩余劳动力就业的主渠道。随着近年来我国经

---

① 费孝通.江村农民生活及其变迁[M].兰州:敦煌文艺出版社,1997:13.

② 马克思,恩格斯.马克思恩格斯全集第 42 卷[M].北京:人民出版社,1979:120.

济及城市化进程的飞速发展，对劳动力的需求增加，流动的自由以及资本增值的需要和冲动，对城市生活的价值认同和对农村生活的价值否定也促成农民尤其是新生代农民义无反顾地背井离乡重要原因。

因此，广大农民的生存空间发生了转换，由原来的“一亩三分地”、“熟人社会”逐步向城市转移。处于婚姻期的大量新生代青年农民工涌入到城市谋生，他们的生存空间也必然从农村转移到城市，以河南省P县L村和上海S厂作为调查地点，以婚姻策略为视角，来描述他们生存、发展空间转换的生活实践。

第一节 “盆景”效应的生存实践——P县L村基本概况

我国广大农民工的生活实践可以分两部分：生存实践与发展实践。由于我国大部分农村地区人多地少，工业发展匮乏，农业收益远远低于外出打工收入，可以说青年农民工在家乡拥有的只是生存型的社会空间，他们在家乡的这种状态可以界定为“盆景”效应：即因为局限于盆中土壤、养料和水分，盆景中的植物多年都不会有太大的变化，它们也仅仅活着，对于村民来说也就是满足温饱。本书中的P县L村基本上可以代表S厂农民工来源地的状况，由于本书中关于农民工的婚姻策略牵涉到与他们来源地父辈们婚姻策略的对比，因此有必要介绍一下P县L村的情况，了解青年农民工父辈们以及他们个人在家乡的生存实践。

P县位于河南省东南部，两省（河南、安徽）三市（驻马店、周口、阜阳）结合处。P县位于驻马店市东部，东邻新蔡县、安徽省临泉县，南与正阳县隔汝河相望，西连汝南县，北与上蔡县、项城县接壤。秦置P县，夏商始为挚地，奚仲之后，并有奚仲造车的故事。据《说文解字》：“车，舆轮之总名，夏后时奚仲所造。”所以战国时称“舆”，加之这里地形平坦，以“平”字冠名，称平舆。[①] 先民们因这里地势平坦发明了太平车，既成就了远播天下的平舆美名，更成为中华民族造车技术曾经领先世界的历史见证。平舆人文荟萃，有被尊为“中国胎教第一人”的周文王母亲太任，有秦未率众揭竿而起的张楚政权领袖陈胜，有被史界赞为“朝臣三君子”之一的东汉名臣陈藩，有被誉为“平舆渊有二龙”的月旦人物许靖

① http://www.xzqh.org/quhua/41hn/1723py.htm#dt 行政区划网.

和许劭，还有清末捻军首领陈大喜等无数先贤英烈。

P 县土地总面积 1282 平方公里，115 万亩耕地，辖 5 镇、12 乡、2 个街道办事处，280 个行政村(居委会)，95 万人，其中农业人口 86 万人。是国家扶贫开发重点县、全国东西合作示范县、全县防水防潮之乡、国家卫生县城、省级园林城市，连续两年被评为全省平安建设先进县。[1]

L 村形成于清朝末年，当时是当地大地主万老霸为租种自己土地的佃农盖的茅草棚所在地；抗日战争时期，为逃避战乱，安徽等地一些农民逃到该村；新中国成立战争时期，该村有相当一部分青壮年被国民党“拉壮丁”充当了炮灰；建国后“大跃进”三年自然灾害，该村有 1/3 村民饿死。[2] 从 L 村的地理位置、经济状况、婚姻现状三个方面简要叙述 L 村民的基本生存实践概况。

一、L 村地理、交通

地理、交通情况是一个地方居民生存实践状况的基本因素之一。L 村离乡政府所在地万冢集有 6 公里，万冢集距县城 15 公里。1938 年为汝南县第三区万冢乡。1949 年届汝南县三区(后刘)，1951 年 10 月为 P 县九区，1956 年为万冢中心乡，1958 年成立万冢人民公社，1984 年改为万冢乡，可以说 L 村的地理位置还是比较优越的。

目前 L 村的交通条件不是很好，南面原来是一条东西走向的土路向东通往万冢集，向西通往离 L 村有 3 公里的以回族居住为主的小集十八里庙，一遇到下雨，土路上就全是泥巴，自行车、架子车都不好走，只能步行，2004 年国家拨款加上当地农民集资修建了一条 3 米宽通往乡里的柏油路，2006 年春季 L 村又利用国家发的粮食补贴款集资修了从村口通往村前公路的柏油路，但村里的道路目前还是高低不平的土路，遇到下雨天，道路中间就会积很多水，行走时很不方便。甚至在雨停很长时间后，村中的道路还很泥泞。在这样的路上只能穿雨鞋，布鞋、皮鞋都不能穿，更不用说城里女孩喜欢穿的高跟鞋了。

L 村所在的乡政府驻地万冢集有通往县城的柏油公路，从十八里庙集往南 3 公里可以到当地最大的省级公路，这条交通要道从驻马店市通到安徽阜阳市，

---

① http://www.pingyu.gov.cn/showtype.asp? BigClassName=平舆概况&SmallClassName=县情概要.

② 根据笔者在 L 村期间的访谈所得，L 村所在的 P 县县志也有类似记载.

连接了两市大部分的县城。由于L村位于两县交界处，离临近的汝南县城有10公里，而离自己的县城有20多公里，平时村民卖粮食、买化肥、购买大件商品一般到汝南县城去。L村离驻马店市有30多公里，驻马店位居京广铁路线上，L村民农闲或剩余劳动力一般从驻马店乘火车到全国各大城市去打工。L村离安徽阜阳市有150多公里，虽然阜阳市位于京九铁路线上，但由于路途相对遥远，且发往阜阳的客车少，不像发往驻马店的客车很多，因此L村民外出打工从驻马店乘火车的较多，村民一般到北京、广东务工的多。L村的交通在目前来说虽然还是不怎么方便，但对于外出打工者来说，相对于其他交通不便的山区还是比较便利的。最近几年，由于P县增加了从县城发往上海的长途客车，下午5点左右发车，第二天凌晨3点左右就到了上海，也有一些村民转移到了上海来打工，但人不是很多。

二、L村的经济状况

L村现有家庭47户，农业户籍人口175名，耕地面积304亩，没有一家工厂以及手工作坊，是一个典型的以农业生产为主的自然村。

L村地处淮北平原，地势平坦，土壤肥沃，气候温暖，四季分明，雨水较为充沛。年平均气温14.8℃，1月份最低平均气温0.9℃，7月份最高平均气温27.7℃。年平均降水量893毫米。年平均日照2 130小时，无霜期229天。L村所在的万冢乡以农业为主，粮食作物主要有小麦、玉米、大豆、红薯，其中小麦占粮食总产量的50%左右。经济作物有芝麻、油菜、棉花、花生、麻类、烟叶、蔬菜、瓜果等。

小麦是L村的主要粮食作物，在1950年以前，小麦产量低而不稳。1951年至1960年，当地小麦产量平均亩产47公斤；1961年至1970年，小麦平均亩产56.7公斤；1971年至1978年，小麦平均亩产106.5公斤；1979年至1987年，小麦平均亩产提高到167.5公斤。[①] 20世纪90年代以后，由于政府对农业技术的重视，以及新型小麦品种和化肥的应用，小麦产量大幅度提高，目前该村小麦亩产达到400公斤至500公斤，小麦价格每市斤在0.6元至0.7元之间。

芝麻是L村的主要经济作物，是该村农民经济收入的主要来源，也是当地

① 平舆县志[M].郑州：中州古籍出版社，1995:252.

的特产，每年种植面积占该村土地面积的40%以上，但芝麻产量很低，1952年至1955年，当地亩产芝麻16公斤至42.5公斤，1978年亩产30.5公斤，1979年至1987年，当地政府推广芝麻新品种，提高了农民种植芝麻的积极性，亩产也提高到32公斤。1980年P县芝麻获国家经贸部授予的"优质产品"称号，享有"中原百谷首，平舆芝麻王"的美誉。1987年P县为省内外提供白芝麻70万公斤，出口294万公斤。[①] 目前L村芝麻亩产为30公斤至60公斤之间，近年价格在每市斤3.7公斤至4.5元。以芝麻为原料加工而成的香油闻名海内外，很受欢迎，当地村民外出也大多带香油作为特产送给亲朋好友。但由于芝麻怕水、怕旱，产量不稳定，而且很低，年景好的时候，一亩地也就产130斤左右，遇到阴雨天气可以说是颗粒无收。最近几年，当地种植芝麻的面积减少很多，有的村民种的芝麻仅够自己家吃香油而已。

玉米(当地称包谷)也是L村主要粮食作物，1956年以后P县才种植玉米，由于当时农民无种植习惯，也不懂技术，当时亩产只有20公斤，1980年以后随着杂交玉米的品种的推广，产量明显提高，1981年至1987年亩产从201公斤增长到281公斤。目前L村玉米产量为亩产400公斤至600公斤，产量略高于小麦，玉米价格每市斤在1.05元至1.10元之间。由于玉米好管理，产量远高于芝麻，且玉米耐干旱和雨水，不像芝麻那样产量受气候影响很大，目前L村玉米的播种面积已大幅度超出芝麻的播种面积。

目前L村也种植一些大豆、高粱、棉花、油菜、花生、红薯、绿豆等经济作物，但播种面积非常有限，收获的作物也仅限于家庭自己使用，很少到市场上出售。每个家庭也会在房前屋后开辟一个小菜园，种植一些蔬菜供平时食用，但如果家里来了客人，大部分蔬菜还需要到附近的集市上去购买。

L村每个家庭会散养一些本地土鸡，平时这些鸡会在村中或附近田地里到处走动寻找吃的，村民们一般对自己养的鸡很熟悉，每家几乎都养一些，很少丢失。L村养鸡的目的，就是把母鸡平时下的鸡蛋积攒起来或者把养大的公鸡拿到附近集市上卖，然后买些盐、醋、酱油等日常用品，如果平时来了客人，村民会把一只土鸡杀掉招待客人，目前该村还没有上规模的养鸡户，主要是因为村民没有养鸡的技术，一遇到鸡生病就手足无措。L村每个家庭一般都会养一头

---

① 平舆县志[M].郑州：中州古籍出版社，1995:255.

猪，平时用剩饭、麦麸、粉碎的玉米或杂粮喂猪，等到春节前再把养大的猪卖掉好过年。卖猪的钱除去饲料、猪仔的投入几乎是不赚钱的。由于养猪的成本很高，猪的价格近几年很不稳定，而且猪在饲养的过程中也容易得病，该村没有村民敢多养几头猪的，如果一旦价格下跌，一年的收入就赔了进去，每家每户养一头或两头。前几年L村几户人家试着多养几头猪，但当猪出栏时价格下跌，赔了很多钱，就再没有村民饲养更多的生猪。L村养猪也就是平时攒个零花钱，当地有一个谚语，就是"养鸡为买盐，养猪为过年"。L村也有几户人家养几只羊，由于近年农业机械化发展很快，原来依靠大牲畜耕种、收获的方式已根本改变，牛、马、驴等已基本不再饲养。目前仅有一户人家养两头牛，也不是为了耕种、收获庄稼，目的是卖钱。在改革开放以前的中国农村社区，家畜可以说是家庭生活的重要组成部分，尤其是勤劳、任劳任怨的牛更是农民的命根子，杨懋春在描写1945年中国山东台头村时说"农民对牛最有感情，这种感情非常强烈，以致他可能感到失去牛比失去年幼的孩子更糟，因为失去这种动物会危及整个家庭的生计"。① 农民对大牲畜的饲养以及感情的演变反映出中国农村几千年来耕作方式的根本性改变与农村社区的变迁。

由于P县是典型的农业县，加上又是国家级贫困县，该县农民人均收入自新中国成立以来一直很低，根据《P县国民经济统计资料》计算，1949年农民人均收入为28.7元，1950年为27.9元，1951年为43元，1952年为46.2元，1953年为34.4元，1954年为37.4元，1970年为41元，1978年为46元，1980年为48元，1987年为163元(1961年至1980年该县农民的收入是指从集体分得的工分收入)。② 从资料显示的数据可以看出，P县自新中国成立以来至1980年间，农民的人均收入增长很慢，且非常低，基本上处于温饱线以下。1981年该县所有生产队实行家庭联产承包责任制，分田到户，调动了农民的生产积极性，农民的人均收入大幅度提高。

但L村与全国其他大部分地区一样，农民的负担很重。尤其是1983年以后，家庭联产承包责任制在全国普遍推行，分配上采取"交够国家的、留足集体的、剩下都是自己的"的分配方式，农村生产力得到解放，调动了农民生产积极性，农业生产获得很大的发展。农村负担主体逐步由集体转移到农户，使得农

---

① 杨懋春.一个中国村庄——山东台头[M].南京:江苏人民出版社,2001:49.

② 平舆县志[M].郑州:中州古籍出版社,1995:407.

民对负担的感受变得更直接、对其变化更敏感。1983～1988年，除个别年份农民纯收入增幅低于三项负担性支出增幅外，其余年份均高于负担性支出的增幅。这一时期，农民人均纯收入年均增长12%，农民三项负担性支出年均增长9.7%。[①] 在这一个时期，国家对农民负担问题非常重视，制定采取了一系列措施，比如1990年国务院下发了《关于切实减轻农民负担的通知》，1991年国务院颁发了《农民承担费用和劳务管理条例》，明确了农民负担监督管理的基本政策；由于国家的政策在农村基层得不到有效的贯彻，农民的各种不合理负担十分繁重，造成农民贫困，无钱对农业进行投入，甚至子女失学；有的地方频繁上访，发生涉农恶性事件，不利于社会的稳定；一些地方出现土地抛荒，农民外出务工的现象。在农业税减免之前，农民负担"重"在农村社区公共产品筹集采取平均分摊的方式，造成合法负担分配不均，致使一部分农民感受强烈，特别是经济落后地区的中部农业省区农民负担相对较重。由于这些地区二三产业还不够发达，使得社区政府不得不通过加大对农民的提留、统筹来调节社区经济收入分配。

L村农民的负担在农业税减免之前比媒体报道的更加严重，由于P县工业基础比较薄弱，L村所在的乡镇没有任何像样的工业，L村又没有什么矿产资源与工业，当地政府以及村干部就想方设法增加农民负担来满足各种花费的需要。L村每年大的"交公粮"有两次，第一次是小麦刚收获完，农民就把刚收获的最好的麦子交给国家，交给上面的麦子一般占到所收获总量的1/3以上，有的年份占到1/2还多，第二次是秋季收获之后，向当地政府、村委交一些芝麻。根据国家的规定，每年农民上交的税收不超过当年纯收入的5%，且农民交粮是有钱的，但上有政策，下有对策，国家给农民的交粮指标一到乡、村又增加了很多，且当地政府从来没有把农民卖给国家的粮食钱给过他们，一直都是白条，打白条是国家明令禁止的，但L村民无可奈何。L村民大多很本分、老实，信奉"饿死不告状"的古训，不像邻村或全国其他地方的农民，一遇到当地政府对他们不公平的事情就到上级政府去上访告状。每年L村民还会遇到当地政府或村委摊派的修路费、治河费、建校费、民兵训练费、印刷费等名目繁多的费种，如果L村一个家庭一年的总收入减去上交的各种税、费，除去买农药、化肥、种子

---

① 参见《中国农村统计年鉴》(1990)，并借鉴了朱守银等人的调研数据.

的花费，所剩无几，也就是几百块钱，人均大概几十元，与当地政府报上去的平均数据有很大的差距，如果遇到大旱或大涝，一年中就几乎没有什么收成。在20世纪90年代末至2005年国家免除农民所有税费之间，L村有一户李姓村民，三户姚姓村民把土地交给了别人去种，全家外出打工去了，他们对种自己地的人什么也不要，只要求帮他们把家里属于他们的公粮和各种税费交上就行，在全国其他地方，甚至还出现土地抛荒的情况。

在L村，如果哪家有个生病的、或有一个中学生，这个家庭的负担就非常重，所需要的钱就要到处去借，有时根本借不来，因为大家都没有太多的钱。L村目前唯一的张姓家庭，1991年冬天，家中上小学三年级的小女儿得了重感冒，由于没钱到大医院看病，只是让邻村得赤脚医生抓些药吃了，但一天夜里小女儿突然病情发作，在送到邻县医院的途中就没了呼吸。在L村，在没有实行农村合作医疗之前，生大病的村民没有任何医疗保障，家庭条件不好的一般拿不出钱进行医治，只有忍受疼痛，慢慢等死；即使有的家庭有些积蓄，最终也会花个精光，甚至会借很多外债。目前，L村的村民大多参加了农村新型合作医疗，据该县政府门户网站显示，截至2011年3月份，该县农民参加农村新型合作医疗的比率达到了99%。村民平时看病还能报销一部分，可以说大大减轻了他们看病的负担。

L村目前共有3位大学生，现年67岁的李A家出了该村第二个大学生（第一个大学生是村中一个刘姓家庭的大女儿，复习了几年才于1990年考上一个师范专科学校，已分配到乡完中教书，她的学费是众多亲戚筹的），1992年他三儿子考上了洛阳医专（现在该校并入了河南科技大学），1995年毕业后分配到邻县人民医院工作，2006年又考上了贵阳医学院的研究生，2009年7月研究生毕业之后分到了驻马店人民医院工作。

个案1 李A对笔者说：

“我三儿子是我家的骄傲，家里人或亲戚有什么头痛发烧的病都到医院找他看，很方便，也能省不少钱，因为他不会给开很贵的药，而且很管用。但当年三儿子上学时确实很苦，吃的、穿的都不如人家，每个学期开学交学费都很困难，记得他高二时回来拿下学期的学费，不多，当时才50多块，我们村里人大多不富裕，他娘在村里借了个遍才借到10块钱。后来我跟他说，你先回学校，我过几天把学费给你送到学校去，最后他哭着回学校去了。每年闲的时候，他娘就会到村庄附近去采草药拿到县城去卖，有时放假他也会采。多亏当年他考上大学时国家还包学费，要是现在说啥也上不起。我们村一个姓姚的大女儿妞妞，原来在乡里初中读书，成绩特别好，每次考试都能考前几名，好几次还考了全校第一，大家都认为她将来肯定能考进大学，但她家里没钱给她交学费，再加上当地普遍认为女儿是为别人养的，即使考上大学还要出嫁，加上她家里还有一个弟弟正在上学，她父母确实也拿不出女儿的学费，1998年春节过后妞妞就辍学和村里其他几个女孩到广东打工去了，哎呀，真是太可惜了。”

L村另一个大学生出自一户黎姓家庭，他于2006年考取了中国政法大学，他的父母、弟弟都在北京打工为他挣学费，很多亲戚也帮他筹学费、生活费，加上他在学校可以申请国家助学贷款，以及各种补助等，使他能够安心在学校学习。

2005年，中央规定全部免征农业税，取消农民各种负担，彻底改变两千多年来农民缴纳“皇粮国税”的历史，[①]但L村农民仍然觉得负担很重。农业税减免后，农业生产资料大幅上涨，变相增加了农民的负担。农资价格持续上涨，必将加大农民种田的生产成本，抵消国家各项惠农政策给农民的好处，限制了农民收入的持续增长。

个案2　L村村民李B跟笔者说：

“国家减免农业税以后，我们做农民的都非常高兴，我们打心眼里感谢国家。我年龄大了，外出打工很难找到工作，前几年我就种了村里另外两户人家的地，这两家人常年在外打工，很少回来，加上我自己承包的土地一共有20多亩，每年的收成除去成本、自家和替别人交的各种税费，但由于粮食价格很低，也就是挣个一、两千块钱，很累，一点也不划算。现在各种税费不交了，别人家把土地也要回去了，现在我就种我家四个人的地，我们村人均1.8亩地，我们家有7.2亩土地。今年(2006年)我家的收成我给你大概估算一下：小麦亩产大约800斤，总产是7.2亩×800斤=5 660斤，现在市价是每斤小麦六毛二(0.62元)，总共可以卖5 660×0.62=3 509.2元，但是现在化肥比以前涨了一倍多，每亩地至少施尿素50斤，每100斤尿素是98元，每亩需尿素49元，每亩地还要施复合肥100斤，每100斤复合肥是110元，也就是说一亩地化肥要花费近150元，7.2亩要化1 080块，现在收割都用联合收割机，每亩至少40元，

① 温家宝总理在十届人大三次会议上的政府工作报告[N].人民日报，2005-3-4(6).

7.2亩就要288元，还有种子、农药每亩至少要50元，7.2亩要360元，你看看我夏季全部的收成就是，总收入3 509.2元－1 080元化肥－288元收割费－360元种子、农药＝1781.2元，这只是一个理想的收入，但我们一家人还要吃饭呀，不可能把麦子全部卖掉。秋季我大部分种苞谷（玉米），苞谷高产，亩产和麦子差不多，有时会比麦子高点，价格也差不多，芝麻虽然很贵，但产量很低，一般我们很少卖芝麻，大部分是自家吃油，有时会到集市上用芝麻榨些油送人，秋季的收入和夏季差不多，也就是说我辛苦一年大概可以收入3 000元，除去各种日常生活开支，到头来也就剩不了几个钱。如果想办点事，买个大件电器什么的，这些钱根本不够用，更不用说生个什么病花钱了，其他家庭收入和我也差不到哪去，因为现在粮食产量差不多，粮食价格也不高。"现在小麦、玉米等价格有所上涨，但不是很多，加上农资、日常生活用品价格上涨很快，也抵消了农产品价格上涨给农民带来的实惠。

通过访谈，我发现L村是一个典型的以农业经济为主的自然村，没有任何工业或集体经济，长期以来以种地为生。在该村47户人家中，只有一户是在外做生意的，也就是依靠姐姐的帮助在驻马店市服装市场租一个摊位卖服装，由于收入还不错，前年把两个孩子也接到驻马店市去上学，家中承包的责任田由年迈的父母亲来打理，有时农忙时他们还会回来帮助收庄稼。这以生意作为主要生活来源的比例仅占该村的户数的2.1%。

个案3 L村还有一户人家开了一个小卖部，户主是李C，他说：

"我们家开小卖部已经10多年了，卖的东西是一些香烟、酒、孩子吃的零食、盐、酱油、醋等日常生活用品，一般也都是本村的人来买，因为现在每个村基本上都有小卖部。生意不是很好，都是乡里乡亲的，卖的价钱不是很高，挣得也不多，有时村民没有现钱还会赊账。现在村里修了柏油马路，交通发达了，村民为了省钱，烟、酒什么的也会到集镇、县城去批发，在我这买的都是零零星星的，挣不了几个钱，一年到头也就是几百块钱，好的时候一千多块钱，这样我就可以照顾家，又可以种庄稼。"李C在L村开小卖部算是挣个零花钱，不能说是主业，主要的收入来源还是靠种地。现在李C已经不再经营小卖部的生意，原因是国家对香烟实行专卖，控制得很严，由于没什么门路，他很难批发到香烟，"都是乡里乡亲的，又不能卖假烟，加上村里很多人都外出打工了，卖的不是很多，干脆就不干了，还不如农闲时到县城打工挣钱。"

加上李 C，L 村 46 户家庭把农业作为主要职业，这一比例高达 97.9%，可以说是一个传统的农业村。由于没有任何工业，又不靠集镇，目前 L 村民一年里主要收入可以分为四部分：

(1) 土地上的收入。也就是除去种子、农药、化肥以外，村民从土地里收获的各种粮食或经济作物所得到的收入。如果遇到气候不好，收成就不会很好。这一收入可以满足一个家庭一年的口粮需求，节余的还可以到市场上去卖，换些钱作为日常开支。由于种子、农药、化肥价格一直上涨，且耕种的方式还是传统粗放型的，现代农业在该村根本谈不上，粮食价格又不是很高，村民从土地里获得的收入一直提不上去。

(2) 畜牧业收入。该村每户家庭都会养些家禽、家畜等作为副业，但由于村民缺乏科学的防疫知识，比如鸡经常发生鸡瘟等疾病，往往养到两、三斤的时候就会死掉一半多。村民对变幻莫测的市场又把握不准，所以家禽、家畜的养殖基本上是自给自足，谈不上规模，也谈不上市场化。

(3) 打工收入。1958 年 1 月国家以主席令的形式颁布了《中华人民共和国户口管理条例》，将中国公民划分为“农业户口”和“非农业户口”两大类。与户籍制度相联系的是城市实行统包统配的劳动就业制度、城镇生活必需品计划供应制度、城市居民系列福利制度。广大农村居民自然就业、生活必需品与福利取之于所在集体——公社、大队或乡、村，同时，农村居民不准到城市就业。L 村大集体时(土地包产到户之前)只有李 D 一个人在驻马店打工，但他每年必须向村集体缴纳一定的费用，用于弥补他应该在村里劳动的损失。由于现在国家鼓励农民外出到城市务工，而且国家又为保护农民打工权益提供了一系列的制度保障和相关服务，农民外出流动就相对很自由。

目前 L 村的年轻一代基本上都外出打工挣钱。该村 20 世纪 70、80 年代出生的年轻人一般常年在外打工，家里的土地由父母来耕种。这些年轻人目前大多集中在北京打工，所做工作大多是厨师。因为 L 村到北京比较方便，从驻马店坐火车可以直接到达北京。L 村 20 世纪 60 年代或者更早出生的村民一般在农闲时到郑州、驻马店、县城或附近地方干些建筑活挣些零花钱，到庄稼收获季节可以很快回家帮助家人干活。虽然在 20 世纪 80 年代至 90 年代，村民外出打工不是主业，但打工收入却占了家庭收入很大一部分比例，可以说现在打工收入正逐渐成为该村家庭收入的主要来源，因为很多年轻人正是通过外出打工挣了钱，才盖起了新房，买了电器，娶了媳妇，供孩子上学，甚至有的买了小汽车等。

在我国中、西部大部分农村社区，农民全年从土地中获得的实际收入是很低的。孙淑敏 2001～2002 年在西北赵村进行田野调查时，对某农户 2001 年的收支情况进行了计算，结果是该户一年的各种收入，包括外出打工，养猪等，减去各种开支，得出该农户在 2001 年的纯收入为 1 120.5 元，但是这些钱中一部分是以没有卖出的粮食形态存在的，真正以现金的形式在手中的钱并没有这么多。[①] 曹锦清 1996 年 9 月在与 P 县情况类似的河南省舞阳县考察后认为，大凡不靠海(沿海)，不靠城(中心城市)，无地下资源，主要靠人均一亩左右土地为生的传统农业县，除少数具有经营头脑的农户相对富裕外，大部分地区的农村经济和村民生活大体上处于温饱线上。[②] 在我国中西部绝大部分传统以农业经济为主的县，由于资本的原始积累不足，再加上信息闭塞，缺乏科技、人才、资金、项目、现代化的科学管理等基本条件，各乡镇办起来的企业很少，且大多数盈利不足，有的一年只纳税二三千元，很多企业处于停产、半停产，甚至亏损状态。在 P 县所在的中原农村地区，广大农村居民仍处于传统的生活方式中，依然过着平静的小农生活，外面飞速发展的社会经济变化好像与他们无关，仍然是以传统的农业经济为主，工业经济没有任何起色，到目前为止，L 村所在的方圆几公里仍然没有一家甚至是以当地丰富的农产品加工为主的工厂。

由于粮食价格一直很低，本地又没有其他收入来源，农民结婚、盖房、孩子上学、到医院看病等花费很大，为了养家糊口，支撑起家庭消费，追求现代城市生活，很多年轻人很早就辍学外出打工。该村农闲甚至常年在外打工的有 60 多人，外出比例超出本村总人口的 1/3。目前留在村庄的大多是老人、少数中年妇女和孩子，还有三户全家常年在外，土地交给别人去承包。土地是农民的命根子，但在 L 村已有超过 1/3 的村民不再把土地当做他们生活的主要依靠，至多是当他们年老了，不能在外打工挣钱了，最后回到家乡的一个依靠和保障。虽然大多数 L 村青年常年外出打工，但他们外出打工的努力并没有给 L 村带来较大变化，很多是外出打工挣到钱的家庭在村中盖了相对较好的房子，买了现

---

① 孙淑敏. 农民的择偶形态——对西北赵村的实证研究[M]. 北京：社会科学文献出版社，2005:67.

② 曹锦清. 黄河边的中国——一个学者对乡村社会的观察与思考[M]. 上海：上海文艺出版社，2000:260.

代家用电器，适婚男青年娶到了媳妇，但他们并没有从根本上改变该村以农业为主的传统经济发展模式。

三、L村民的消费

L村民目前以小麦面食为主，早上一般是吃馒头，喝面粉做的稀饭，稍微富裕的家庭会炒一个到两个菜。中午大多吃面条，面条一般是家庭主妇手工擀的面，少数家庭买了面条机，但时间一长，村民还是认为手擀面比较好吃，面条里会放一些青菜等，L村民有时还会吃米饭，但很少，主要是为了调剂一下生活。晚饭是早饭和午饭的翻版，有时吃馒头，有时吃面条。L村民目前还达不到每顿饭几个菜，一个汤的小康标准，基本上是能吃饱。如果家里来了客人，吃的会好一些，有时杀个自己养的土鸡，有时会到集市上买些猪肉、蔬菜等，喝点小酒等。

个案4　对于吃的，L村民还是比较满意的，50多岁的李姓村民告诉笔者：

"现在每天每顿饭能吃到白面馒头，已经是很好的了，这在新中国成立、'文革'前是想也不敢想的事，我们村新中国成立前大多吃野菜、树叶、芝麻叶、红薯等，新中国成立后没有多大改变，特别是在1953年至1956年三年自然灾害，1958年大跃进期间，我们村的粮食没什么收成，那时人们连树皮都吃了，村里饿死了将近一半人口，有几户人家全部饿死了。改革开放前，甚至20世纪80年代，我们村里还主要吃红薯，地里主要种红薯，每家每户都有一个红薯窖，把收获的红薯放在窖里保存起来，一年到头吃的是红薯，我们这有一个谚语就是'红薯汤红薯馍，离开红薯不能活'，现在呢，每家每户都不种红薯了，想吃红薯还要到集市上去买。"

目前L村民的衣着还较朴素，特别是中老年人，平时很少买衣服，只有到春节或换季时才会买衣服，L村有一句谚语："新三年、旧三年、缝缝补补又三年。"现在的情况比以前好很多，但在穿衣上面村民还是比较节俭的，这与村民的经济收入是有联系的。村民一般都有一两身在节日走亲戚或重要场合（比如参加婚礼）穿着的衣服，平时劳动时一般不穿。L村在外打工的年轻人的穿着接近城里人，但衣服的价格、款式等与城里人有很大差距，与村里的中、老年人相比已时尚很多，这也是年轻人受城市时尚影响的结果，但仍保持了朴素的本色。

目前L村大多数家庭的住房仍是砖、木、瓦结构，当地称"瓦房"，瓦房一般以三间为主，村里只有一家的宅基地较宽，盖了六间瓦房，但是给两个儿子的，每个儿子也是三间。L 村较富裕的家庭有的盖了混凝土结构的平房或二层楼房，目前共有 3 家盖了平房，4 家盖了两层楼房，其中一家盖楼房借了很多外债，其余几家大多是花光了多年的积蓄。房屋是一个家庭财富的象征，其实在 L 村盖楼房是没有任何用处的，第一层就够用的了，二楼房屋大多不住人，只是放一些东西，村民认为盖平房是比较理想的，因为房顶可以晒粮食，但为了面子，有钱的村民还是倾向盖二层楼房，但有钱的人家在 L 村毕竟还是少数，大多数家庭居住的还是几十年不变的瓦房。

大件家用电器在 L 村主要以黑白、彩色电视为主，几乎每家都有，冰箱、洗衣机等很少，只有两户人家有，摩托车也很少，但 L 村有 2/3 的家庭会有一辆农用四轮拖拉机，主要是耕田、收庄稼的方便，因为牛、马等大牲畜在 L 村已基本消失。

有些研究表明，在中西部农村，在家务农的都是妇女、孩子和老人（号称“386199”部队），几乎没有青壮年男子在家务农，他们都外出务工了。[①] 从上面的分析也可以看出，L 村民的生活、生产实践条件与改革开放前相比有了较大的改善，但与国内相对发达农村地区比，也仅仅是满足生存而已。由于地理、交通、经济、社会发展等各种客观实践条件的局限，他们很难在村中内部一亩三分地生存型空间的“盆景”效应下获得进一步的发展。为了补贴家用，为了挣钱盖房子、娶媳妇，为了使未来生活得更好，L 村年轻的村民也就不得不离开故乡，外出到城市打工，获得进一步发展型社会空间。

第二节　生活实践的空间引力

农民工从生存型农村空间到发展型城市空间的转换，这一转换可以用著名的“推拉理论”(push and pull theory)来解释。这一理论认为，在市场经济和人口自由流动的情况下，人口迁移和移民搬迁的原因是人们可以通过搬迁改善生活条件。在流入地中那些使移民生活条件改善的因素就成为拉力，而流出地中那些不利的社会经济条件就成为推力。人口迁移就是在这两种力量的共同作用下完成的。当然，以往的研究也提出，流入地和流出地各自都有推和拉两种

① 陆学艺. 当代中国社会流动[M]. 北京：社会科学文献出版社，2004：316.

因素，即流入地和流出地都同时具有吸引和排斥两方面的作用力。[①]

城乡经济发展不均衡是农民工从农村流向城市的一个关键因素。国内外关于农村人口迁移的研究，大都是基于托达罗的城乡预期收入差理论，认为只要城乡收入差距的预期存在，城市的拉力和农村的推力必然会促使农村劳动力向城市迁移。这对于解释当前农民工迁移现象的确具有一般的解释力。国际劳工组织发表的36个国家的资料表明，绝大多数国家的城乡人均收入比小于1.6，只有三个国家超过了2.0，中国是其中之一。中国的城乡人均收入比不仅超过了2.0，而且还呈不断增大之势，由1995年的2.47上升到2002年的3.1。这种持续扩大的预期收入差成为改革开放以来农民工不断地涌入城市的直接动因。

对比我国城市居民与农村居民的人均消费水平，一个城市居民的消费水平相当于一个农村居民消费水平的倍数，在改革开放以前，高的时候曾达到2.9倍；改革开放初期，由于农村改革充当了先锋，低的时候曾为2.2倍到2.3倍。然而，随着市场改革在城市的推进，到了20世纪90年代初期以后，城乡消费差距比例不断攀升，到90年代末期和新世纪初叶，已经超过3.6倍。中央政策研究室副主任郑新立在2005年11月26日至29日举行的首届中国县域经济发展研讨会上透露：2005年城乡居民收入差距有可能达到3.3∶1，如果不采取措施遏制城乡收入差距拉大趋势的话，2020年按照预计城乡收入差距有可能达到4∶1。[②] 国家统计局副局长邱晓华2005年9月6日表示，城乡消费差距令人震惊，“从总体上看，目前农村居民的消费水平只相当于20世纪90年代初城市居民的消费水平，整整落后10年。”[③]2011年4月19日上午，中国社科院农村发展研究所、国家统计局农村社会经济调查司和社科文献出版社联合发布2011年《农村经济绿皮书》，绿皮书显示：2010年，我国城乡居民收入差距仍在扩大，达3.23比1[④]。在如此巨大的差距下，以经济利益为核心的推力和拉力，两者都是

---

① 李强. 影响中国城乡流动人口的推力与拉力因素分析[J]. 中国社会科学，2003(10)：125-137.

② 今年城乡收入差距或达3.3∶1，http://news.xinhuanet.com/fortune/2005-12/01/content_3860362.htm.

③ 顾瑞珍，李薇薇，吴振兴. 城乡差距令人震惊，农村消费水平落后城市十年，http://news.xinhuanet.com/fortune/2005-09/07/content_3454999.htm.

④ 杨楠. 农村经济绿皮书：内地城乡居民收入差距仍在扩大，http://news.ifeng.com/gundong/detail_2011_04/19/5838476_1.shtml.

十分巨大的。

在我国大多数农村，人多地少，人地关系紧张，农村劳动力大量剩余。人多地少表现在两个方面：一是人均耕地少，并且还在不断减少；二是机械化水平逐步提高，导致人均农田劳动时间减少，劳动力进一步过剩。由于我国人口基数大，目前人口仍在继续增加，而随着我国经济的快速发展，工业用地大幅度增加，使我国农村人地矛盾更趋紧张，使得我国农村剩余劳动力进一步增加。目前L村人均耕地1.8亩，远远高出部分城郊农村人均耕地标准，农业税减免之前，村民负担很重，有的村民就外出打工，把自家的承包地转给别人去种，不收取任何费用，只要每年帮他们上缴各种费税即可。国家减免农业税之后，把土地转让出去的村民觉得种地有利可图，就又收回土地耕种。但农业生产资料价格大幅度上涨，一年到头辛辛苦苦，最后一算账，土地收益远远低于外出打工收入，于是就又把承包的耕地转给别人（大多是在家的亲戚，还可以帮助他们照看家里的房子），到城市打工去了。这次是什么费用也不收，一旦收钱的话别人也不会种，因为目前以家庭承包为主的小农经营模式收益实在是太低，这种状况在我国中西部农村都有存在。

我国大部分农村的农业生产效益低下，农民单靠种地收入十分有限，促使农民外出打工。目前我国仍实现改革开放以来的家庭联产承包责任制，土地实行一家一户按人头分配，这使得土地分配极为零散，平均一户只有几亩地，城市郊区更少，而且一块不大的地也要分成几块，这就严重阻碍了农业机械化的普及和农业适度规模经营的开展，农业生产率极为低下，致使农业生产效益很低。据农业部、农业科学院等部门的抽样调查显示：目前我国农业生产扣除成本后，只处于微利或保本状态，特别是中国加入WTO之后，农业又首当其冲地面临更大的市场冲击。

目前我国乡镇企业吸收农村剩余劳动力的能力进一步下降，促使大批农村剩余劳动力外出寻找出路。20世纪80年代以来，农村地区乡镇企业开始蓬蓬勃勃发展起来，这种农民“离土不离乡，进厂不进城”的工业化模式曾一度得到许多中外专家的褒扬，并称之为中国农村的一大奇迹。人们普遍认为，乡镇企业对增加农民收入、发展地方经济以及提高我国农村的工业化水平，起到了积极的作用。但这种模式也带来一些新问题，它使我国亿万农村剩余劳动力大量涌入工业部门，而第三产业这个吸纳劳动力最强的就业部门却没有得到很好的拓展，因而不利于我国城市化的发展。据建设部报告，乡镇企业80%设在农村，12%设在集镇，7%设在建制镇，只有1%设在县城，这种布局不仅很难有效促进人口的相对集中，反而导致人口大量浪费，污染严重，同时限制了第三产业的发展与城市化水平的提高。目前这种中国特有工业化模式开始收到越来越多的质疑，乡镇企业吸收农村劳动力的能力日渐下降。1984～1988年，乡镇企业每年平均吸收农村劳动力1 262万人，到1989年和1990年，则连年出现负增长。1990～1998年平均吸纳就业仅409万人，1997年和1998年乡镇企业大量裁员，就业出现负增长，两年净减少从业人员971万人。[①] 农民工进城打工能有效回避农业生产的风险和自然灾害，以求得更稳定的家庭收入。"劳动组合理论"认为，农村劳动力向城市转移不仅仅是一种个人行为，更多地表现为一种家庭决策的结果。由于农业生产易于受到气候和自然灾害等因素的影响，加上农产品价格的波动较大，农业的长期收入是不稳定的。如果家庭中的劳动力都从事农业，其家庭总收入将是不稳定的，这会与其长期的连续平稳消费偏好形成矛盾。因此，农村劳动力外出流动不仅仅为了获取城市中更高的收入，也是出于回避农业生产风险的考虑，以求得更加稳定的长期收入。另外自然灾害也是促使农民外出打工的一个很重要的诱导因素。对我国来说，突发性、暂时性的自然灾害几乎是年年必有的，这对于"民工潮"起了一个推波助澜的作用。[②] 以上综合因素形成了农民工外出流动的巨大"推力"。

我国城乡差别巨大形成了农民工外出流动的巨大"拉力"。美国经济学家哈里斯和托达罗认为，农村劳动力向城市迁移主要受到城乡预期收入的影响。也就是说，当一个农民预期自己在城里打工赚取的收入减去继续务农所得时，他就会流向城里去寻找工作。这可以用公式来表示：

$$Mt = f(Wu - Wr)$$

式中：Mt 是在 t 时间内从农村到城市的移民数量，f 是反应函数，Wu 是城市工资，Wr 是在农村的务农收入。

在我国，城乡之间的收入差距在两倍以上，且有不断扩大的趋势，如下表所示：

---

① 宋金平，王恩儒. 中国农业剩余劳动力转移的模式与发展趋势[J]. 中国人口科学，2001(6).

② 余红，丁聘聘. 中国农民工考察[M]. 北京：昆仑出版社，2004:43.

年份	农村居民家庭人均纯收入/元	城镇居民家庭人均纯收入/元
1978	133.6	343.4
1985	397.6	739.1
1990	686.3	1510.2
1993	921.6	2577.4
1998	2162.0	5425.1
2000	2253.4	6280.0

资料来源:《中国统计摘要》(2001),中国统计出版社 2001 年版.

在 2002 年,当时的国家统计局局长邱晓华指出,我国城乡之间的收入差距比表面上看到的还要大得多。因为 2002 年我国农民的人均 2366 元收入中还有 40%是实物性收入(未卖出产品也折算为收入),因此当年农民真正的货币收入只有 1700 多元,而且其中还有 20%用于第二年的生产性投入,扣除这一部分,最后只剩下 1400 多元可支配收入,这与当年 6860 元城市居民人均收入相比相差已超过 5 倍,而且城市居民除了 6860 元显性收入外,还有隐性的福利收入,加在一起超过了 7000 元。李强在 2002 年所做的调查显示,进城前与进城后的年收入比较,农民工平均比进城前多收入 873813 元,90.1%的农民工进城后,收入都比在家乡时有了明显上升,其中,约 20%的人高出 10000 元及以上,而 52.4%的人高出 5000 元及以上,如下表所示:①

农民工在城市中的收入比自己在家乡收入高出的数额(2002 年)

按高出数额分组/元	人数	各组的百分比/%
24000 及以上	16	5.9
10000~23999	38	13.9
6500~9999	43	15.8
5000~6499	46	16.8
3000~4999	52	19.0
1000~2999	47	17.2

① 李强. 影响中国城乡流动人口的推力与拉力因素分析[J]. 中国社会科学,2003(1):125-136.

从上表的分析中，我们可以看出，巨大的经济差异作为一种驱动力，促使越来越多的农民流入城市。

城乡差别与地区差别的存在与继续扩大是导致农民不断地向城市流动的外在“拉力”。城市生活对农民青年的吸引力，也是促使民工潮每年一浪高过一浪的重要原因，有相当一部分农村青年到城市打工是为了增长见识，寻找机遇。农村生活与城市生活的巨大差异，使得进入城市的农民工每时每刻都有着不同的新鲜体验和经历。随着在城市中生活的时间越来越久，这种体验和经历也就越来越深刻。在城市的冲击和影响下，农民工逐渐的就会自觉或不自觉地把乡村生活与城市生活进行比较。许经勇认为：“农民工”进城至少说明以下两个基本事实：①相对于农村社会，城市社会具有多方面的优越性，极大地吸引着农村居民向城市转移；②在中国社会分层体制中，城市社会的空间地位，普遍高于农村社会，城市是文化和文明发展或进步的象征。[①] 李强认为促进农民工流动城市拉的因素有两个：“城市收入高”和“外出见世面”。[②]

李强于2002年3～4月在北京市朝阳区对307名流动农民工进行了问卷调查，在“是什么因素促使您外出?”这一问题中，结果见下表：[③]

影响外出的因素	推还是拉	排列位次	选择的百分比/%
城市收入高	拉	1	54.8
外出见世面	拉	2	52.1
农村收入水平低，没有挣钱机会	推	3	48.5
农村太穷，生活太苦	推	4	43.9

在笔者对上海市区及郊区农民工所进行的问卷调查中，在“您出来打工的原因和动机?”这一问题中，结果见下表：

① 许经勇.论中国经济社会转型时期的农民工[J].湖南城市学院学报(人文社会科学版)，2004(1)：80-83.

② 李强.影响中国城乡流动人口的推力与拉力因素分析[J].中国社会科学，2003(1)：125-136.

③ 李强.影响中国城乡流动人口的推力与拉力因素分析[J].中国社会科学，2003(1)：125-136.

您出来打工的原因和动机	推还是拉	排列位次	选择的百分比/%
城市收入较高、外出见世面	拉	1	50.6
农村收入水平太低、农村缺乏发展机会、农村太穷	推	2	49.7
羡慕城市生活、追求新的生活方式	拉	3	45.3

从上述的分析,我们可以看出:中国大部分农村地区生产力相对落后,农民负担的沉重是一个历史现象,近年来国家虽然减免了农村中所有的农业税,但由于农业生产资料价格大幅上涨、农村教育费用、医疗费用、日常生活用品居高不下造成农民的负担依然沉重。为了减轻家庭负担,谋求新的出路,很多农村剩余劳动力就把目光投向生产力、经济条件较好,特别是经济较为发达,就业机会较多的东南沿海城市谋求发展。农民负担重,农村经济落后是农民工流入到城市的推力因素。相对于农村来说,城市发达的交通、完善的基础设施、较多的发展机会、较高的经济收入、较好的物质文化生活水平、先进的生活方式、较高的文明程度、为子女创造一个良好的教育环境的考虑,都是吸引农民工进入城市的拉力因素,而经济因素在农民外出打工决策中起着决定性作用,因此可以说新时期农民工流入城市是城乡拉力和推力因素共同作用的结果。

L村仅仅满足温饱的落后经济状况是一个巨大的“推力”,把大部分追求新生活的年轻人推到城市去谋生。在L村,在外打工能挣钱回来的年轻人被村里人称赞,尤其是那些在大城市自己创业能挣大钱的年轻人。村里李某某的三儿子,初中还没毕业就跑到北京去打工,最初的几年,他频繁地换工作,没挣到几个钱。他不甘心一辈子为人打工,有一年借了很多钱到东北去贩卖人参,结果赔了,村里人知道后都嘲笑他是“败家子”,2004年春节他没回家,又借钱在北京西客站开了一家很小的饺子馆,北方人喜欢吃饺子,西客站人流量很大,他的生意一直都很好,2005年他挣了20多万,这是L村民想都不敢想的数字,在2006年他又开了一家较大的饺子店,生意也很好,村里人现在都夸他能干。L村在外打工的年轻人做什么的都有,如果在村里,或附近能挣到与城里差不多的钱,他们也不会出去,外出打工实属无奈。

本书选择田野调查的地点——S厂所在的上海,是全国最大的城市,是中国经济最发达的地区之一，农民工的工资在全国也位于前列，对于来自农村的农民工来说是一个巨大的“吸引力”，形成了农民工来这里打工的一个巨大“拉力”。

个案5 S厂来自安徽六安革命老区的朱姓女孩说：

“虽然我在S厂一个月才1200多块钱，比上海白领的工资少很多，但我几个月的收入就能抵得上全家一年从土地中获得的收入，我现在一个月工资除去房租、饭钱和其他花费，省吃俭用的话可以节余800多块，在家里可以抵得上一头大肥猪的价钱，我家里一年也养不大一头猪。我每年都往家里寄很多钱，帮家里买些种子、化肥、衣服等什么的，最让我自豪的是我去年花8000多元给家里买了一辆农用四轮拖拉机，这一直都是父母的一个心愿，这样可以减轻他们很多干庄稼活的辛苦。我父母现在帮我把钱存着，等结婚买嫁妆再用，到时候可以多买一些家具、电器什么的，可以排排场场的出嫁。我每年春节回家就成了村里年轻人崇拜的对象，有的非让我带他们来上海打工，我成了亲戚眼中的能人。”

笔者在S厂对农民工进行访谈，提到收入，他们基本还算满意，当问他们的收入与当地上海人比较时，很多人认为当地人挣得多，花得也多，甚至不够花，因为上海的房价、医疗、孩子学费、蔬菜价格等比他们那贵很多倍。在很多农村地区，一些村民会在房前屋后，或田边地头整理出一个小菜园，种的菜基本够吃的，只有家里来了客人才会到集镇上买些肉、鱼等被村民称为的“硬菜”，所以蔬菜价格的上涨对很多村民没什么大的影响。因此，S厂相当多的农民工不愿把钱花在物价较贵的上海，他们更愿意把钱拿回老家去花，认为钱在他们那里才真正的“值钱”。

本书进行田野调查的L村所在的河南省，是全国人口最多的一个省，每年有大量的农村剩余劳动力涌到城市去务工。与L村类似的全国中、西部其他农村地区，由于其经济发展水平较低、村民负担相对较重、城乡差距较大等因素形成了青年农民外出打工的巨大“推力”。同时，中国东部沿海等发达地区与中、西部农村地区就业机会、生活水准、经济发展水平等方面的差异是吸引农民工流动的主要原因，可以说中、西部农村青年到上海打工是“拉力”和“推力”共同作用的结果。

第三节 有限发展的实践空间——上海市S厂基本概况

S厂位于中国最大的城市——上海市，上海地处东海之滨，扼长江入海咽喉，居南北海岸中点，腹地广阔富饶，交通便捷通达。优越的区位优势，使上海市由一个古代海滨小镇，沧桑巨变，后来居上。在19世纪40年代开埠不久，就已迅速发展成中国乃至远东地区重要中心城市。1852年，上海人口为54.4万人，到1949年3月新中国成立前夕，人口已增长到545.5万人，在近百年的时间增长近百倍。①

在2011年上海“两会”期间，市政协委员、华东师范大学社会发展学院院长，人口研究所的丁金宏教授就曾表示，“2010年11月份上海人口普查中，登记人口总数达到2300万人，其中户籍人口近1400万，流动人口超过900万。”②目前上海是中国经济发展最快的地区之一，上海市统计局局长潘建新在2007年2月7日召开的记者招待会上表示，按照国家统计局制度的规定计算得到的数据，即以半年以上平均常住人口计算，2006年本市人均GDP是57310元，按年度平均汇率折合美元为7189美元。这也是国内常用的口径。按照国际核算的标准，与国际其他城市可比较的口径计算得到的数据，按一年以上平均常住人口计算，2006年本市人均GDP是59710元，按年度平均汇率折合美元是7490美元。上海市统计局2011年1月25日公布的最新数据显示，2010年上海实现生产总值16872.42亿元，按可比价格计算，比上年增长9.9%。③ 上海的经济发展水平在全国位居前列，对农民工来说是一个巨大的“拉力”。

在上海的嘉定区、南汇区、宝山区、松江区等工业园区以及市中心区有来自全国大量农民工。据有关资料显示，1983年上海的流入人口只有50万人，1984年是70万人，1985年是134万人，1993年是242万人，1997年是228

① 王桂新，殷永元. 上海人口与可持续发展研究[M]. 上海：上海财经大学出版社，2004:118.

② 臧鸣. 2300万，上海常住人口“出乎意料”激增[N]. 东方早报，2011年2月22日.

③ 王蔚. 2010年上海GDP同比增长9.9%，凤凰网，2011-1-25。http://news.ifeng.com/gundong/detail_2011_01/25/4449412_0.shtml.

万人。[①] 在2001年全国跨省区流动的农村劳动力中，有8%的流入到上海。[②] 第五次全国人口普查基础数据分析表明，全国跨省流动4242万人，占35%；省内流动的有7865万，占65%。流入地区主要是东部沿海省市，其中7.4%流入上海。[③] 上海是我国农村富余劳动力跨省市流动就业的主要输入地之一，近几年来，上海市外来流动人口增长迅猛。据统计，2005年年底，上海外来流动人口总量达581万人，其中外来从业人员估计在440万左右，85%(374万人)的外来从业人员来自于农村，属于农民工。[④] 上海农民工的工资收入在全国排在前列，上海作为全国最早实施最低工资制度的地区之一，从1993年制定第一个月最低工资标准至2006年，13年中前后共调整了14次，年均增长10.3%。例如从2006年7月1日，上海市每月最低工资标准从635元调整为690元；2006年9月1日，上海市又调整了职工最低工资标准，月最低工资标准由690元提高到750元，小时工最低工资标准由现行的6元提高到6.5元，2007年9月1日，上海市又调整了职工最低工资标准，月最低工资标准由750元提高到840元，这一最低工资标准当时位居全国最高。2011年4月1日起，上海市月最低工资标准从1120元调整为1280元，而且1280元不包括社保和公积金个人缴费、不包括上下班交通补贴、也不包括加班工资。浙江、深圳、广州等地规定，浙江、深圳、广州、陕西、海南等地调整后的最低工资标准都是1300多元，似乎比上海高，但这些地方规定最低工资不需要扣除劳动者个人依法缴纳的社会保险费和住房公积金，如果扣除至少200元个人缴纳的社会保险费、住房公积金后，职工到手的钱就相应减少，上海最低工资标准的绝对值在全国来说也是最高的。同期，上海的小时最低工资标准也从9元调整到11元。这是自1993年以来本市第18次调整月最低工资标准。从210元到1280元，上海最低工资标准18年翻了6倍。

另外上海市还为外来从业人员建立了专门的综合保险制度，2002年7月，上海市发布了《上海市外来从业人员综合保险暂行办法》；2004年8月又对该暂行办法的相关内容进行了修改和完善。据中新社2006年11月16日报道(记

---

① 张声华. 上海流动人口的现状与展望[M]，上海：华东师范大学出版社，1998：23-28.

② 张晓辉. 中国农村研究——2002[C]. 北京：中国财政经济出版社，2003：512.

③ 宋林飞. “农民工”是新兴工人群体[J]. 江西社会科学，2005(3)：17-23.

④ 王宗凡. 上海市农民工社会保险制度[J]. 中国劳动，2006(10)：11-12.

者陈静),以后来上海就业的农民工将和此间市民享受一样的待遇,并具体发布《关于做好农民工工作的实施意见》,与全国其他地方相比,上海为农民工创造了相对宽松的工作、生活环境。

上海农民工的工资虽然相对较高,但近年来,上海仍出现了"用工荒"现象。中国是一个劳动力大国,之前有学者指出中国的劳动力只有相对过剩,不会出现短缺现象。当前上海、深圳、浙江等地在招工旺季频繁出现的"用工荒"现象,是中国经济发展出现了刘易斯拐点?还是别的原因?

刘易斯拐点,由美国经济学家阿瑟·刘易斯提出,即劳动力过剩向短缺的转折点。指在工业化过程中,随着农村富余劳动力向非农产业的逐步转移,农村富余劳动力逐渐减少,最终枯竭。与"刘易斯拐点"相对应的是"人口红利",由于年轻人口数量增多形成的廉价劳动力,提供给经济发展相对便宜的要素价格。"刘易斯拐点"往往是"人口红利"逐渐消失的一个前兆。有学者指出目前我们面临的"拐点"更多的是指"初级劳动力"领域,相对应的,以技师、技工为代表的"中级劳动力"数量却越来越不足(大学本科生以上的"高级劳动力"倒是在增加,但质量并不乐观),即带来结构性的用工荒,这更加加剧了未来发展的风险。有专家指出,中国经济发展的"人口红利"正在枯竭,用工荒正成为内地普遍现象,传统劳动密集型产业将加速丧失优势,这是否说明中国已经出现"刘易斯拐点"?①

另一方面,中、西部地区经济、社会的迅速发展也吸纳了大量本地劳动力,地区之间农民工工资收入差距的逐步缩小,以及方便照顾孩子上学、照顾老人、生活成本低等因素,也使一些农民工愿意留在当地就业,这样就客观造成了沿海地区的"用工荒"现象。中西部地区经济发展提速,促使农民工在家乡就业机会明显增加,例如:河南、湖南、四川、湖北等5省以前都是劳动力输出大省,而今都迈入GDP"万亿元俱乐部",安徽省2010年工业化率已超40%,这意味着对工人需求成倍增长,致使原来到东南沿海发达地区打工的劳动力逐步向中西部地区大量回流。

尤其是当前东南沿海发达地区正面临着产业发展升级转型,随着富士康等一大批劳动密集型企业向中、西部地区转移,对当地劳动力的需求激增,在2011

---

① 伊歌."用工荒"背后实际是"民工权利荒"[N].羊城晚报 2010-2-22.

年春节期间，出现了本地政府与企业联手截留返乡农民工的景象。在 2011 年，富士康计划在重庆招收 10 万名员工，而且有的企业还开出了很多优厚条件，如为务工人员提供完善的居住、医疗、教育、生活娱乐设施等配套服务，工资收入、子女教育、社会福利有保障，还能申请公租房等。2011 年 2 月份，重庆富士康公司提供的薪酬显得很有诱惑力：入职时，底薪 1 300 元/月，平时加班 11.2 元/小时，周末加班 14.9 元/小时，节假日加班 22.4 元/小时，通过 9 个月的考核后，薪酬在 2 100 元至 2 800 元之间；此外，还有年终奖、生产激励奖金、节日礼金、五保一金等福利。这样的薪酬待遇，在重庆还是有相当的竞争力，与在上海、苏州、深圳等发达地区同类型企业员工收入相比，并不差。[①]

2011 年 3 月 4 至 5 日，笔者在山西晋城进行调研，顺便询问所住金辇酒店服务员的工资收入，一般的服务员，月收入在 1 500 元左右，这一收入水平跟上海酒店服务员工资大致相当。中、西部地区有很多名胜古迹及优美的自然风光，有些地方大力开发旅游业及相关产品的开发，吸引了大量当地及附近劳动力就业。如山西晋城市阳城县北留镇皇城村，利用皇城相府这一名胜古迹大力发展旅游服务、轻工、农副产品加工、生态农业、生物医药等产业，由原来 234 户，680 余口人家，逐步发展成为拥有总资产 5 亿元、员工 3700 多人的村办大型企业集团。2006 年全村农民人均纯收入达到 11 500 元，同时人均享受各种社会保障和福利 6 000 多元。全村共有百余辆小汽车，80%的家庭用上了互联网，90%的村民住上了花园式别墅，100%的劳力实现了稳定就业；吸引 3 300 多名外村外地农民在皇城相府集团上班。国家统计局的调查数据也印证了东部沿海出现的“用工荒”及中西部经济、社会迅速发展这一客观事实。统计局于 2008 年年底，建立了农民工统计监测调查制度。相关结论是根据全国 31 个省（区、市）6.8 万个农村住户，和 7 100 多个行政村的农民工监测调查结果推算得出。2009 年全国外出农民工总量 14 533 万人，增长 3.5%，在流动格局上，出现农民工开始从东部地区向中西部地区转移的特点。从输入地来看，2009 年，在东部地区务工的外出农民工为 9 076 万人，下降 8.9%，占全国外出农民工人数的 62.5%，比上年降低 8.5 个百分点。相比之下，尽管中西部所占总数比例低，但中部和西部增幅分别为 33.2%和 35.8%，所占整体的比重，分别比上年提高

---

① 重庆政府企业联手截留返乡农民工，宣传招贴煽情[N]. 中国青年报，2011-2-11.

3.8和4.8个百分点。农民工的外出流动格局发生了变化，中西部地区受基础设施建设等投资拉动政策措施的影响，对农民工就业的吸纳能力增强，在中西部地区务工的农民工增加，而在长三角和珠三角等东部沿海地区务工的农民工减少，农民工开始从东部地区向中西部地区转移。在长三角和珠三角地区务工的农民工减少，特别是在珠三角地区务工的农民工大幅减少，是2009年下半年东部沿海地区出现“用工荒”的一个重要原因。统计局称。此外，调查还显示一个特点是，跨省外出的农民工比重下降，而在省内务工的外出农民工数量增加较多，中西部地区农民工就近转移加快。从结果来来，印证了当前“民工荒”的实际情况。[①]

据上海市劳动部门相关负责人介绍，近年来沪务工人员的数量虽然一直在增长，但增速有所回落。根据上海市统计局公布的数字显示，2000年，上海外来人口总量为387万人，到2006年这一数字已经增长到627.01万人，但2007年和2008年的数字分别为660.30万人和642.27万人，与2006年水平接近。[②]据中国人力资源市场信息监测中心提供的数据显示，全国103个主要城市岗位空缺与求职人数的比率从金融危机期间的0.85，大幅回升至0.97，接近2007～2008年的历史最高点。安徽省人力资源和社会保障厅的统计显示，截至2010年底，安徽全省缺工超过50人的企业达2300余家，缺工总数达到25万人；湖北省劳动就业管理局披露，今年湖北省劳务输出人数预计将缩减10%～15%，减少外出人员至少100万人，湖北省内的用工缺口约有60万人；重庆的有关数据显示，有430万农民工在外地区就业，而2011年重庆市内的企业对劳动力需求将增加55万，也出现大面积“用工短缺”。

商务部公布的数据显示，2010年，中西部地区吸收外资的比重有所提高，实际使用外资金额同比增幅超过东部地区。东、中、西部地区实际使用外资占全国的比重分别为85%、6.5%和8.5%，分别比上年同期降低1.2个百分点、增加0.6个百分点和增加0.6个百分点。而且，在合肥、武汉、成都、重庆、西安等中西部城市中，无论是城市基础设施，还是农民工的用工数量、工资待遇和生活

---

① 胡红伟.统计局数据显示民工荒原因，农民工从东部向中西部转移[N].新京报，2010-3-20.

② 栾立，仇锋平.江浙沪用工荒超过往年，85后农民工拒绝4000元月薪[N].东方早报，2010-2-24.

水平已和东部城市相差无几。加之东部各类加工企业和台资、外资劳动密集型企业大举西迁，造就了大量的就业机会，许多农民工不愿再“舍近求远”外出打工了。随着中西部省份经济的快速崛起、农民收入的明显提高，他们和东部经济发达省份差距的迅速缩小，也为农民工群体提供了更多的选择，农民工外出务工不再是“唯一选项”，外出务工的意愿已“显著降低”。[①]

来自广州、深圳、东莞、佛山等珠三角城市劳动力市场的信息显示，这个接纳全国近1/3农民工的地区，劳动力市场求人倍率在1∶1.14到1∶1.51之间，也就是说每个求职的人有1个以上岗位虚位以待。受2008年国家金融危机的影响，过去两年珠三角地区的最低工资标准一直都没有做相应调整。然而，随着经济的复苏，珠三角地区原先制定的最低工资标准过低并不能有效地保障农民工的权益。随着消费水平的增长，工人的工资水平并没有相应得到提高，致使外来工流动率高，企业难以形成一支稳定的工人队伍。在工资低的企业，招不到新工人，现有的工人的流失率高，所有缺工严重。[②]

在东南沿海发达地区面临产业升级转型关键时期，以及中西部地区劳动力密集企业迅猛发展，针对结构性用工荒，可以加强对农民工的职业技能培训，用质量替代数量，将成为预防劳动力短缺的未雨绸缪之举。比如，做好农村初高中毕业未能继续升学的新生劳动力和退役后返乡人员的职业技能培训；加强对有意愿进城务工的农村劳动者的劳务输出培训以及在岗农民工的技能提高培训，进一步增强培训的针对性、实用性和灵活性；并进一步充分发挥劳动保障部门职能优势，加强劳动力市场建设，对进城登记求职的农民工提供免费的职业指导、职业介绍和政策咨询等服务，推行“技能培训、就业服务、权益维护三位一体”工作模式，促使农民工平等就业、素质就业、稳定就业。因而，有专家“建言”：东部地区一方面要进一步建立和完善农民工保障制度，改善农民工的生活、工作环境，提高工资待遇，吸引部分农民工回流。另一方面，从信贷、税收等方面进一步加大对中小企业的扶持力度，保障企业的可持续发展，才能保障农民工的工资待遇提高、工作环境的改善，留住更多的农民工。造成东南沿海发

---

① 汪孝宗，王群，王勇等. 中西部民工荒再调查[J]. 中国经济周刊，2011(17).

② 周芳芳. 制度堕距：后金融危机时期“民工荒”现象的原因分析——基于珠三角地区的实证研究[C]. 2011年中国社会学年会“新生代农民工融入城镇社会政策研究”论文集，2011(22).

达地区“用工荒”的原因，除了中、西部地区经济快速发展，农民工收入待遇与东西部地区差距越来越小的客观原因之外，当前农村家庭规模的小型化，农村地区养老制度的不完善，农民工回流当地所在城市工作也是为了照顾家庭的需要也是一个重要原因，笔者在后面农民工的婚嫁距离这一章有详细的分析与解读。

被调研的上海市S厂同样也面临着“用工荒”现象。2007年7月～2008年2月，以及2010年7～8月，笔者对上海市S厂青年农民工进行了深入、持续的调研，方式包括问卷调查、工作、生活观察与体验，及深入访谈等。该厂位于宝山区丰翔路宝山城市工业园区，是台商独资经营企业，以生产标准紧固件为主，年营业额约人民币3 000～4 000万元。2008年之前，该厂很少面临招不到工人的窘境，所有的机器都开工生产，效益不错。2008年至今，该厂就很难招到满员的工人，用工缺口很大，以至于他们把招聘启事天天贴在厂门口，守株待兔，基本上是只要来应聘的农民工愿意干，他们就接收，现在机器只能开工一半多，遇到量多的、急的订单就要工人连续加班赶货。

根据本书研究的主要目的，考虑到我国不同地区经济、社会、文化等各方面的差异性，从上海市S厂选取的访谈对象主要来自于河南、安徽、河北、湖北、山西、山东、苏北等与河南交界的省份和地区，访谈对象主要是常年在外打工的年轻人。

一、S厂农民工的工作

S厂实行计件制，员工多劳多得，平时一般工作时间从早上7点钟到晚上9点钟，如果遇到订单多、任务重的情况，员工可以工作到晚上10点多。员工可以自由请假，但每天必须至少工作半天(4个小时)以上，该厂规定如果一个人每天在厂里工作超出4个小时，可以免费在厂里吃一顿午饭，如果一个人每天在厂里工作超出8个小时，也可以在厂里免费吃一顿晚饭，员工每天早晨都是吃完早餐去厂里上班的，午餐和晚餐一般是米饭加一荤一素两个菜，如果遇到哪天没有做饭，厂里就发两袋“康师傅”或“统一”方便面代替，员工普遍对厂里的饭菜还是满意的，感觉比在农村老家吃的好多了。有的员工说以前在家乡很少吃菜，肉更是过节时才会买，对于厂里每顿都有肉和蔬菜，员工很满足。

由于实行计件工资，理论上也就不存在加班的概念。该厂没有双休日，员工在每周日可以干到下午四点钟就可以下班回家，大家可以在这一小段时间内洗洗衣服、买些日常用品、出去玩一下等，但第二天(周一)又投入到紧张的工作当中。在上海的其他工厂，有的实行每天8小时、每周40小时工作制，超出的时间算是加班，每个小时会有6元到8元的加班费，虽然上海规定了最低小时工资是每小时11.5元，但一些企业很难达到这一标准。

以前在S厂也出现过老板任意克扣农民工工资的现象，特别是员工在试用期内，或者是家里有事工作时间不满一个月，老板就以各种借口不发工钱。由于目前一些农民工维权意识较强，政府也进一步加大了追讨拖欠农民工工资的力度，这种现象逐步减少，如2008年春节前夕厂里几个农民工到宝山区大场镇劳动监察反映了该厂克扣工资的情况，相关部门对该厂进行了处罚，之后任意克扣工资的现象就很少发生。2010年4月1日，上海市月最低工资标准从960元调整为1120元，小时最低工资标准从8元调整为9元。2011年3月2日，上海市又把最低工资标准调整为1280元。但从笔者和相关记者调查结果来看，很多工厂的普工，饭店服务员，或做保洁的员工等，工资基本上在上海规定的最低标准附近，收入差别很小。

二、S厂农民工的居住

S厂不安排员工住宿，员工有的住在亲戚家，有的和亲戚老乡合租房子住。由于当前S厂农民工每月全部收入在1200元左右，楼房他们是租不起的。在S厂附近的居民楼房，比如祁连一村、二村、三村等居民小区，简单装修的一室一厅楼房每月房租也在800元以上，全装修配上家具、家电就要1500元，即使只要一间房子，最低月租也要500元。他们租的房子一般是在上海城乡结合部，当地农民专门盖的出租给外地农民工的简易房，月租在180～250元之间，还不包括水电费。水费是固定的，每人每月房东收取3元钱，收取的电费高于上海平均电价，每度是一元。这种房子墙体很薄，屋里摆设一般都很简陋，里面除了一张简单的旧床外什么也没有，有的还不能称为床，其实就是在一些砖块或木架上面搭几块木板，临时应付一下。

个案6 “在上海，这样的房子夏天热得像蒸笼，人住在里面汗流浃背，特别是做饭的时候热得让人受不了。冬天阴冷潮湿像冰窟，寒气逼人，冻得人直发抖。这种房子在安全上没有任何保证，门窗很简单又不结实，一个成年人稍微用些力气就能打开。”笔者在访谈时，一个来自河南东南部农村地区苏姓妇女说：

“住在这样的房子感觉很不放心，有时半夜里会有几个男青年拿着手电筒在这一带照来照去，如果看到哪个屋里没有人，他们就会打开门进去找一些相对值钱的东西拿走，所以我都不敢把钱放在屋里，每次发了工资，我都是交给在上海有正式工作的亲戚保管，等我回老家时一起拿回去；其他打工的有的就把钱一直带在身上，有的到附近银行办一张卡，把钱存进卡里，把卡一直带在身边。有一次上班比较急，我把一个旧手机忘在屋里了，等我下班回来一看，房门已被撬开，屋里被翻得一塌糊涂，手机也被拿走了……”

2007 年 8 月中旬，当笔者去该农民工居住地进行回访时，这位苏姓妇女跟我说：“昨天晚上我下班回来时，发现门被撬开了，屋里被翻的乱七八糟，到附近屋里看看，才知道我们这一排房子全部被盗了。由于我工资不高，这两个月一直拉肚子，看病花了不少钱，房租还有两个月没交，屋里没什么钱，但小偷还是把窗台上三块钱零钱拿走了。隔壁一家是江苏的，刚买的一台彩电，也被偷走了。”

我们正在谈着，警察来调查取证了，他们用相机拍了几张照片，问了几个人一些问题，做了一些笔录就走开了。居住在附近的农民工说，由于房屋质量太差，门一点也不牢靠，他们这经常发生偷盗事件，但每次报警后，警察都很难破案，偷盗仍会发生，我们已习以为常、见怪不怪了。2009 年以后，宝山区大场镇政府对该地区进行综合治理，拆迁一批出租房，在原址上开发了一个中高档住宅小区——君邑地中海。由于附近商品房租金较贵，原来居住在此的打工者搬到了祁连镇及外环线一带租金相对较便宜的村庄。

有学者指出，农民工居住状况在城市社会处于非常不利的地位——环境恶劣、过于拥挤、缺乏隐私、存在安全隐患。有学者分析城市住所只是农民工的临时“安身之处”，农民工不愿意投入高成本在城市购房或租住条件好的住房(Zhu，2007)。也有学者从保护公民权利角度认为，政府与社会应该改善农民工恶劣的居住状况(马光红，2008)，为农民工提供住房视为一种福利，而且认为是农民工应该享有的政治权利。① 据统计，上海 1997 年农民工居住在出租屋的比重为 38.5%，居住在单位宿舍、工棚的比重为 33.4%，住居民房的比重为

① 魏万青. 劳工宿舍：企业社会责任还是经济理性一项基于珠三角企业的调查[J]. 社会，2011(2)：97-110.

12.1%，合计占84%。① 2008年，孟庆洁在上海市闵行区调查发现，近半数雇主不提供免费住宿条件，比例达到为43.4%。上海人口众多，居住空间小，因此居住是很重要的事，当然也是消费中一个很主要的支出。43.4%的人员工作单位不提供住宿，意味着他们要自己去租房解决住宿问题，在收入不高的情况下，他们群体居住条件恶劣可想而知。他们大部分住不起居民楼，大多在低矮破旧的城中村或城郊农民自己盖的出租屋中，住房内基本生活设施匮乏，有67.9%被调查者的住房没有厨房，没有马桶的比例高达71%，在被调查者中，有83.4%的人住房是没有热水器的。居住区环境非常不理想，绿化条件差，交通条件差，更谈不上健身等设施了。②

为了解决高端人才住房难问题，上海近年来采取了很多优惠政策，兴建、购买了一批房源用于人才公寓。但这些人才公寓申请条件很高，对于普通农民工来说是望尘莫及，如2011年长宁区人才公寓申请条件是：要求申请者具有全日制硕士研究生以上学历、本科以上学历并担任部门经理以上职务的员工或专业技术带头人、国家认定的二级以上高技能人才，而且要求申请者与企业依法签订两年以上劳动合同，对于大部分青年农民工来说很难达到这些条件。补贴标准及补贴年限是：本科以上学历担任部门经理以上职务的人员或专业技术带头人每人每月补贴1200元；国家认定的二级以上高技能人才每人每月补贴1000元，其中被聘为首席技师的每人每月补贴1200；全日制硕士研究生以上学历人才每人每月补贴800元。即使政府给予一定的补贴，相当多的农民工还是住不起，例如位于长宁区仙霞路437号的九华汇智尚都，市场租金每月约4000元，除去最高补贴1200元，申请者还要拿出2800元，远远超出目前上海最低工资标准，因此普通农民工根本租不起。③ 2011年下半年，位于徐汇区华泾镇的“馨宁公寓”和杨浦区的“新江湾尚景园”首批5000余套市筹公共租赁住房，将面向工作单位或户籍在浦西9个中心城区的符合条件市民供应。市房管局局长刘

① 张照新，宋洪远. 中国农村劳动力流动国际研讨会重要观点综述[J]. 中国农村观察，2002(1).

② 孟庆洁. 上海市外来流动人口的生活方式研究[M]，上海社会科学院出版社，2009：125.

③ 关于申报2011年长宁区人才公寓入住申请的通知，http://www.sic.ac.cn/glbm/rlzyc/tzgg/201103/t20110317_3087084.html，中国科学院上海硅酸盐研究所网站.

海生昨日透露，经初步考虑，市筹公租房房源的申请条件与《本市发展公共租赁住房的实施意见》及其配套规定一致：①具有本市常住户口，或持有《上海市居住证》达到两年以上且连续缴纳社会保险金达到一年以上；②与本市就业单位签订一定年限的劳动合同；③在本市无自有住房或人均住房建筑面积低于15平方米，因结婚分室居住有困难的，人均面积可适当放宽；④申请时未享受本市其他住房保障政策。[①] 但真正符合条件的农民工不多，即使符合基本条件，由于申请的人太多，一般农民工还是觉得望尘莫及。

在上海乃至全国有一个典型的专门为农民工盖的公寓小区，那就是在上海民营经济较聚集的马陆镇。在上海市嘉定区马陆镇的企业目前有600多家，全镇11万人口中有6万是外来务工者，外来人口已经超过本地人口，随着镇里招商引资力度不断加大，未来几年外来务工人员将达10万人。为了更好地改善投资环境，吸引更多的农民工到马陆就业，2004年，马陆镇政府决定采用“民营企业投资，政府运作”的模式，在马陆镇连接嘉定工业园区的景观大道——永盛大道旁，由“文海投资”的公司出资1.2亿元，建造了所有硬件设施，于2005年建成了占地67亩，建筑面积达6 200余平方米的永盛民工公寓。作为回报，公司每月可以收取永盛公寓每间房470元的房租；而政府背景的宸宇物业管理发展有限公司则每月收取94块物业费作为运营资金。入住的农民工来自全国28个省、市、自治区。这是目前上海唯一的民工公寓。“光靠物业费肯定不够，永盛公寓最初运营的两年，马陆镇政府每年补贴200万元；到了2009年，补贴到了380万，这才支撑下日常运作。”永盛公寓的管理机构——宸宇物业管理发展有限公司现场物业经理张福明告诉《劳动报》记者。公寓附近，建有商铺、超市、食堂、绿化带、医务站、健身场所等，由于马陆镇司法所会同物业单位以法制教育开道，狠抓“平安建设”，使永盛民工公寓自建立以来未发生一起刑事案件，因而成为农民工的“平安家园”。[②] 这里没有杨家桥的脏乱环境，没有府村路458号的拥挤嘈杂，没有建筑工棚的居无定所，位于嘉定区马陆镇的永盛公寓里充满了温馨和祥和。对入住其中的2 800多名伟创力电子科技有限公司的农民工兄弟来说，他们是幸运的，尽管“外面的世界”房价飞涨，但是企业和政府的共同投入，保证了他们无需为居住而担忧。

---

① 栾晓娜. 沪公租房下半年开供，不局限于上海户口[N]. 东方早报，2011-04-19.

② 郑裕利，施妍萍. “新马陆人”有个平安家园[N]. 新民晚报，2006-5-10(A2).

七年来，马陆镇政府给予农民工公寓的补贴达到千万元。如此一来，当地政府岂不是做了笔亏本买卖吗？其实不然，原来永盛公寓主要对口马陆镇的希望经济城。永盛公寓建成使用后，成为希望经济城对外招商引资的重要砝码，像“伟创力”那样拥有5000名员工，年产值过亿的企业就从外高桥搬到了马陆，镇政府每年利税上的收益可想而知。此外，永盛公寓的出现也让马陆镇以往农民工居住地管理难、环境差的现象得到了有效缓解。投资方文海投资公司每年也能够获得稳定回报，多赢局面就此诞生。[①] 闵行区一直在关注外来务工者居住上走在全市的前列，副区长阎祖强在接受记者采访时表示，目前闵行已经建成12个单位、园区租赁房项目，提供了50万平方米的居住空间给包括农民工在内的务工者居住。在永盛公寓诞生后不久，规模更大的闵行“鑫泽阳光公寓”、浦东金桥镇政府针对外来产业工人打造的“申大公寓”纷纷登场亮相。本市颁布了《关于单位租赁房建设和使用管理的试行意见》，提出本市企业、产业园区开发管理主体可以建设单位租赁房。随后，上海又颁布了《本市发展公共租赁住房的实施意见》，将单位租赁房纳入公共租赁房的范畴。

马陆的农民工公寓毕竟是一个典型，在上海务工的绝大多数农民工居住条件和环境跟S厂员工差不多，即使有的厂解决住宿，也是很多人睡在一个屋，卫生、安全等条件很差，实际情况与政府政策规定还有相当大的差距。

虽然S厂农民工居住条件、生活环境很差，甚至还远远比不上他们在家乡的居住条件，但他们几乎都不抱怨，他们大部分人非常乐观，这种情况也不是出于无奈，按照S厂郝姓打工妹的说法就是：“我们大部分来上海打工就是为了挣些钱回去，对于居住条件不是很在乎，因为我们也没钱租楼房住，我们都想尽可能省些钱带回去，别的没什么想法。”

这一想法基本上代表了S厂农民工对于自身居住条件的看法，这是与他们的收入水平、“过客心理”密切相关，这些也会影响到他们对自己婚姻策略的考虑。

三、S厂农民工收入

S厂工资核算实行计件制，根据生产或包装产品的重量来计算每个人的工

① 徐巍，陆晴．永盛公寓：未来的“家”从这里成形[N]．劳动报，2011-1-6．

资。计件工资是“科学管理”理论的创始人是美国的弗雷德里克·泰罗提出的，在工资制度上实行差别计件制，按照作业标准和时间定额，规定不同的工资率，对完成和超额完成工作定额的工人，以较高的工资率计件支付工资；对完不成定额的工人，则按较低的工资率支付工资。泰罗把工人看成是会说话的机器，只能按照管理人员的决定、指示、命令进行劳动，在体力和技能上受最大限度的压榨。泰罗的“标准作业方法”，“标准作业时间”，“标准工作量”都早以身体最强壮，技术最熟练的工人进行最紧张的劳动时所测定的时间定额为基础的，是大多数工人无法忍受和坚持的。因此，泰罗制是资本家最大限度压榨工人血汗的手段，他把人看做是纯粹的“经济人”，认为人的活动仅仅出于个人的经济动机，忽视企业成员之间的交往及工人的感情，态度等社会因素对生产效率的影响。泰罗认为，工人的集体行为会降低工作效率，只有使“每个工人个别化”才能达到最高效率。

S厂工作类型有三种：根据图纸操纵机床切割原材料、把零部件焊接为成品和产品的包装。厂里规定，重量较大的产品，每个员工生产或包装一公斤是0.2元；重量较轻的产品，每个员工生产或包装一公斤是0.5元，每个员工每天最多大概生产或包装重量较大的产品150公斤，重量较轻的产品60公斤，也就是说每个员工每天最多净挣30元，但相当多的员工挣不到30元，只是接近这一数字，比如26、28或29块多。如果是工厂车间的领班或办公室的文员，工资相对于一般员工会高一些，大概有1000～1500元之间，领班一般是在工厂干了很多年、技术比较熟练且有一定管理经验的老员工担当，文员一般是熟练掌握电脑办公自动化具有中专以上学历的来做，一般的农民工达不到这一要求。在2006～2008年期间，如果员工很少请假，每天都按时上班，厂里90%以上员工的工资一般在600～900元之间，基本上能达到上海市规定的750元最低工资标准，可以说厂里的台湾老板在制定计件工资标准时，充分考虑了上海规定的750元最低工资标准和一个熟练工人每天的工作量，使员工在每天超出国家规定的8小时工作量仍然计件，且没有加班费的情况下，使员工的工资标准接近上海规定的最低工资标准，计件工资掩盖的员工的加班费，不能不说这个厂里的台湾老板管理的高明和对员工无声无息的剥削。该厂员工一般从早上7点工作到晚上9点钟，除去午餐、晚餐一个小时的吃饭时间，一个员工一天至少要工作13个小时，超出国家规定正常工作时间8小时的5个小时。但是由于计件工资掩盖了加班费的概念,很多员工并没有意识到这一问题。

个案7 一个结婚近2年,有一个半岁女儿,为了逃避丈夫打骂,来自山东梁山县28岁的郝姓女工说:

"我是2006年10月份来到这个厂的,到现在(2007年1月份)已经3个多月了,我是第一次出来打工,我工作很卖力,生怕干不好被厂里辞掉,我每天都比别人早半个小时到厂里干活,从来没有请过假,第一个月我干了20天活,厂里发给我500多块钱,我住在我姐姐家的客厅里,我姐姐在厂附近的上海大学做老师,第一个月我妈来看我姐姐回去时我把钱让我妈保管着带了回去,还花了20多元钱在沪太路上的东方国贸城给我女儿买了一件衣服,由于早晨在我姐家吃饭,我只留下几十块钱自己用;第二个月我发了890块钱,当我拿着这么多钱时我激动得哭了,长这么大我从来没见过这么多钱;第三个月我发了840块钱,由于我是我们那一组这几个月工作量最多的一个,厂里又奖励我50元,这几天家里给我打电话,说爷爷生病了需要钱,我准备往家里寄1500块钱给我爷爷治病,再为我女儿买些衣服,只留下一点钱就够我花的了。"现在这位郝姓农民工已在2010年春节回家,今后或许很少来上海,因为她的小孩已经长大,开始上小学,加上婆婆年龄大了照顾不了女儿,需要她在家接送孩子上学。她承包了几亩耕地,在农闲时,她也在附近的服装厂打工挣钱,以补贴家用。

笔者在上海市其他地方做问卷调查时,绝大部分农民工的工资是上海市规定的最低标准,或者稍微高出一些,超出2000元的是一些具有某种技能的农民工,比如服装加工、电焊工、驾驶员、装修工、油漆工、木工等,但大部分农民工是靠出卖简单劳动力挣取上海市规定的最低标准工资,如下表所示:

上海市农民工基本收入状况

收入/元	1200～1500	1500～2000	2000～2500	2500～3000	3000～3500	3500以上
人数	162	123	77	64	39	35
百分比/%	32.4	24.6	15.3	12.8	7.8	7.1

从我们问卷调查的情况来看,上海有超过50%的农民工月收入在规定的最低工资标准左右,超出2000元的对于农民工来说所谓的高收入比例很小,更不用提在上海做老板发财的农民工了,微乎其微。

四、S厂农民工的消费

消费取决于实际收入、工作、休息时间安排。S厂农民工由于有时一个月才休息一天，几乎没有双休日，每天早上6点多就要起床准备上班，晚上9点多才下班回家，该厂农民工的消费很少，大部分的钱都是寄回老家补贴家用。由于工作很累，晚上下班后该厂大部分的农民工会立即睡觉休息，有的会和老乡共同出钱买个二手电视，看一会电视，或者聊聊天。遇到休息天，该厂大部分的农民工会去附近的好又多大卖场逛逛，买些日常用品，他们买衣服一般会和老乡或熟悉的几个人一起到东方国贸去，那里的衣服相对大卖场会便宜很多，而且可以讨价还价。遇到打折季节或有的很会砍价，可以省下很多钱。S厂有的农民工还会和同伴在休息日到市里去玩一玩，但不会到市里购物，因为市里的物价太贵。上网、到KTV唱歌、外出旅游等对于S厂的农民工来说是很奢侈的想法。2006年6～9月笔者在对上海市335名农民工进行随即问卷调查，有关消费方面的情况如下：

农民工收入安排(多选)

排序	收入安排	百分比/%
1	寄回家里补贴家用	76.3
2	给子女或兄弟姐妹上学	62.1
3	留着以后创业	48.5
4	供自己学习用	32.4

农民工每月各种花费占总收入的比例

排序	每月各种花费占总收入的比例	百分比/%
1	大部分	34.3
2	1/2	31.2
3	1/3	26.3
4	因工资低而不够花	8.2

农民工平时娱乐活动方式(多选)

排序	娱乐活动方式	百分比/%
1	去找老乡玩	80.3
2	看电视	73.1
3	逛商场,由于收入不高很多时候只是看看	54.2
4	看书,看报纸	38.6

农民工的消费观念是

排序	你的消费观念是	百分比/%
1	量入为出,力求节余	87.2
2	不太注重品牌,看中了就买	9.4
3	能挣会花,知足常乐	2.1
4	追求名牌时尚,高消费	1.3

从随机问卷调查的结果来看,上海市大部分的农民工与 S 厂农民工的消费情况是一致的,他们的收入大部分要补贴家用或者是留着以后派到用场,休闲方式与当地上海人相比,较为单调,农民工的消费观念较为实际,这些与他们的收入水平有一定的联系。

但陈映芳认为,农民工中也出现一些畸形消费现象,并指出他们的消费结构失衡,其主要表现是重物质消费轻精神消费,而精神消费中又是重娱乐消费轻智力投资。同时出现了一些消费误区,比如,超前消费、炫耀消费、愚昧消费、白色消费、红色消费等。① 从笔者调查的结果来看,由于受到实际收入水平的限制,至少在上海 S 厂的农民工,他们很少人会出现陈映芳所认为的那种"畸形消费",因为他们"畸形"不起。

五、S 厂农民工的婚姻概况

长期以来由于我国城乡二元分割制度的局限,有学者从阶层和社会地位角

① 陈映芳."农民工":制度安排与身份认同[J].社会学研究,2005(3):119-244.

度分析,农民工的社会地位虽然高于传统的农业劳动者,但与其他阶层相比,其社会地位仍然很低,属于社会的底层,而且与他们对社会的贡献相比也不相称。陆学艺等用"惰距"来称农民工的社会流动特征,认为他们的身份变迁落后于职业变迁,社会地位变迁落后于经济地位变迁,职业的转变不能带来与城市社会的融合,农民工仍然被排斥在城市化进程之外,公民权的变迁出现错位。① 郑杭生、李路路把农民工称为"城市社会中的农民",进城农民的生存和生产方式,既是他们社会地位的反映,同时又决定着他们的社会阶层地位。尽管他们当中的一些人在经济收入方面可能比一些城市正式职工高,但他们的社会地位、职业声望乃至政治地位,与城市"正式"的居民呈鲜明的对照。②

上海对于农民工来说虽然是一个巨大的引力,相对于家乡来说有较好的发展空间,但由于户籍制度、社会地位等各种客观条件的限制,大部分农民工在上海的发展实践空间仍然十分有限,这种状况对他们婚姻策略自然就产生很大的影响。

笔者去实地调查时,S厂当时共有农民工84名,员工的数量可能会随着人员的流动有所改变,但总体数目会保持在一个相对稳定的范围内。S厂考虑到员工生产速度,企业经济效益,30岁以上不招收,员工年龄在18～29岁之间。该厂的农民工大部分来自北方省份,其中来自河南、安徽、山东三省农民工有62名。S厂已婚农民工27名,对这些已婚对象全部进行了访谈,其中包括对丈夫不满意,离婚带一女孩一名;忍受不了丈夫在家打骂,偷偷从山东老家跑出来,准备将来离婚的一名;丈夫在湖北十堰打工,在外包养二奶并生一女儿,自己想一辈子独身的一名;本来到上海打工挣钱买结婚嫁妆回家准备举行婚礼,一年后与丈夫退婚的安徽六安女子一名,其他的对自己婚姻还算基本满意。S厂定过婚或正在谈恋爱的有21名,笔者也对这类农民工全部进行了个案访谈,其余的是由于年龄小、还没找到合适的或家长不让找对象的,对这些农民工关于婚姻观念等问题也进行了访谈。

---

① 陆学艺.当代中国社会流动[M].北京:社会科学文献出版社,2004:316、335.

② 郑杭生,李路路.当代中国城市社会结构现状与趋势[M].北京:中国人民大学出版社,2004:313.

第 4 章

婚姻场域——农民工的婚姻圈

“场域”是布迪厄实践理论中一个重要概念，行动者在场域中的位置影响着行动者的策略，同一个行动者在惯习和资本不变的情况下，如果在场域中的位置不同，他的行动策略就会随位置的改变而改变。社会是由不同的场域构成，婚姻“场域”是布迪厄婚姻策略理论的重要客观社会结构背景，是行动者选取婚姻对象的社会、地域范围，即婚姻圈是婚姻场域的重要体现形式。当前农民工的婚姻场域是处于转型期的城乡社会，农民工在社会中的地位就是农民工在婚姻这一场域中的位置。在本书中，把婚姻场域与婚姻圈看成是同一涵义的概念。

婚姻圈是人们从文化、地理、经济、通婚习惯、家庭活动、社会结构等不同角度选择通婚的范围。婚姻圈包括婚姻的社会圈和地域圈，婚姻的社会性，反映在选择配偶上，也就是通婚的社会圈。婚姻圈与婚姻市场既有区别又有联系，婚姻市场指婚龄期男性和女性择偶关系的总和，表现为在一定的时间和范围内，在婚姻领域人们对婚姻配偶的供给和需求的关系。一个人在进入婚龄后，就自觉或不自觉地置身于婚姻市场中，被纳入对配偶的供给和需求的关系体系，在这个婚姻市场的供求关系中进行比较、选择和匹配。陈友华以婚姻挤压为视角分析了婚姻市场中男女之间比例的差异。①

施坚雅在对中国农村市场与社会结构的研究中发现了市场圈与婚姻圈的密切关联性，即人们往往在初级市场圈内娶亲，媒婆总是在集市上给人说媒；正如杜赞奇所指出的，市场体系理论只能部分地解释联姻现象，集市辐射半径在限定联姻圈和其他社会圈方面有着重要作用，但联姻圈有着自己独立的中心，并不一定与集市中心重合。即使联姻圈包含于市场范围之内，也有理由相信集

---

① 陈友华. 中国和欧盟婚姻市场透视[M]. 南京：南京大学出版社，2004.

市中心并不一定是确定婚姻关系的地方。亲友网络之所以能够在通婚圈的形成中产生作用，是因为在以农业生产为主导的、生活相对封闭的乡村，许多信息是通过人的流动和人际交往传播的。如果不同村庄的人有亲戚关系并且相互往来，那么这种往来就成为相互传递信息的有效方式，有关男婚女嫁的话题也就会在各种亲友关系中得到传播，那些有娶嫁需求的人们就可能从中获得有价值的信息，由此形成建立婚姻关系的契机。用杜赞奇的话来说，就是"求亲男女双方居住于对方村中的亲戚朋友往往是促成或拆散一对青年男女的关键人物"。[①] 本书中的婚姻圈包括婚姻的社会圈和地域圈，社会圈即农民工婚姻对象选择的社会场域，地域圈指农民工的婚嫁距离，即农民工婚姻的地域场域。生活、生产实践空间的转换，使青年农民工的婚姻策略发生了微妙的改变。农民工婚姻社会场域与地域场域的变化能在农民工婚姻策略中反映出来，进而反映出中国城乡社会的变迁。

第一节　社会场域——农民工婚姻的"同阶层"性

社会场域即农民工在婚姻这一场域中的社会位置或社会地位。郑杭生把婚姻看成是人类初级社会圈，[②]婚姻的社会性指这种行为无不受到当时道德、法律、传统习俗，以及不同政治、经济、文化水平的制约，而且随着时代的变化而有所变化。[③] 在阶级社会，每个人都具有阶级的属性，从而为婚姻也打上了阶级烙印。作为统治阶级或各类既得利益集团，为了保持和扩大自身的政治、经济权益，常常把婚姻当成政治棋盘中的筹码，出现了一个个命运与共、利害攸关的不同阶级、不同层次的婚姻。阶级社会统治阶级规定的良贱不得通婚等反映出婚姻圈的阶级社会属性。美国社会学家劳曼指出，社会分层与社会交往之间存在着很强的相关性，亲密的关系如朋友、婚姻、兴趣群体等，都是建立在相同的地

① [美]杜赞奇著，王福明译. 文化、权力与国家——1900～1942 年的华北农村[M]. 南京：江苏人民出版社，1995：19.

② 郑杭生. 社会学新修概论[M]. 北京：中国人民大学出版社，2005：215.

③ 郭松义. 伦理与生活——清代的婚姻关系[M]. 北京：商务印书馆，2000：27.

位阶层之上的。①

在影响通婚的因素中，社会地位、文化上的相似性、收入、空间距离、居住地区(隔离对通婚的影响)、教育设置(群体中教育程度高的人所占比例对通婚行为的影响)、居住社区对群体交往的态度(偏见、歧视、排斥、怨恨和宽容)、人口流动、社会意识和社会认同、制度以及生活方式等，都被用来作为解释影响群体通婚的因素而考虑在内。② 在当前社会阶层化的背景下，中国的新生代农民工阶层的生存状态，是一个不断被建构的结果，他们在社会资源、话语权、社会控制权等方面都处于弱势地位。身份困境、住房困境、保障困境、工作困境、认同困境成为阻碍他们真正城市化的五大障碍。他们无法获得稳定感、安全感。这种受到人为制度性安排和社会结构阻隔所形成的障碍，成为当前农民工阶层城市化进程中无法突破的“玻璃天花板”。虽然他们正处于婚恋的最佳时期，但由于特殊的身份和不确定的生存状态，使得他们的婚姻面临重重困境，使得农民工的婚姻策略仍会受到传统婚姻惯习和所处境遇的深远影响。

一、有限的交往圈

S厂农民工交往圈子比较狭窄，平时大多与老乡、一起工作的同事来往，很少与上海本地人交往。

个案8 来自山东的郝姓女工说：

“我们由于工作忙，很少与本地上海人打交道，厂里休息时一般是找亲戚、老乡或者是在一起干活的外地打工者聊天、逛街等，我来上海快半年了，上海话一点也听不懂，加上我们厂里全是外地人，也没有和上海人打交道的机会。我们有时出去玩，迷路了，找本地上海人问路，感觉上海人对我们的态度还是很好的，我们就是买东西，上海人对我们态度还是很好的，不像在老家到集市上买东西，讲好价钱一定要买，不买就不让走，经常遇到强迫买卖情况，在这儿没感到上海人歧视我们打工者，觉得这里的生活环境很宽松、自由。”

---

① Edward O. Laumann, Subjective Social Distance and Urban Occupational-Stratification, American Journal of Sociology, Volume 71, Issue I (Jul., 1965).

② 卢国显.农民工：社会距离与制度分析[M].社会科学文献出版社，2010：97.

通过对S厂其他青年农民工进行的访谈,该厂大多农民工对上海的看法与这位郝姓打工妹的感受是一致的。有资料显示,外来劳动力(包括农民工、技术人员、大学生等)经常与本地来往的占46%,认为本地人友好的占53.4%,对上海生活总的感觉很满意或比较满意的占52.2%,一般的占38.9%,认为目前在上海的生活水平与家乡相比有所提高的占64.4%,[①]如果统计对象仅限于农民工,由于农民工的期望值相对较低,这些数据(除与上海本地人是否经常交往这一项外)可能还会有所提高。

与自己的家乡相比,虽然农民工对上海的生活、工作、上海人的友好态度等较为满意,但与本地上海人相比,他们的收入、消费、生活等各方面在上海还是处于较低的水平,与S厂农民工一样,大多数在上海的农民工虽然认可、喜欢这座充满活力、生机的城市,但由于长期以来户籍制度、地区差异造成的障碍,他们还没有真正从心理上融入到这座对他们有着巨大吸引力的城市,他们只是这座城市的匆匆过客,等他们年龄大了,找不到工作,或者干不动了,大多数人会"叶落归根",回到生育、养育他们的故乡。这与我国中、西地区广大农民相对封闭保守的思想有关,从根本上说,这是由长期自给自足的小农经济发展决定的,而近代以来,清政府的闭关锁国政策则又加剧了这一保守性。"男耕女织"、"自给自足"的小农经济是一种典型的缺乏竞争的经济,我国封建社会之所以能长久存在与这种非竞争性经济不无关系,然而这也造成了国民缺乏竞争意识,面对自然与社会压迫往往是"逆来顺受"、"委曲求全"。"种粮为吃饭,养猪为过年,养鸡为换盐",年复一年地过着自给自足的生活,商品意识相当薄弱。中国农村的风俗习惯培育了农民凝重而源远流长的乡土观念和故土难离的情结,如杨宜音所说的,"在中国人的语汇里,'背井离乡'、'流离失所'、'抛家舍业'等都是极端负面的词汇。"[②]农村人素来"安土重迁",即使遇到兵荒马乱或天灾人祸不幸流落到他乡,但只要局面一好转,他们就不远千里日夜兼程地往回赶,在家乡的土地上继续祖辈们亘古不变的小农循环式生活,看护着家乡的一风一俗。笔者所做的问卷调查也显示了这一观点,如下表所示:

---

① 左学金,周海旺.中国流动人口研究[C].北京:人民出版社,2000:135.

② 杨宜音.寻求生存——当代农村外出人口的社会学研究[C].昆明:云南人民出版社,1997.

你今后如何打算？（多选）

排序	今后打算	百分比/%
1	继续打工，年龄大了、干不动了回去种地，或安度晚年，叶落归根	52.3
2	好好培养自己的孩子，希望能考上大学留在城里	48.6
3	通过自己的努力留在城里	36.5
4	利用在城里学习的技术、管理经验回去创业	24.1

从上表可以看出，有超过一半的年轻农民工希望将来回到家乡，也有近一半的农民工希望通过自己在城市里打工挣钱，供自己孩子上大学，将来留在城市里，虽然有些农民工也想通过自己的努力留在城市里，但这种可能很小，与庞大的农民工队伍相比，通过努力，在城市里做了老板的农民工的比例还是很小的，绝大多数的农民工还要“叶落归根”，这一思想也深刻影响着农民工的婚姻策略。

农民工在城市中交往的圈子，婚姻选择的对象范围，与他们在这个国家所处的社会、经济地位密切相关。在占支配地位的国家框架和流行话语中，农民工被视为不同于城市居民的“外来者”，他们对这种流行话语也表现他们的认同、理解他们的经验，反过来这些构造、表现和理解他们的认同和经验方式，又作用于话语本身。在一个社会中，作为边缘的、非常规的、低等的或外来的“他者”的特殊群体，该如何定义和表述，对于构成和维护关于社会的认同以及关于什么是“正常的”或“好的”公民的常规或主流观念，是相当重要的。国内学者最近开始考察农民工、女性和少数民族的“他者化”如何交叉作用和贡献于现代性和国家认同的精英或主流话语。农民工的形象也是一种“他者化”的标志，用朱迪斯·巴特勒的话说，农民工代表着一种威胁国家现代性计划并决定其面貌的被“抛弃者”，但为了保证现代性计划的成功必须让他们加入其中并使其正常运转。因此为了理解农民工的婚姻生活策略，需要理解主流话语对农民工主体的构造。

在《乡村与城市》一书中，雷蒙·威廉斯讨论了城乡分割的存在，以及17世纪以前大量英语作家的作品中所描绘的都市优越性的假设，并将这种城乡分割的起源一直追溯到古希腊文化。在杰华看来，在传统的中国政治和文化中，城乡区分并不像学者官员阶层与普通百姓之间的区分那么重要，这一区分的古典陈述是在公元前 4 世纪由孟子给出的:即劳心者治人,劳力者治于人。[①]

目前农业劳动者阶层是中国最大的一个阶层,并且是处于社会最底层。改革开放以后,这一阶层的规模已显著缩小,纯粹的农业劳动者和以农业为主的农民在劳动人口中所占比例,已从 1978 年的 70%以上减少为 1999 年的 44%左右,而且这一比例还在逐渐地下降,对于中国社会从传统社会结构向现代社会结构转型,从金字塔形结构向橄榄型结构过渡是极为重要的,这一变化表明:改革开放 30 多年来,中国正经历着从传统社会向现代社会,农业社会向工业社会转型的过程,经历着从计划经济体制向社会主义市场经济体制转轨的过程。

在中国社会、经济转型的过程中,纯粹的农业劳动者阶层不断向其他社会阶层流动,这一阶层的不断缩小是中国逐步走向现代化的必然结果。但目前中国制度改革和创新滞后,从农业劳动者阶层转向私营企业主、产业工人、商业服务员等其他阶层,在城市中的社会地位还没有得到充分的制度性确认,对这些人一概称为"农民工",现有制度无视他们对城市发展作出的巨大贡献,迄今为止还没有承认他们进城并在城市生活的合法性。将一个人确定为农民工所依据的分类和评价的各种原则,同时也是构成对于农民工主体位置理解的基础。

在当前仍然起作用的户籍制度,是中国内地社会分层体系最重要的内容,其基本特征之一,就是对于城乡人口迁居进行非常严格的控制,即使持有农业户口的人在城市长期打工,也难以改变户籍身份,极难进入城市身份群体。李强认为从社会分层的角度看,户籍制度是一种"社会屏蔽"制度,即它将社会上一部分人屏蔽在分享城市的社会资源之外。[②] 目前的中国社会结构,是社会演变的一个非常特殊的时期,在改革开放以前的城乡二元分割的社会,农村人口与城市人口分处在两个不同的分层体系上,是两种不同的身份群体,这两个分层体系之间没有交叉,因此农民的社会认证不存在什么问题。然而,自从农民工流入城市后,他们与城市居民共处于一个社区之内,这样从社会分层的角度看就产生了问题,他们在城市中处于什么阶层地位呢? 1996 年李强作过多次社会声望地位调查,结果证明,流入到城市的农民工在城市社会分层体系中处于十分低下的地位。在全国 100 种职业的排位中,"进城经商的农民"排在第 92

① [澳]杰华.都市里的农家女——性别、流动与社会变迁[M].南京:江苏人民出版社,2006:33.

② 李强.户籍分层与农民工的社会地位[J].中国党政论坛,2002(8):16-19.

位,"进城打工的农民"排在第 94 位,而且,排在最后十位的职业,都是与农民工相关的职业。[①] S 厂农民工劳动强度很大,每天至少工作 12 小时,每周休息一天,如果遇到订单多的情况,连休息的机会就没有,但他们每月的收入只是上海市政府规定的最低收入工资标准——850 元,这些微薄的收入除去吃饭、租房、日常开销外没多少剩余,更谈不上在上海买房子,娶妻生子。

社会阶层地位的流动有三种基本的形式:地位上升流动、地位不变流动、地位下降流动。从上面的分析可以看出,即使流入到城市的农民工渴望改变地位的动力是非常强烈的,付出的努力也颇为巨大,但由于户籍制度的严格限制,无论是从职业还是从收入看,大部分农民工都很难发生社会地位的上升流动,仍处于城市社会分层的最下层。这种具有歧视性的制度安排在一定程度上影响了农民工正常的社会流动,必然会影响到农民工阶层在城市中的生活、工作以及他们的婚姻策略选择。

二、婚姻的同阶层性

由于阶层和他们在社会地位中的限制,许多农民工一般在打工者中寻找结婚伴侣,在 S 厂工作的 84 名农民工,27 名已婚者当中,他们结婚时的家庭条件都差不多,在当地不是很穷,也不是很富,基本上都过得去,因为在中西部广大农村地区,由于工业经济不发达,依靠农业和外出打工为主要收入的村民,在家庭经济条件上大部分差别不是很大。

由于农民工在工作上的勤奋程度、技术能力、智力因素、机遇条件、社会关系等方面的差别,农民工也会产生一些分化,有的开了公司、做了老板,有的收入很高,甚至超过城里白领,但这些所谓的"高级农民工"的比例毕竟很少。即使这些农民工在经济收入上获得了成功,但由于文化、教育背景、生活经历的巨大差异,很少有城市女孩或从农村考出来的女大学生会嫁给这些"农民工暴发户",因为有调查显示:当下的"门当户对"已经不是简单的地域或家境的差别,更在于双方的价值观、成长背景、生活方式和习惯的一致。[②] 大部分城市青年、大学生追求寻找"价值观念一致"、"价值观念门当户对"的婚姻伴侣,对于经济收入,只要不是太差,一般都可以接受,对于农民工娶城市女青年或女大学生的

---

① 李强. 户籍分层与农民工的社会地位[J]. 中国党政论坛,2002(8):16-19.

② "门当户对主要在于价值观的一致"[J]. 生活周刊,2007(1143):B05.

很少见。

在S厂工作、已订婚或正在谈恋爱的21名农民工，他们的对象也都是来自农村的农民工，对于男性农民工娶城市女青年或女大学生的看法，一位来自湖南的18岁王姓打工仔说得很实在，基本上代表了大部分男性农民工的心声：

个案9 “城里女孩和女大学生根本不会看上我们，我们根本就不是一路人，我们的户口在农村，将来还要回到农村，她们不可能跟我们一起回到农村去种地，去吃苦受累。我们也不会娶城里女孩或女大学生，我们收入低，养不起她们，她们买一瓶高档化妆品或一件好衣服就要花我们好几个月工资，即使我们当了老板，挣了大钱，我们也不会娶这些城里女孩或女大学生，因为我们谈不到一块，我们没多少文化知识，从内心深处有一种自卑感。我们也听说过打工的娶来自农村女大学生的例子，主要原因是现在的大学生不好找工作，在一些大城市又解决不了户口，特别是一些学校、专业不是特别好的农村女大学生，如果她们找不到好的工作，在城里也是流动打工，遇到一个收入很高、工作又很勤奋且具有高中文凭的打工者，这些同样是打工的女大专生可能会考虑与之结婚，但拥有城市户口的女孩很少考虑与打工者结婚。”

笔者遇到了这样一个具体例子：2007年，到上海徐家汇太平洋数码广场购买电脑，店里一个负责电脑组装的农民工就娶了一个女大学生，而且还刚刚为他生了一个儿子，当时他自豪地跟我说：

个案10 “我来自江西农村，高三毕业时没考上大学，由于家里穷就没有钱再复读，一个人来到上海打工，刚来上海时收入很低，活又很累，后来我就花钱到一个培训学校学了电脑技术，学好后就找到了现在这个工作，工资也提高很多，现在每月有几千块钱。我老婆是我高中的同班同学，我们上学时就有好感，那年她考进了江西一所专科学校，由于大学生就业形势不好，她的学校、专业又不太好，家里没钱又没关系，大学毕业后在老家一直没找到工作。我们一直保持联系，有时我也寄些钱资助她上学，后来她来上海看我，感觉我在这还不错，我们相处了一段时间就结婚了。结婚后我老婆在上海一家小公司工作了一段时间，由于要生孩子，就不干了。我们在郊区租了一室一厅的房子，加上孩子刚出生，我每月的收入基本花完，我只有加班加点，为了孩子也要多挣些钱。至于将来，我和老婆都还没想过，如果在上海实在待不下去了，我们就回老家找些事情做。”

这只是一个特例，但如果一个来自农村的女大学生由于各方面很优秀，在城市里找到了很体面的、有编制、解决了城市户口的工作，她们一般不会再考虑和打工者结婚。流动打工的女大学毕业生和流动打工的男大学毕业生的比例还是相当大的，这也从一个方面反映出中国社会转型时期就业形势的严峻，以及社会评判好工作或者社会地位的标准仍旧考虑计划经济时期的“户籍”、“单位”、“编制”等因素，使一些大学毕业后没有获得这些在城市生存基本因素的大学生沦落到与“高级打工者”一样的境地，他们虽然接受了大学教育，但在城市中得不到身份的认同，仍旧处于城市的边缘。

在S厂由于农民工从事的是没有任何技术的体力活、收入又不高，男性农民工没有一个、也不可能娶到城市女孩或来自农村的女大学生做老婆，但不排除其他地方有这种婚姻的可能性。由于现在大学生就业不再包分配，实行市场经济制度下的“双向选择”，加上近年来大学生就业形势不是很好，难免会有一些找不到稳定工作、来自农村的女大学生会考虑与一些优秀的农民工结婚，这些女大学生采取这一策略也是出于她们自身的实践，她们解决不了城市户口、找不到稳定工作、没有很高的工资收入，找不到有所谓“体面工作”的人结婚，找一个与她们有相同生活经历的、拥有一定技术、收入较高的农民工也是一个不错的选择。可以说在中国“户籍制度”、“单位制”、“工作编制”等各种因素的影响与限制下，农民工的婚姻社会圈是一种同阶层的婚姻，是具有相同“身份制”下的婚姻，即使他们与在城市里没有找到正式工作、没有获得城市认可的农村女大学生结婚，仍旧改变不了“同阶层婚姻”的性质。

L村新中国成立前结婚的只有一户人家是童养媳，改革开放前结婚的村民在他们结婚时，两家的社会、经济条件大致相同。在L村，由于家庭经济条件相差不是很大，村民社会分层不是很明显，近几年结婚的年青村民(排除考上大学，在城里找到稳定工作的)，没有一家的女儿嫁到城市里，也没有一家的男孩娶到城里的媳妇，大部分村民婚姻嫁娶都是同阶层的婚姻。

在L村有一位大队(实行村民自治的行政村)党支部书记，名叫姚A，谈到四个孩子的婚姻，他对我说：

个案11 “我们家里有两个闺女，考虑到自己在当地的声望，不能太丢面子，也考虑到两个闺女将来能过得好些，我们就希望在当地找一个经济条件、社会地位相对较高的家庭，女婿只要人品和身体好、能干、不傻就行。我通过媒人以及家庭的社会关系，让两个闺女都嫁给了同样是在当地做大队书记的儿子。对于两个女儿的婚事,基本上都是我一手操办的,虽然婚后小两口在感情、性格上也发生过一些矛盾,总体上我还是比较满意。原来希望我两个儿子中有一个能好好读书考上大学,大儿子上小学时成绩还不错,每次考试还能排在班级前几名,有时还能抽到乡里参加竞赛,但大儿子上到初中时成绩就不好了,初三毕业那年由于成绩差没自信,连中考都没敢考,后来家里让他初三再复读一年,他天天上课就头痛,后来读不下去就跟着他堂哥到北京打工去了。二儿子成绩一直就不好,初中没上完也跑到北京打工了。关于两个儿子的婚事,当我还想采取同样的手法为大儿子在当地寻找同样做大队书记的女儿做媳妇时,在北京打工的大儿子领回来一位来自信阳固始的打工妹,我们一家极力反对大儿子自作主张对待自己的婚事,但当得知儿子的对象已经怀孕好几个月,且看到儿媳妇也很勤劳、懂事时,也就默认了,很快就办了婚事,结婚不久儿媳妇就为家庭生了一个儿子。我的二儿子在婚事上也没有听从家庭的安排,同样在北京打工时找了在一起打工的打工妹为妻,不过这位打工妹离L村很近,有大约3公里,但她的家庭条件在当地不是很好,我们也默认了这件婚事,后来我们也想通了,只要孩子愿意、过得好就可以了。目前我们村结婚、订婚或正在恋爱的农村青年男女基本上都是农村人,没有一个女孩嫁到城里也没有一个男孩娶到城里的女孩做老婆的。只有一个例外,就是我们村李老大家考上大学的三儿子,毕业后分到邻县工作,找了县城一个女的结了婚,还算幸福,逢年过节经常回来看父母。”

可以说L村民以及该村外出打工青年男女婚姻社会圈的同阶层性,也进一步印证了上海S厂农民工以及全国大部分农民工婚姻社会圈的“同阶层性”。

三、特殊的外来媳妇

“由于婚姻具有个人于社会中获得某种一定地位的手段”的性质(林惠祥,2002)。在社会阶层化背景下,婚姻无疑是改变社会阶层地位的一种手段,根据婚姻坡度(marriage gradient)理论,只有女性有可能通过婚姻进入比自己高的阶层,调查显示,新生代女性农民工通过这个途径改变阶层身份的人数实际上很少,这表明,阶层背景因素在婚姻选择中具有很强的分量,女性也只能在本阶层中找相对条件好些的结婚对象,男性也只能在本阶层或以下的阶层里寻找结婚对象,“阶层内婚姻圈”成为一个独特的现象。[①]

从农民工与市民的婚姻意愿上来看(婚姻意愿就是群体通婚的心理期望,指农民工与市民的通婚意愿,指的是农民工在主观心理上对与市民通婚的期望和心理倾向性。这种主观状态包括复杂的心理机制),2006年,北京、上海、广州三大城市的调查数据显示,在未婚的135个样本中,有65.9%的农民工“从没有考虑过”与市民谈恋爱或结婚,只有34.1%的人“考虑过”,但实际意愿成功的1%不到。在120个没有配偶的农民工中,有60.8%的农民工“从没有考虑过”与市民通婚,有39.20%的农民工“考虑过”与市民通婚。可以说,考虑过与市民通婚的农民工可能就是那些在事业上获得成功并拥有一定经济社会地位的农民工群体,如做生意发财的。而在市民群体中,有将近超过2/3的市民不愿意子女与农民工通婚。为了进一步测量市民与农民工的通婚意愿,在市民问卷中设计了“您愿意哪种人成为您的女婿或儿媳妇?”这一问题。调查结果显示:排在第一位的是公务员,其次是教师和科研人员,再次是企业老板、企业职工,而农民工就业率比较高的几个行业如菜市场摊主、饭店服务人员、建筑工人的百分比都非常低。[②] 由此可见,几乎没有市民愿意让农民工成为女婿或儿媳妇,市民与农民工的婚姻距离非常大。

打工妹嫁给城里人或城市郊区算不算“同阶层婚姻”呢?从婚姻的渠道来看,虽然中国至少有8000万农民工流入到城市生活与就业,但是,迄今为止,农民工与市民之间通婚的现象却极少发生。而且,即使农民工与城市居民通婚后,也会存在一系列问题,其中主要还是户籍问题。因为,在原来严格的城乡二元户籍制度下,户籍问题的影响不仅仅是当事人本人,还会牵连子女后代。如果当时城市男性娶了农村女性,生下的子女为农村户口,在城市被称为“黑人”。他们不能享受公费教育,从幼儿园到小学、中学都要通过一系列特殊途径才能入学,他们的教育费用要远远高于一般城市学生,也正因为如此,农民工与城市居民通婚的现象极少发生。[③] 但最近几年来,北京、上海等一些城市对两地婚姻的子女落户政策进行了调整,子女的户口可以随父,也可以随母,子女可以享受

---

① 周伟文,侯建华.新生代农民工阶层:城市化与婚姻的双重困境——S市新生代农民工婚姻状况调查分析[J].社会科学论坛,2010(18):151-159.

② 卢国显.农民工:社会距离与制度分析[M].社会科学文献出版社,2010:97.

③ 李强.户籍分层与农民工的社会地位[J].中国党政论坛,2002(8):16-19.

所在城市的教育、医疗等公共服务，当前，政府从整个国家宏观政策角度考虑，即使是农民工的子女，也可以就近到所在城市的公办学校进行学习，并给予减免学费等所在城市学生能享受到的待遇。对于外地嫁到上海的外来媳妇，上海市政府规定，如果男方是上海市户籍，具有外地户籍的配偶满十年可以办理上海户籍，如果女方符合办理上海居住证条件的，满七年后就可排队申请。

在传统二元户籍制度安排下，人们在择偶的时候，户口是考虑的主要因素之一，人们一般会选择户口性质相同的伴侣。因为户口性质的不同带来的是身份及相关福利的差异，而身份的差异不仅显示了个体不同的生活地域、生活方式和生活水平，而且还会影响到未来子女的入学、生活轨迹与人生发展等。特别是对于户口性质处于优势的大城市人群体来说，例如北京或上海，他们很少选择户口性质处于弱势的农村群体作为通婚的对象。一般来说，城里人不会在农村人当中找对象，城市户籍的男子不太愿意娶农村户口的女子。城市户籍的女子很少下嫁给农村户籍的男子。只有极少数由于多种原因在城市通婚圈中处于劣势、难以找到配偶的城里人，才会迫不得已地在农村户籍的人群中去寻找配偶，解决成家的问题。大城市中的底层男性为了达到结婚的目的，按照择偶梯度的规则，他们只好将视角向下，寻找外地农村来的优秀打工妹，他们原本在城市婚姻市场中的劣势立即处于择偶的优势地位，他们可以利用掌握的稀缺资源在众多期待与他们进行交换的农村女性中选择交换对象，正是由于城市户籍的优势，城市男性可以选择那些条件好的打工妹作为自己的配偶。①

除了户籍的障碍之外，由于城市和农村在经济上有很大的差距，文化上有显著的差别，两地户口婚姻的城乡通婚自然要从两种社会相互接近的边缘群体开始。这样的边缘群体在城市处于社会的较低阶层，城市中的男方往往也是低收入人群，许多人甚至没有固定的职业，有的还是残疾人，男方比女方的年龄明显偏大，“老夫少妻”屡见不鲜。这种状况显然城市户口充当了婚姻交换的重要砝码，使城市一方处于相对优越的地位，一定程度上弥补了他们在年龄、体貌、收入、文化程度等方面的不足。相反，外地的女方大多年轻、有文化、精明能干。她们在农村则处于较高阶层，因此城乡两地户口婚姻构成特征体现了城乡通婚的边缘性。有研究表明：20 世纪 90 年代我国出现了城市两地户口婚姻的迅速

---

① 沈文捷.城乡联姻造就城市新移民探析[J].南京财经大学学报，2007(3)：8-91.

增长即城乡通婚潮。两地户口婚姻以城市男性娶农村女性为主要结合形式，城市男性的年龄分布相当离散，文化程度上表现为城市较低阶层与流入人口的中高层的般配结合。两地户口婚姻数相对于流动人口的比重也是以城郊结合部和近郊区域较为集中，形成了围绕中心市区的"脊环"结构分布，外地一方的来源地分布表现出静态的距离摩擦和动态的距离吸引。据调查，上海市1991～1995年间登记的两地户口婚姻中外地一方婚前是农业户口的占85.5%(注：上海市民政局与上海市计生委于1996年在全市范围内随机抽取了10%的居委会和村，逐户调查了1991～1995年间登记结婚的两地户口婚姻，获得了3600个有效样本。)从性别结构来看，在城市两地户口婚姻的结合中，以城市男性娶外地女性为主，在上海市1991～1995年登记的两地户口婚姻中，外地一方中的女性占91.6%。[①] 有的打工妹为了在城里"站稳脚跟"，常常不得不牺牲自己的婚姻幸福。若他们嫁给城里人，往往不得不降低择偶标准，"屈身下嫁"。[②]

新生代农民工大多处于恋爱、结婚的年龄，迫在眉睫的婚姻也给打工男性和女性对农村生活的思考赋予了不同的色彩。对男人来说，婚姻标志着他作为所在社区完全成员的身份获得，以及支撑家庭和繁衍他家族的责任承担。当一个农民工想回到农村老家时，他最可能想到的是把它作为他的认同以及所依据的持续关系和责任的主要地方。相反，对女人来说，婚姻标志着离开她出生的家庭、自主性的获得、来自亲戚朋友支持的丧失，以及在几乎一无所知的婆家担当起新的繁重责任和任务开始。这也意味着与男性打工者相比，女性打工者更倾向于将城市的未来视为比农村生活拥有更大的发展潜力，并且她们通常比男性怀有更大的忧虑和恐惧看待返乡这件事。

年长一些的已婚打工者，无论是男性还是女性，在他们对城市和乡村所在地方的看法上也跟年轻的农民工表现出不同的倾向。因此当年轻的农民工寻求自我发展和开阔视野的动力吸引他们来到城市时，年长一些的农民工对他们家庭的延续和自己不断增长的年龄的关注，使得他们将自己未来定位在引退到农村，即使那样的引退是许多年之后，并且常常是在几乎没有什么要求的情况下。年轻和年长两个农民工群体的情况反映并强化了关于现代性、都市性以及

---

① 丁金宏，朱庭生，朱冰玲等.论城市两地户口婚姻的增长、特征及其社会政策寓意——以上海为例[J]，人口研究，1999(5)：176-183.

② 刘倩.户籍制度背后：打工妹生存状态及社会心理[J].中州学刊，2001(6)：45.

对城乡之间同时代性的否认的主流话语。因此在大部分农民工当中，就像在其他人群中一样，农村是属于过去的、停滞和封闭的、儿童的、老年的和引退的地方，而城市尽管很艰辛，却是一个属于未来的、现代性的、青年和渴望的以及发展的地方。①

对于单身的打工妹来说，在城市打工期间结婚，并一直生活在那儿相对来说也很少的。一些打工妹确实与打工者结了婚，但是通常结婚后她们就会回到丈夫所在的村庄，至少要待一段时间，打工妹嫁给城里人就更少见了。这并非因为她们不想，实际上嫁给一个城里人在许多人眼里被视为一件非常幸运的事，但这是一个很难实现的梦想。大多数城市男性不愿娶打工妹为妻，因为她们的社会地位比城里人低一截，更重要的是，如果母亲没有城市户口，孩子的生活发展的机会就会减少。尽管打工妹在城市逗留对她们自身以及对社会和经济发展来说都是有价值的，但她们的未来是最终要回到农村。② 打工妹受现代都市价值观念的影响，还意味着她们常常期望在嫁给谁的问题上有更多发言权。一个有外出打工经历的女子，一般来说不会回乡去找那些没有外出打工经历的男子，通常进入城市的女孩子心就高了，她们希望找一个与那些被她们贬称为"土头土脑"的一般农民相比不太保守的男人。她们有几种选择：一是选择城市中的较低端的男性，这样就解决了她的城市身份问题；二是选择一起出来打工的同乡；三是寻找其他地方流动来的男子。找城里人的，一般来说找到的是城里的弱势，这就是移民社会中高端女性衔接上一个低端男性的规律。③ 虽然一些打工妹想找一个城里的丈夫，她们希望那样的男人会更现代，能让她们留在城市，然而大部分的打工妹认识到，拥有稳定、幸福的城市婚姻梦想几乎是不可想象的。一些打工妹提防着与城市男人卷入某种关系中，害怕身份上的鸿沟会导致不和谐与来自丈夫家庭的粗暴对待。

在上海这座国际化大都市里，每年都有大量从全国各地来的农民工。近几年来，随着上海经济的快速发展和户籍政策的松动，也出现一些打工妹嫁给上

---

① [澳]杰华.都市里的农家女——性别、流动与社会变迁[M].南京：江苏人民出版社，2006：154、161、162.

② [澳]杰华.都市里的农家女——性别、流动与社会变迁[M].南京：江苏人民出版社，2006：116、131.

③ 师欣."城市打工妹情感调查"[N].南方周末，2003-09-25.

海男性的"两地婚姻"。根据1997年9月上海流动人口调查资料，在全部外来人口中有4.2%的人其配偶为上海户口。若用1997年调查中全市外来流入人口总数237万推算，则有近10万外来人口与上海人结婚。① 许多嫁给上海男性的打工妹大多成长于贫困家庭，在大都市的打工生活开阔了她们的眼界，她们不再愿意回老家结婚，但事实上许多打工妹在大都市里很难找到合适的结婚对象。打工妹嫁给的上海男性在城市里一般是"弱势群体"，他们有几种类型：

(1) 男性家境底子薄、年龄偏大、残疾、身体不太健康的或是"吃过官司"。而外来媳妇又较多来源于外省市农村，一般无职业技能，加上文化程度等因素，难以找到较稳定的工作。其中有些婚姻基础不牢，属于速配型。

(2) 有的外来女性急于"脱贫"而无条件嫁人，用青春赌博明天，婚姻具有功利性、草率性。

(3) 有的外来媳妇把婚姻当成跳板，在上海生活一段时间后，熟悉了环境，就"另攀高枝"；上海也有少数患有疾病或遗传缺陷的男青年，亲朋好友帮着欺骗，外来媳妇知情后，导致家庭破裂；有的双方都是残疾人，生下的子女也是残疾人，造成家庭负担很重，婚姻家庭也存在着不稳定因素。

(4) 上海城市或郊区男性青年由于性格比较内向，加上家庭经济条件不是太好，实在是找不到上海本地女孩做媳妇，只有找打工妹来结婚。

据有关资料显示，嫁入到上海的外来媳妇基本情况如下：

(一) 年龄的构成

在上海市男性娶外地女性的两地婚姻中，男方的年龄跨度很大，而女方则表现出明显的相对集中状态。据1996年上海市民政局与计生委进行的全市抽样调查结果显示，1991～1995年间与外地女性结婚的上海市男性的峰值年龄在25～34岁之间，而且35岁及以上的占28.4%，而女方的峰值年龄集中在25～29岁，35岁及以上的仅占2.5%。此类婚姻中上海市男性的平均结婚年龄为31.9岁，外地女性的平均结婚年龄为26.74岁，男方比女方平均大5.17岁，远大于双方都是上海市户口的婚姻对象的婚龄差(约2～3岁)，如下表所示：

① 孙常敏，周海旺. 上海流动人口的婚姻、生育与计生管理[J]. 人口与计划生育，1999(4)：33-34.

男方为上海市户口、女方为外省市户口的两地婚姻者的年龄构成

	20 岁以下	20～24	25～29	30～34	35～39	40～44	45～49	50 岁及以上	合计
女方样本数	3	1057	1770	384	51	23	8	2	3298
百分比	0.1	32.0	53.7	11.6	1.5	0.7	0.3	0.1	100
男方样本数	2	246	1076	1039	705	181	30	19	3298
百分比	0.1	7.5	32.6	31.5	21.4	5.5	0.9	0.5	100

资料来源：1996 年上海市民政局和上海市计生委联合进行的两地婚姻状况调查。

（二）居住地分布

上海市的两地婚姻以城乡结合部为主，1991～1995 年间上海市登记的两地婚姻中，大约 2/3 居住在城郊结合部和近郊区县，这一区域常住人口只占全市的 43.3%；其次是中心市区，占总数的 1/4。[①]

（三）遇到的困难

虽然外来媳妇有利于解决上海市大龄未婚或有生理障碍男性的婚姻家庭问题，但外来媳妇的家庭状况不容乐观。由于许多打工妹学历低、又无一技之长，她们嫁到上海后有的没有工作，没有固定收入，很多是在家里做家务。1996 年上海市计生委与民政局的调查表明，大部分外来媳妇的常住户口仍在外地，而且绝大多数婚后一直居住在上海市，常住户口与实际居住地长期分离。从就业情况看，外来媳妇在上海市找工作很难，居住在上海市的 2714 名外地女性，没有工作的占 41.2%，外来媳妇无收入的占 48.1%。1997 年上海市第六次流动人口调查显示，外来媳妇中从事经济活动的只占 44%，平均月收入为 525.69 元，另外 56%没有经济收入。因为没有经济来源，她们在家庭中处于较低的地位。[②]

外来打工妹即便是嫁到上海家庭，等待她们的还有许多其他需要克服的障碍，如夫妻感情的逐步培养、婆媳关系的处理；家庭经济、住房条件；户籍、社保医疗、与家庭成员是否融洽；就业关、邻里关系、语言障碍；孩子入托、入幼、入学难；还有世俗偏见和打工妹自卑的心理等，都需要她们逐步的适应与解决。

---

① 周海旺. 上海市外来媳妇及其子女的户口政策研究[J]. 中国人口科学，2001(3)：33-40.

② 周海旺. 上海市外来媳妇及其子女的户口政策研究[J]. 中国人口科学，2001(3)：33-40.

个案12　目前在S厂还没有外来打工妹嫁给上海本地青年做媳妇，但通过访谈，从在S厂已经工作几年的几位农民工得知，五年前S厂有一位来自四川的打工妹，在S厂工作一年多后，通过别人介绍，嫁给了S厂附近上海郊区一个农村男青年做了媳妇。通过打听，几经周折，终于打听到了曾经在S厂工作，嫁入上海郊区的外来媳妇。现在上海大学宝山校区后勤工作的小D，接受我的访谈，小D显得很开心，她认为自己生活、工作和家庭都很幸福，对自己的将来也充满了信心与希望。由于笔者在上海大学宝山校区学习了近5年，硕士、博士期间一直担任研究生干部，以前工作曾经与小D有过接触，所以访谈起来气氛很轻松，她也能真实地把自己在上海打工的经历、婚姻家庭生活、自己的真实感受告诉我，使访谈的材料更为真实。

小D说："我家乡很穷，家里兄弟、姐妹四个，我是老二，由于我们那里重男轻女的传统比较厉害，大部分村民认为只有养儿才能防老，加上我上学时成绩不是很好，初中没毕业我就不上学了，开始在我们当地一些小厂打工，很辛苦，也挣不到钱，村里有人到上海打工的，说上海工资高，又能见见世面、开阔眼界。1997年春节过后，我和父母商量了一下，就跟着老乡从四川老家雅安来到上海打工。刚来上海的时候，我在S厂打工，工资也就是上海最低收入标准，老板是台湾人，很抠门，有时会因一些原因扣钱，每月发到手里的没有多少。我和老乡合租房子，住在离S厂不远的一个村子里。

在老家时，我一直没谈过对象，在我心目中，我觉得对象只要人品好，勤劳能干，对我好，有感觉就可以了，对于其他的没什么要求，因为我自己就是初中学历，家里经济条件不是太好，找对象的要求不是很高。对于嫁给上海人，我以前想都没敢想，觉得高攀不起，人家不会要我，再加上听说上海本地人很排外。

1998年，有人给我介绍对象，说是上海本地农村人。开始时我不是很在意，介绍的人说男方很老实、不爱说话，男方家因建设上海大学宝山校区时土地被征用了，在环镇北路的乾溪新村分了一套房子，如果我嫁给男方的话，户口过几年就可以从老家迁到上海。由于有一笔土地征用款，男方村里每人每年还可以集体分红，今后还可以优先为我介绍工作，听到后我就心动了，就决定去见见面。见面后感觉还可以，男方长得很憨厚、老实，不是很难看的那种，他父母、亲戚对我很是热情，招待得也不错。男方和父母、亲戚对我还算满意，问我一些情况，走时还送我一些衣服、礼物等东西，我跟父母说了一下，父母也很满意。后来我们又交往几次，感觉还可以，加上我们也到了谈婚论嫁的年龄，就确定了恋爱、婚姻关系。

2003年春节前，我回老家开了户籍证明，然后和父母一起来到上海，我和现在的老公到当地民政局就办理了结婚证，春节期间举行了婚礼。婚后生活我们过得还算可以，由于老公是独生子女，家里就一套三室一厅的房子，这几年上海的房价一直很高，我们没有钱再买房，只有和婆婆、公公住在一起。婆婆很能干，平时家务大部分是她做，有时她还会到外面找些工作做，挣些钱补贴家里。上海男人是家庭的模范，我老公也不例外，家里的饭大多是他做的，他不让我做。平时家庭的饭菜口味有点清淡，我们四川人喜欢吃辣椒，老公就做一些辣椒酱让我吃，他平时虽然话不是很多，但对我还是很照顾的，我对他还很满意。我们婆媳关系处理得也很好，婆婆一家人一直还把自己当成农民看待，一家人几十年都是种地的，耕种的土地就在上海大学宝山校区泮池湖旁边，只是上海大学建设宝山校区时把村里的土地征用了，这几年才没有地种，但在老公家庭里，这种农民身份的意识观念还很重，并且生活习惯、生活方式还保持着原来在村里的样子，原来一个村子的村民大部分还住在一个小区里，大家一有空就串门聊天，拉家常，有时一块到市里面去玩，大家的感情还是很好的，不像有的小区人家，一层楼门对门住了几年还互相不认识，这在农村是不可想象的。

2001年，我女儿出生了，老公和婆婆家人都很喜欢，可能是上海人喜欢要女孩的原因吧，上海本地人认为生男孩是'建设银行'，生女孩是'招商银行'。要是在我们老家生个女孩的话，我就没有什么地位了，还要偷偷地躲避计划生育，千方百计再生个儿子，因为目前'养儿防老'的观念还很严重，女儿被认为是'泼出去的水'，是别人家的人，不能指望养老的。女儿目前已经快七岁了，在大场镇小学一年级读书，女儿很可爱、很乖，老公、婆婆家人都很喜欢。女儿成绩也算过得去，周末时还要到舞蹈班去学拉丁舞，我家里穷，没受过很好的教育，我想好好让女儿上学，不让她再像我一样打工就行了。虽然有时因为一些小事情我也和老公、婆婆闹些矛盾，但误会消除了就好了。我在家里也没有受歧视的感觉。总体上我和家人对我的婚姻还是比较满意的，很多老乡都很羡慕，这或许是我的福气吧，我对将来还是很有信心的。”

外来媳妇小 D 对她嫁入上海郊区农村的婚姻生活还是比较满意的，在上海的外来媳妇中是比较幸福的一个。

外来媳妇小 D 的婚姻轨迹是高攀、低就还是同类型婚姻呢？可从以下几个方面进行分析：

(1) 从经济方面来看，小 D 家乡经济发展和目前她所在的上海市宝山区大场镇乾溪新村相比，不可同日而语，但不能把小 D 的出生地和嫁入地巨大的经济发展差异作为她高攀婚姻类型的一个决定条件。小 D 在结婚前打工收入是当时上海市最低工资标准，目前她在上海大学后勤部门工作，2007 年时每月收入仍是当前上海市规定的最低工资标准，加上加班费，每月大概有 800 多元。土地征用，没地可种，小 D 老公也是在厂里打工，每月收入也只有 800 月元，并不比小 D 高，现在她的工资已经涨到 1 200 多元。小 D 婆婆有 60 多岁，有时会到外面做保洁工作，由于不经常做，每月只有大概几百元收入，现在她要接送孙女上学，整理家务，已不再工作。从小 D 和她老公的收入来看，她们的婚姻应是同类型婚姻，不存在高攀。

(2) 从户籍上来看，小 D 和老公结婚时，老公的户籍仍是农村户口，她把户口从老家迁过来时办理的仍是上海农村户口，只是农村户口的地域发生了变化，虽然后来土地由于建设上海大学新校区被征用，他们的户籍变成了城镇户口，但根本性质并没变。能够吸引小 D 嫁到到上海的一个原因，或许是考虑到将来孩子能在上海接受好的教育，考个好大学。因为上海市关于两地婚姻的户口政策规定：两地婚姻中外省市农民和上海市农民结婚，婚后外省市一方在上海市居住满 6 年以上的，本人和子女的户口可以迁入上海市；两地婚姻中外省市农民和上海市城镇居民结婚，婚后外省市一方在上海市居住满 10 年或 15 年以上的，其本人可以申报上海市常住户口，子女在入学前也可申报上海市户口。

(3) 从双方客观条件来看，小 D 无论从相貌、身材、性格、勤劳程度及人品方面等都配得上她老公，她老公性格内向，不爱言语，在这方面他们是互补，不存在屈就或高攀。

(4) 从小 D 父母考虑到家庭和谐方面，为儿子找一个外来媳妇是一个很好的策略。由于家庭经济条件有限，在目前上海房价居高不下的情况下，小 D 老公家庭没有能力再购买一套房子供儿子结婚单独居住，这种和老公父母居住在一起的条件很难满足上海本地女孩的要求，也就是说从家庭经济条件的角度看，小D老公找上海本地类似条件的女孩结婚并不占优势。

小D老公家庭找外来媳妇很大的可能也是便于婆媳之间的相处，有利于家庭和谐。婆媳之间自古很难相处，外来媳妇大多来自贫穷的农村，对男方家庭经济条件没什么特别的要求，只要不比家乡差就行，嫁入的上海的外来媳妇会特别珍惜自己来之不易的婚姻，在婆媳关系出现矛盾时，只要婆婆不是太不讲理，不是太过分，一般采取忍让的态度，而上海本地女孩在家庭、事业上的强势使上海农村的婆婆很难相处（也有台湾学者研究，以前童养媳出现的原因并不仅仅因为女方家庭贫困，能有效处理婆媳关系也是一个重要因素。美国人类学家武雅士教授 Arthur Wolf 认为，从订婚仪式的明争暗斗，结婚过门时禁踩门槛，婚后婆婆想尽办法虐待媳妇等，均可以看出中国婆媳之间的冲突与紧张的关系是突出的，所以人们选择童养媳，有的人是基于节省结婚费用，更多的人是为了保持家庭的和谐，尤其是许多富有的家庭，因为婆婆能有效地控制媳妇，便于家庭关系的稳定，笔者认为上海本地家庭找外地媳妇有很大因素也是出于这种目的）[①]，在家庭住房不宽裕的情况下，找一个老实、勤劳的外来媳妇好好过日子，的确是一个不错的选择。从这一点来看，找外来媳妇既解决了孩子找不到本地上海女孩做媳妇的困难，也能很好地处理婆媳之间的关系，外来媳妇、老公和婆婆家人之间是一种互补关系，这种互补的婚姻也不能称为高攀。

上海市政协针对“两地婚姻”的调研报告也证实了这一现象，报告指出，在沪女外男的婚姻中，上海姑娘一般嫁给了学有所长、事业有成的外来女婿，双方文化程度、就业层次高，家庭经济情况较好。与这种强强结合的两地婚姻不同，沪男外女的婚姻基本上属于一种“弱弱结合”。外来打工妹通过婚姻移民常常进入这样几类家庭：第一，男方家境较困难，在目前高房价的上海，很难找到上海本地女孩结婚；第二，父母不全或父母双亡，或有老人要照顾；第三，欲娶妻的男性有身体或其他缺陷的。总之，女性婚姻移民的丈夫在上海属于弱势群体，家境底子薄，一般年龄偏大，受教育程度、就业率以及职业地位等均低于同龄上海男性，这些男性由于直接或间接的原因，寻找上海本地的女孩结婚存在困难，于是选择了外来女性作为结婚对象。而女性婚姻移民通常主要来自外地农村，自身文化程度偏低，缺乏职业技能，同时又由于户籍的限制，女性婚姻移民在户

① 庄英章. 家族与婚姻——台湾北部两个闽客村落之研究[M]. 台北：中央研究院民族学研究所，“中华民国”八十三年十二月，第 209 页.

口进入上海之后难以找到稳定的工作。[①]

因此可以说，虽然有些外来媳妇嫁给了上海城镇户口的男性，但她们的老公也大多是因为经济条件、年龄、生理缺陷等找不到本地上海女孩或有正式工作、受过大学教育的在沪女孩做媳妇，这样的外来媳妇在别人看来是一种高攀婚姻，但她们要在户籍、工作、家庭生活、婆媳关系等方面承受相当的压力，与在家乡结婚的同伴相比，在心理上她们的婚姻并没有“高攀”，而是“屈就”于老公、婆婆，经济上“高攀”，心理上“高攀”，这种婚姻仍然可以看成是同类型的婚姻。

从以上的分析我们可以看出，由于我国婚姻“门当户对”惯习的深远影响，城乡“二元分割”的户籍制度及城乡差别的客观存在，上海农民工在工作、收入、社会保障、福利等方面，与上海城市居民相比，存在很大差距，因此上海农民工城市中处于较低的社会地位。处于边缘化的农民工婚姻的社会场域，大多发生在同是在上海打工者，或是与自己一样外出打工的家乡青年范围之间，是“门当户对”的同类型婚姻。嫁入到上海的外来媳妇占整个农民工的比例很小，她们的婚姻从某种方面具有一定的“高攀性”，但这种类型的婚姻也满足了她们上海老公或家庭的某些愿望，有时外来媳妇在心理上具有一定的“屈就”性，使嫁入到上海农村或城镇的外来媳妇的婚姻，在总体上，与嫁入的男方家庭相比具有类似性，即综合方面的“门当户对”。

第二节　空间场域——农民工婚姻的地域圈

婚姻的空间场域指婚姻距离，也叫婚姻的地域圈。婚姻的空间场域与人们的活动空间、社会的政治、经济条件、传统思想、生活习惯等有关。中国传统农民的婚姻空间场域比较狭窄，主要是受生活圈的限制，另外，长期相对封闭的小生产者排他思想，也限制了通婚地域的延伸、扩展。

一、改革开放前农村的婚嫁距离

以前我国农村婚姻远距离嫁娶的比例很小，这主要是由客观条件限制的，主要表现在以下三个方面：

---

① 赵丽丽.城市女性婚姻移民的社会适应和社会支持研究——以上海市“外来媳妇”为例[D].上海：上海大学，2008(3).

(一) 受到交通条件和社会风俗的限制

我国经历了几千年的封建社会,社会经济发展一直缓慢发展,尤其是从近代鸦片战争 100 年以来,中国经历了外国殖民侵略、八年抗战、三年解放战争的严重破坏,国民经济千疮百孔、基础非常薄弱,导致我国的交通条件非常落后。由于新中国成立后"大跃进"、"文革"对国民经济的巨大破坏,即使到了实行改革开放前期,我国广大农村地区的交通条件也是非常落后,柏油路、水泥路等公路很少,汽车等现代交通工具很少,村民外出基本上靠走。L 村所在的 P 县,新中国成立后的 1951 年才修建两条省级公路,当时还是土路,1958 年为砖渣碎石路面,1966 年才改建为灰土基层柏油路面。L 村所在的乡镇政府驻地离县城 15 公里,1961 年修成土路,1976 年修成砖渣碎石路,1987 年才由民办公助修成柏油路面。[①] L 村离所在的乡镇有 6 公里,村前有一条土路通往所在乡镇,这条路直到 2002 年国家实施村、村(行政村)通公路时才修成柏油马路,但目前各自然村通往最近的柏油马路或各自然村之间仍是土路相连,每逢下雨村中就一片泥泞,很不好走。

L 村所在的 P 县农村,原来农民的交通工具有太平车、辕子车,独轮车、汽马车、架子车、自行车等,但主要的交通工具是架子车和自行车。

架子车由木制车架、铁制下盘和双胶轮组成,载重 500 公斤至 1 000 公斤,具有轻便、耐用、造价低等特点,男女均能使用。1987 年 P 县共有架子车 13.59 万辆,成为城乡人民的主要运输工具,架子车在交通不发达的时候,也是我国农村主要的交通工具,可以说架子车与农民之间关系非常亲密。1950 年以前,农村自行车极少。1951 年 P 县、区机关有公用自行车不足一百辆,农村一辆没有。20 世纪 70 年代初,由于我国经济发展非常缓慢,人民生活还很艰苦,国内的自行车生产的数量很少,在当时票据时代,购买自行车主要靠自行车票,一般人很难买到。当时农村的自行车以加重型自行车为主,轻便型的很少,加重型自行车可以载重,也就是说可以带人,可以驮东西。当时的 P 县,自行车的牌子以上海产的"永久"牌、"凤凰"牌,天津的"飞鸽"自行车,河南安阳产的"飞鹰"牌自行车为主,甚至自行车也成为农村结婚必备的旧四大件之一(手表、缝纫机、自行

---

① 平舆县志[M]. 郑州:中州古籍出版社,1995:317.

车、收音机)。

由于交通条件和交通工具非常落后，改革开放以前我国北方农村在迎娶媳妇时，富裕家庭通常用花轿，中下等家庭一般用马车，没有骡、马的家庭用驴或牛拉车。古代的马车也是用木轮的，行走的速度很慢，20 世纪 50 年代后期以来，农民家庭一般骑自行车迎娶新娘，两家相距近者也有步行的，民间称为“文明结婚”。20 世纪 70 年代后大多用自行车、汽车和拖拉机迎娶，因此这些条件就成为限制我国以前农村地区婚姻地域圈扩大的客观因素。

雷洁琼认为，通婚距离是测量人们通婚范围的重要指标，中国农村的通婚距离是很近的，近半数户主婚前与其配偶两家相距里数在 3～10 里之内，绝大多数户主的通婚距离在 1～20 里之内。① 王处辉通过对建国前 250 年间北方农村嫁娶地域的调查显示，村民远距离嫁娶的比例很小，女嫁占 2.2%，男娶占 1.9%。② 张雨林、刘倩、王磊通过在河南新密市二郎庙自然村调查，结果显示，新中国成立前该村婚姻圈距离在 5 里以内的比例为 57%，1949～1959 年 10 年间，婚姻圈在 10 里以内的比例为 75%，11～15 里的比例为 25%，婚姻圈的距离扩大到 15 里；1960～1969 年 20 年间，该村婚姻圈 20 里以内的比例为 80%，20 里以上比例为 20%，婚姻圈距离扩大到 20 以上；1980～1989 年 10 年间，该村婚姻圈距离维持在 1960～1979 年的水平。③ 据通过对河南农村五个不同地方进行调查的资料显示，改革开放前，河南省农村居民嫁娶位置以“同村”、“同乡不同村”、“同县不同乡”为主，这三种比例从 1949 年建国到 1978 年改革开放期间的平均比例之和为 95.86%，而这一时期“异省异县”的嫁娶位置很少，平均比例仅为 4.72%。改革开放到 2000 年，前三种嫁娶位置的平均比例之和下降到 82.89%，这一时期“异省异县”的比例上升到 16.69%，而且也出现了“异国”婚姻，比例为 0.87%。④ 曹锦清等人 1988 年至 1992 年在浙江北部农村调查的结果是：父母嫁女的距离既不能太近，因为邻里亲家会惹出很多麻烦事，但也不能太远，因为太远了走动不便，临时有急事也没有照应。浙北平原，村落密集，一

---

① 雷洁琼. 改革以来中国农村婚姻家庭的新变化[M]. 北京：北京大学出版社，1994.

② 王处辉. 当代中国家庭[C]. 北京：中国妇女出版社，1986：137.

③ 张雨林，刘倩，王磊等. 从传统农村向社会主义农村的转化[M]. 上海：上海社会科学院出版社，1992：243、264.

④ 孙立坤. 河南当代家庭变迁调查[M]. 北京：人民出版社，2004：453.

般的婚嫁距离在5公里左右。①

目前在L村共有31名新中国成立前、改革开放前结婚的村民，由于在L村调查、访谈时，有的村民外出，共访谈了23名新中国成立前、改革开放前结婚的村民，他们的婚嫁距离如下表所示：

婚嫁距离/里	0～5	5～10	10～15	15～20
人数	8	8	4	3
比例/%	34.8	34.8	17.4	13

从上表可以看出，改革开放前，由于我国广大农村地区受到交通条件、交通工具落后的限制，影响到了村民婚姻距离的扩大，L村民的通婚距离大部分在0～15里之间，这一比例达到了87%，15～20里的比例仅仅为13%。当时在L村，有一个青年到部队当兵，干得不错，后来转为干部，转业后分配到了南阳油田工作，但他仍在当地找的媳妇，只是后来通过"农转非"把一家人带到了南阳；L村还有一个原来是地主家的孩子，新中国成立前就在城里读书，新中国成立后凭借自身的文化水平考上了大学，毕业后在城里找到了工作，找了一个城里的老婆，除了这个人之外，改革开放前结婚的L村民没有一个娶到本县之外的老婆，也没有哪一家的女儿嫁到本县之外，基本上都是同村(2人)、同乡(19人)、同县(2人)模式。

在L村访谈时，除了客观的交通条件限制外，一些村民给出三条婚姻距离近的理由：一是两家距离近，比较方便，有什么事可以互相帮助和照应；二是可以经常走走亲戚，拥有一份亲切感，也可以增强感情；三是女方嫁得近，如果在婆婆家受了气，可以很快跑到娘家搬救兵帮助，这样就不太会受丈夫、婆婆的气了。

个案13 L村现年80多岁的刘老太跟我说："我是18岁时和我丈夫成的家，成家时是新中国成立前的1946年，当时也不用领什么结婚证，通过媒人牵线搭桥，感觉可以就举行个仪式，算是结婚了。我们这里现在还是这个规矩，光领结婚证也不行，只有举行过仪式，把亲戚朋友召集在一起吃一顿才算是真正成了夫妻。我娘家就在邻村，不远，才一里多地，这样平时亲戚有事也可以

① 曹锦清，张乐天，陈中亚. 当代浙北乡村社会文化变迁[M]. 上海：上海远东出版社，2001:327.

互相照应，太远的人家我们又不认识，父母也不放心，走一次亲戚也不容易。由于当时国家很穷，老百姓家里几乎什么也没有，一年到头能够有东西吃已经很不错了。我们那时一般很少出门，出门也是步行，走的再远也都是步行，比如到邻近的项城县、汝南县去听大戏，去县城买日常用品，卖粮食、家禽等农产品，这些地方离家都有几十里的路程，天蒙蒙亮就要从家里走，我们一个时辰可以走6里地，走到地方也快晌午(正中午)了。听完戏、或把东西卖了，再买些东西就得赶紧回来，走到家里差不多也就是半夜了，没办法，当时到哪里去都要步行。我记得年轻时最远的一次是走到驻马店，离我们这有70多里地，早上开始走的，天黑了才走到。那时家里连个架子车也没有，只有一个木头做的独轮车，走得很慢，还装不了多少东西，走时还吱吱作响，一遇到下雨天根本就不能用。在新中国成立前，自行车我连见过是啥样都不知道，更不用说什么拖拉机、汽车了。我结婚时就是丈夫家里人把我领过去的，连骑驴都没有。我们村当时娘家稍微远一点的就是由丈夫牵着驴，媳妇骑驴过来的，地主、乡绅娶媳妇就用花轿接，我们老百姓哪有钱用得起花轿呀。老百姓外出不方便，我们村找媳妇大多是东西村庄的，不是很远。

新中国成立后，条件稍微好一点，村集体有了架子车，记得20世纪60年代的时候，附近一个公社买了一台洛阳产东方红牌拖拉机，老百姓感到很稀罕，以前听都没听说过，大家知道了这个消息，很多人走几十里路到那去看看拖拉机到底是啥样的，当时我也和人家一块去看了。后来条件好了，自行车也有了，现在村里人家大部分都卖了拖拉机，村前面也修了柏油马路，也开通了去县城的公交车，去乡镇拉客的三轮车也很多，现在去赶集很方便，现在小青年娶媳妇接亲也用小汽车了，什么还拍婚纱照，与城里人比着赶时髦。”

按当地婚俗，接已出嫁的女儿来娘家住，如果没有特殊的情况必须当天返回，特别是女儿新婚之后，娘家人三天后去看闺女，是不能在亲家住宿的，而且亲家相见，一般生活水平的家庭都要摆酒席，这样喝酒、吃饭、聊家常，又要当天返回，时间很紧张。因此，村民嫁娶的距离一般不会超出50华里。在L村当地，自举行结婚仪式那天算起，新娘三天后要到娘家，称为“回门”。在娘家也要热热闹闹置办一场酒席，招待娘家的亲戚、朋友。酒席的主要花费，如肉、烟、酒等要新郎家出，一般是新郎家迎娶新娘时，新郎家就以彩礼的名义会把新娘回门置办酒席的酒、肉等物品送到新娘家去。新郎、新娘家置办完酒席后，小两口还要到新郎、新娘家的亲戚走访一遍，根据亲戚的家庭条件、近疏关系等，亲戚们会给刚结婚的小两口数目不同的红包，从经济上去帮助他们新组建的家庭，预示着婚后的生活会很幸福、美满。如果新郎、新娘两个家庭相隔很远的话，他们走亲戚就不是很方便。

(二) 受繁重的农业经济形态的影响

中国古代婚姻嫁娶的地域大致上都局限于本县、本乡或本村。富裕的家庭讲究门当户对传统，重视门第，通婚的地域圈与一般百姓相比相对大一些。我国封建社会经济结构主要呈现为小农经济与地主经济的对立统一，总体属于自给自足的自然经济。每一村庄便是一个属于自然经济、自给自足性质的聚居点。一般而言，以耕作为主、交通落后、缺少迁徙流动的农业社会，婚姻圈比较狭小，主要是婚姻方式和信息渠道限制了婚姻圈的扩展。在传统时代，农村居民世代居住在一地，职业流动较少。而依照习俗要求和法律规定，婚姻缔结又需要媒介从中沟通和做出保证。在正常情况下，能够充当媒介者多为亲戚、朋友和熟人，这在本代和上代所积累的社会关系，他们多居于三乡五里之内，这就决定了婚姻圈基本上在这样的范围内。对女方来讲，长期以来"从夫居"为主的婚姻习惯下，无论家长，还是女性本人，都希望婚嫁行为发生后，相互间仍能经常来往。在交通工具落后的时代，要保持这种密切关系，只能嫁在近处，才能方便走动。①

我国农业生产长期以来是以繁重的手工劳动为主，到了庄稼收获、播种季节，亲戚之间可以互相帮忙，平时家庭发生什么大事，也可以照应一下，逢年过节走亲戚也比较方便，农业社会人与人之间的关系比较单纯，通常局限在血缘和地缘的狭窄范围之内，所谓"出入相友，守望相助"，亲戚朋友就是最重要的社会关系。

在L村访谈时得知，该村在20世纪80年代，大部分的田间劳作仍然采取传统的耕作方式，即用牛、驴、马、骡等大牲口拉犁子耕田，收获时全部是手工操作，例如六月份小麦成熟时基本上是用镰刀收割，收割后的麦子摊在打麦场上晒干后，然后用大牲口拉着石磙在上面来回碾，直到大部分麦粒脱落为止，最后

---

① 王跃生. 社会变革与婚姻家庭变动：20世纪30～90年代的冀南农村[M]. 北京：三联书店，2006：97.

还要用木锨把碾下来麦粒中的麦糠在风中扬出去，当地称为“扬场”。打好的麦子在风中扬干净，晒干后，村民就会把它们储藏在家中用芦苇编织的粮穴里，当地把储藏粮食的地方称为“穴子”。在相亲时，女方家人一般会看看男方家穴子里的粮食是不是够大，是否足够一家人吃的。在收获其他庄稼时，L村民也大多以体力劳动为主，因为当时全国农村的农业机械化水平很低，老百姓又没有足够的钱能够买得起农用机械。在20世纪80年代末期，L村有几户农民联合起来凑钱买了一辆“金牛”牌手扶拖拉机，在农忙的时候，几个家庭轮流着用，如果其他村民需要，收取一定的费用，为他们提供帮助。因此，以前繁重的农业体力劳动，使村民不愿意把女儿嫁到很远的地方去，那样在农忙季节或平时有事就没办法照应，特别是遇到收获季节下大雨，抢收抢种的时候，如果没有及时收获完庄稼，连续的阴雨天气会把成熟的庄稼烂在田地里，一年的汗水就打了水漂。

（三）受传统观念的深远影响

在古代中国，一向有安土重迁的观念，无论从文学意义还是伦理学的意义上，“乡”和“井”都是一种很深层的象征。“远嫁”在传统语汇里，乃为不幸和凄凉的同义词。不用说嫁到塞外番邦，对于中国家庭来说，就算嫁女到邻县，都已经嫌山高水远。所谓“父母在，不远游”，“女儿不远嫁”等传统民族心理，也抑制着人们的远距离婚嫁。总之，中国人的乡土观念极重。其实“比邻结亲”之习，是和中国的农业社会结构分不开的。居民生活稳定，安土重迁，与外界的联系相当有限，信息源和信息通道简单，信息量较小。所以近距离通婚在农民和其他平民中具有普遍性；地主和大户人家的近距离通婚也颇为常见。

二、改革开放后农民工的婚嫁距离

新中国成立后不久，国家就实行严格的城乡二元分割户籍制度，把城市居民和农村居民以户籍为标准严格分开来，不允许农民在农闲时到城市打工谋生，这样就把农民死死地限制在土地上，使农民的婚嫁距离与建国前相比并没有多大的变化。改革开放后，国家逐步取消了对农民在农闲时到城市打工的限制，特别是1984年，中央出台“1号文件”，允许农民自备口粮进城务工，使广大青壮年农民能够在农闲时到城市打工，农民外出打工有了法律的依据。外出打工扩大了第一代农民工的交往圈，会不会对他们的婚嫁距离产生影响呢？

邱泽奇、丁浩等学者认为，改革开放后，大部分青壮年农民虽然可以在农闲时到发达地区务工，交际圈的扩大，眼界的开阔，并没有使他们的婚嫁距离发生很大的改变，相反的是农村的婚嫁距离在缩小，内卷化了。1988 年他们对湖北省麻城市王福店乡三个村 356 对已婚夫妇的婚嫁距离进行了调查。结果显示，婚嫁距离在 7.5 公里以内的占绝大多数，其中 5 公里以下的占了近 60%。在近距离通婚中，村内婚又占绝大比例。近距离通婚随年龄组的下降而逐渐有所加强，即通婚圈呈缩小趋势。吴重庆通过对福建东南沿海的莆田孙村不同阶段的通婚情况的调查得出结论，通婚圈呈明显的缩小趋势。通婚的平均距离由新中国成立前的 6.2 公里变为新中国成立后 1982 年以前的 4.2 公里，再变为后来的 2.5 公里，呈明显递减趋势。雷洁琼等人认为，改革开放后农村婚嫁距离变化不大。他们于 1987 年至 1988 年对全国六个省市的 2 799 位农村居民进行调查，调查了户主与其配偶婚前双方家庭距离，调查结果显示，近距离通婚是一种普遍现象，1/5 的婚姻发生在 1 里之内，3/5 的通婚发生在 1～5 里之内，各年龄组的婚嫁距离大致相同，表明婚嫁距离变化不大。王金玲等学者认为，改革开放后农村婚嫁距离呈扩大趋势。他们对浙江省 1980 年代异地联姻现象进行研究。浙江省农村外来媳妇至 1990 年底人数达到十几万，异地联姻在 1986 年后逐渐形成高潮，通婚圈急剧扩大。史清华通过 2000 年对浙江省 3 个村的平均婚嫁距离的调查，得出如下结论：随着时代变迁，平均婚嫁距离呈典型“U”型分布，通婚圈有扩大趋势。①

根据一般的推论，当前经济、社会与以前相比更为发展，交通更为发达，青年农民到城市打工——交往圈子扩大——婚姻的社会圈和地域圈也会相应的扩大，即青年农民工的婚嫁距离与父辈们相比应该会扩大很多，实际情况会不会这样呢？

根据本书写作、对比的需要，依据年龄的标准，笔者把改革开放后到城市打工的农民工划分为两种类型：一是改革开放初期（1978 年到 80 年代中后期）到城市打工的农民工，这一类农民工生于五六十年代，有的学者称为第一代农民工，当时这一批农民工已经成年或是在农村结了婚，现在他们的年龄大多在

① 唐利平. 人类学和社会学视野下的通婚圈研究[J]. 开放时代，2005(2)：153-158.

48～65岁之间，有的还在城市继续打工。二是出生于20世纪70年代的农民工，属于其中过渡的一代。出生于20世纪90年代以后至现在到城市打工的农民工，这一类农民工生于20世纪80年代，他们的年龄一般在18～30岁之间，有的学者称他们为第二代农民工，第三代或新生代农民工，这类农民工一般是第一代农民工的子女，与父辈们相比，他们的经历发生了很大的变化。他们当中很少，或基本没有从事过农业劳动，具有一些在城市里谋生的技术，比如做厨师、房屋装修、电焊、足底保健等。即使在农忙时，他们也很少回家帮助家人，一般常年在外务工，只有过春节时才会回家。

(一) 第一代农民工的婚嫁距离

第一代农民工的本质上是地地道道的农民。他们是深深扎根于农村，本来就是土生土长的农民，有着或长或短从事农业生产的经历，或者是以农业生产劳动为主。他们只是在农闲的时候才到城市里打工挣钱以补贴家用，农忙的时候会义无反顾地回到家乡从事农业生产。他们大多生于20世纪50、60年代，于80年代或90年代初进入城市，他们之所以成为外出的流动打工者，是因为体制变化提供了新的谋生机会。但尽管如此，他们的根仍然在农村，家庭在农村，亲友在农村，所熟悉的社会是农村，其最终的归宿也是农村。当时，他们出来打工的目标也很明确，挣够盖房子、娶媳妇的费用就准备打道回府。在最近几年中，城市中许多企业已经开始明文要求用工的年龄在40岁或者35岁以下，特别是城市用工规范后，政府要求用人单位必须为打工者缴纳综合保险，超过60岁的人就不能再缴纳。原来适应于60岁以上农民工的岗位，如清洁工、门卫、绿化等就不再招收，因此，近些年来大量40岁以上、近60岁的农民工纷纷返流农村。其中，有的体力透支，甚至身体残疾，这是第一代农民工遭遇的独特问题。[①]

由于没有什么特别的技术，加上当时国家经济没有现在发展这么快，这一类农民工在城市中大多从事较为繁重的体力劳动，如建筑、搬运、环卫、井下挖媒、砖场苦力等。这一类农民工在城市的“拾荒者”中也占据一定的比例，因为新一代年轻农民工不愿从事又脏、又累、不体面、挣钱又不多的工作。目前在城市中从事环卫、绿化工作者，在城市中的“拾荒者”大多是从农村来城市打工的

---

① 孙立平.在代际传递中实现城市融入，选自社会学博客，http://blog.sociology.org.cn/posts.html? cateid=2.

第一代农民工，他们年龄已经偏大，在50～60岁之间，出来的目的已不是他们年轻时出来为了挣钱盖房子、娶媳妇、为孩子交学费，很多人认为自己还能干活、还能挣些钱，主要是觉得年龄大了不能给子女添麻烦，争取自食其力。在上海大学宝山校区附近几条马路上，从事环卫清洁、绿化的农民工年龄大多是50多岁，他们在年轻时都有过到城市打工的经历。

个案14 在上海市宝山区大场镇上大路从事环卫工作的有一位来自河南的李姓农民工，他对我说：

"我今年都59岁了，我是去年10月份(2010年)来上海的，我会做木工技术，在家具厂，建筑工地干都行。大集体(1975年)时我就到驻马店打工了，带领一个工程队施工，当时国家不让农民到城市打工，我每年还要向村里交钱。(20世纪)80年代的时候，我在驻马店又干了几年，后来就回老家一直种地，有时凭着自己的手艺在我们那附近找些活干，现在两个孩子都成家了，感觉一年到头在家种地也挣不了几个钱，为了不给孩子增加负担、添麻烦，我就想出来找个活干几年挣些钱。但我在上海找了3个月的活，一直没找到，本来想回家继续种地去，后来就有人介绍我去扫马路，一个月1 200块钱，不包吃住，我在附近租一间民房，一个月350块，这样下来除了房租、吃的，一个月剩不了多少钱。我和爱人是经人介绍认识的，离我家也就3里多地，我们那当时结婚的距离都不是很远，主要是考虑到家里有什么事可以有个照应。"

目前很多来上海打工的第一代农民工，由于年龄、工作类型的限制，他们的收入很少，他们的目的也不仅仅是为了钱，有相当一部分与李姓农民工有同样的想法：趁着还能干几年，挣些零花钱，不能给孩子增加负担。

第一代到城市打工的农民，他们大多在改革开放前后或20世纪80年代结的婚，与建国后、20世纪70年代初结的婚、从来没有到城市打过工的农民相比，他们的婚嫁距离是否有所改变？我们就以P县L村为例作一下深入调查与访谈。L村改革开放前后至20世纪80年代中后期结婚的有47人，他们算是该村的第一代外出打工的农民。这47个人中，80年代中期有几个人和邻村伙伴一起到山西私人小煤窑挖过煤，但在一次煤矿事故中，邻村一个青年被砸死了，吓得L村的几个人再也不愿到山西或其他地方去挖媒，之后L村这一批外出打工者就以到城里干建筑为主。一些人跟着邻村的包工头到郑州干建筑，另一些人则跟着本村一个包工头在驻马店干建筑。L村人到城市里干建筑是季节性的，也就是农闲时跟着包工头到城里干建筑，因为外出干建筑的农民工大多是家庭中的壮劳力，当时L村的农业机械化水平还不是很高，农业生产又是重体力活，他们必须农忙时从城里回来收割、播种。L村农忙有两个时段，一是每年的6月份收获冬小麦，然后种植苞谷、芝麻、大豆等经济作物，这一阶段大约有一个月时间。第二个时段是每年的9、10月份，收获玉米、大豆、芝麻等秋季作物，这一收获季节对L村来说很重要，因为当时6月份收获的小麦除了交给国家的公粮、各种提留之外，余下的粮食只够全家平时吃的，不会再有很多余粮拿到市场上卖掉。L村秋季收获的经济作物一般卖掉作为一年的平时花费，或者给孩子交学费，还要留着为过春节时用。对L村第一代农民工来说，在家种地仍然是主要的职业，外出打工挣钱只是挣些零花钱以补贴家用，对他们来说只是一种调剂，他们打工获得的报酬不是按月发放，而是由包工头半年或一年发一次，也有一个工程完工以后清算一次，平时在工地上的零花钱就向包工头借，最后和工资一起结算。有一次，该村几个人跟着外地的包工头干了大半年时间，由于包工头跑了，一分钱也没拿到，白干了，这种情况以前在全国其他地方也时有发生。

由于几千年来"以农为本"的传统思想对第一代农民工深远影响，加上当时国家社会、经济发展刚刚起步，对农民工权益的保护政策还不是很完善，第一代农民工始终认为自己只是城市中的匆匆过客，在城市中是"无根的漂浮"，最终要回到家乡去。在L村当地和其他一些农村地区，有很早为孩子订婚的风俗，订婚的范围也仅仅局限在周围距离不远的几个村庄。与建国后、改革开放前结婚的农民相比，第一代外出打工农民的婚嫁距离并没有发生质的改变，婚嫁距离仍在0～20里范围之内，但0～10里的嫁娶范围比例有所降低，10～20里的婚嫁距离比例有所上升，而且该村出现了一个在北京打工的女孩推掉了打工前就在家定好的婚事，这位女孩不顾家人的反对，坚决嫁到了离家乡千里之外河北省某地的一个小山村。

笔者通过在L村的调查、访谈，该村改革开放前后至20世纪80年代结婚的47名外出打工者中，他们的婚嫁距离如下表所示：

婚嫁距离/里	0～5	5～10	10～15	15～20	嫁到外省
人数	13	7	16	10	1
比例/%	27.6	14.8	34.4	21.2	2

中国农村有早婚的传统，在L村，如果哪个家庭有孩子初中毕业没考上高中，就会开始考虑为孩子订婚，即使孩子考上了高中，也有家庭为孩子定好婚事的，因为家长担心，如果孩子高中毕业时考不上大学，那时在农村已算是大龄青年了，找对象就会有些困难。当地人认为如果谁家的孩子上了十几年学考不上大学的话，回来后还要半路出家，重新学种地，在农村也不会有太大的出息，加上同龄的女孩很早就出嫁或订了婚，他们找年龄相仿的对象就有一些困难，当地有“百无一用是书生”之说。L村第一批外出打工者当时大多已在当地订了婚，早婚、订婚的传统使他们的婚嫁距离在本质上并没有发生改变，稍微变化的在0～20里婚嫁距离范围内，10～20里的婚嫁距离比例有所上升。

个案15 为什么当年L村有一位女孩在家订好婚，收了男方彩礼准备年底结婚，而到城市打工之后，毁了婚约呢？为此，我对该女子的父亲黎××进行了访谈。黎××跟我说：

“我今年都75岁了，有四个孩子，两男两女，大儿子和大女儿都上到高中毕业，但由于成绩不理想，都没考上大学。目前孩子都已成家，我这一生感到遗憾的就是二女儿嫁得太远，都十几年了，才回家一趟，我和老伴也去过她那儿一次，太远了，光路上就要走两天，是河北省一个偏僻贫穷的小山村，交通很不方便，比我们这大平原差远了。

1988年春节过后，二女儿初中没上完就和别人到北京做保姆去了，在北京照顾一个大学老师刚出生的孩子，我女儿所在的家庭对她很好，当时每个月给我女儿150块钱工资，有时还给我女儿买新衣服什么的，后来还鼓励我女儿到他们所在的大学读自学考试，我女儿不舍得乱花钱，把大部分钱都寄回了家。

1989年春节前，我二女儿从北京回家过春节了，去北京一年，她变化很多，穿衣、打扮也和城里人一样，时髦多了。考虑到女儿大了，当年已经有17岁了，在我们这已到了订婚的年龄，我们也想着为她找个好婆家，以后能过个好日子，不要被别人欺负就行。由于我二女儿长得漂亮，附近几个村庄上门说媒的很多，后来和女儿、老伴还有一些亲戚商量了一下，就答应了村中我们大队书记老婆说的媒，跟大队书记老婆娘家侄子定了婚。当时两个人也见了面，男方家也送了一些彩礼过来，算是确定了亲家关系。按照我们这的风俗，订了婚一年多，男方家就可以要媳妇举行婚礼了，也就是说我二女儿在1990年春节就可以出嫁了。1989年春节过后，我二女儿又要到北京去打工，订过婚的男方家庭说什么也不让去，说女孩订了婚再出去容易变心。我二女儿说她照顾的大学老师的孩子还小，离不开人，最主要是已经答应好人家过了春节还去的，况且人家还提前多给了两个月工资，为的是让她回来好好过年，如果不去的话就不讲信用了。最后我女儿还是到北京做保姆去了，走之前答应男方1990年春节回来领结婚证。1989年春夏之交北京发生了暴乱，我非常担心二女儿的安全，就打电话让她回来。她说暂时回不了家。我二女儿很少出门，除了到附近菜场买些菜外，就是在大学老师家里照看孩子。过一段时间，女儿写信给我(那时L村还没有装电话，我到镇上或县城给她打过去，她有什么事就写信给家里说，我再给她打电话商量)说把家里的婚事推掉，她在北京找了一个保安，是河北的。我一看到信就非常生气，觉得养个女儿不容易，嫁那么远，走个亲戚都不方便，况且已经和大队书记老婆的侄子订了婚，我们惹不起这样的家庭，都是一个村的，大家平时见面都不好意思说话。我第二天就到镇上给女儿打电话，不要和那个来自河北的保安确定关系，那次我跟她打了好长时间电话，花了很多电话费，也没有说服她，她最后说先不要跟订过婚的男方讲，回去后她自己会处理好的。1989年国庆节期间，我二女儿从北京回来了，不是她一个人回来的，而且把那个保安也带回来了，弄得附近几个村庄都知道了，我们很生孩子的气，但也没什么办法。原来我女儿在北京时，每次到菜市场买菜都经过那个保安所在的单位，有时还互相聊几句，时间长了就熟悉了。我女儿有时外出很害怕，每次都是那个保安送她回去的。我看那个保安很老实，长得高高大大的，不是很难看，又有礼貌，但考虑到离家太远，我开始一直就没答应。后来女儿给她妈说已经怀孕了两个多月了，准备马上回河北举行婚礼了。我一听很气愤，但考虑到生米已煮成熟饭，我也没办法，我们这里很传统、很保守，即使我们不愿意她嫁到河北去，如果消息传出去，男方还会退亲，女儿在当地也找不到婆家。与邻村订婚的男青年知道这件事之后，当时就带了很多人到我们家算账，闹了很长时间，我们一直赔不是，把彩礼全部退回去才算了事。”

在L村当地，第一批外出打工者由于是“候鸟式”的来往家乡和城市，目的就是挣钱，一般他们都会回到老家找个对象结婚，特别是出来前就已经订过婚的。黎××的二女儿到北京做保姆后，为了寻求安全感，才与保安交往，并逐渐有了感情，发生了意外(怀孕)。L村当地传统、保守的风俗也促成了她和保安的婚事，最后她只有毁掉定好的婚约，嫁到外地去。这只是一个特例，并不能说明L村外出打工者的婚嫁距离超出了当地，与外省联姻的比例上升很多，通过调查、访谈可以看出L村第一代农民工的婚嫁距离仍在家乡附近为主，与新中国成立前、建国后、改革开放前后结婚而没有到城市打工的农民相比，他们的婚嫁距离并没有发生本质的改变。

（二）第二代农民工的婚嫁距离

第二代农民工与第一代农民工相比，有着本质的区别。新生代农民工的群体特征突出表现为：年龄普遍较小，他们大多出生于20世纪80年代以后，年龄在25岁左右。他们是伴随着中国改革开放成长起来的一代，没有经历过他们父辈们所经历过的苦难，是没有经历过饥饿的一辈人。他们基本没有务农经历，有时只是学校放假期间回家帮一下忙，他们没有种田的经验，也不想种田，不想跟他们父母"面朝黄土背朝天"那样在农村待一辈子，受一辈子穷。与父辈们相比，他们大多受过程度较高的学校教育，至少上到初中毕业，有一些还上到高中毕业，有的是因为家庭贫困而失去上大学继续深造的机会。

从进入城市打工的动因看，第一代农民工普遍将谋生活、赚钱作为第一目标，基本上是单一的经济型目的，目前第一代外来工大多已经返回农村。新生代农民工则还包括"习惯外出生活"、"羡慕城市现代文明"和"外出能够享受现代生活"等目的，其外出动机具有经济型和生活型并存的特点；对制度性身份的认可在减弱，农民身份被赋予了更多的社会涵义，除了户口簿上的"农业"二字，他们和面朝黄土背朝天的"农民"职业已经基本无关。

很多新一代青年农民工不愿再回农村，但今天他们的根也不在城市里，他们是"无根的新市民"。朱力把新一代农民工称之为"准市民身份"，并把改革开放以来外出的农民工分为返乡型、徘徊型、滞留型三种。[①] 返乡型农民工群体以第一代外出务工的农民居多，其中很多人已完成了"农村—城市—农村"这种循环模式的最后一环，重新回到农村，再次踏入田间劳作或回乡度过晚年。徘徊型农民工对自身的定位比较模糊，一方面他们已部分适应城市的生活，自己也希望能通过勤奋的努力留在城市里；另一方面，城乡二元分割的户籍安排以及城市居民对他们的歧视和隔膜又使他们感到自己仍是城市的边缘人，他们也知

① 朱力．准市民的身份定位，南京大学学报（哲学·人文科学，社会科学）[J]．2000(6)：113-122.

道真正融入到城市生活的希望是非常渺茫，但他们又不愿意轻易放弃努力。新生代农民工一方面从小生活在农村，但他们大多没有亲自经历过改革开放初期，中国农民在得到属于他们耕种土地后的强烈亢奋，他们的记忆或许是农民负担的沉重，农业劳动的繁重，家乡留给他们的更多是一种日渐衰败的贫瘠回忆。另一方面，他们对城市生活的向往则远甚于父辈，他们的价值取向日趋多元化：价值观基础由群体本位向个体本位偏移，价值判断标准从理想主义转向现实化、实用化，价值取向由单一型向多元化趋势发展，在道德认知、政治意识、社会评价、情感态度上已和传统农民"诀别"，①他们能够接受改革开放以来出现的各种新观念，形成了新的认知、思维模式。他们中的许多人还没有建立自己的家庭，没有或较少家庭负担，其中大多数人基本没有务农的经历，而是从学校毕业后就直接流动出来的，有的甚至连基本的农业劳动常识和技能都缺乏，因此他们自身的经历和年龄也不足以在家乡积攒足够的人际关系，"叶落归根"对他们已不具有很大的吸引力。而且他们外出的动机和对未来的预期也明显不同于上一代打工者，他们不但希望在城市中谋生，更希望在这种经历中得到历练，甚至找到新的归宿。滞留型农民工大多是在城市中发展的较为顺利，并具有一定的经济实力，他们常年在外打工，对种地已没兴趣，对家乡的概念很模糊。他们努力工作，在城市也拥有相对稳定的职业和生活，也受到城市居民的认可，但户籍制度的存在使他们始终认为自己还是农民，因此滞留型农民工迫切希望取得工作所在地大城市的户口，以给自己"正名"。②

一些调查表明，尽管多数新生代农民工对于自己的未来并没有清晰的想法，但不愿意回到农村去，几乎是其中大多数人的想法。对此，有人将其称之为"踏上不归路"，大多属于徘徊型、滞留型的农民工。他们对城市充满了幻想与向往，他们呼吁改变，尤其是希望国家尽快取消"户口特权"，被人称为"无根的新市民"，③程启军、曾小龙认为新型农民工的生存之道是新生存主义，他们与第一代父辈时期的农民工的差异可以用下表来描绘：④

---

① 陈占江，李长健. 新生代民工的发展困境及其解决机制[J]. 求实，2006(1)：53-55.

② 朱光磊. 当代中国社会各阶层分析[M]. 天津：天津人民出版社，2007：294.

③ ZHU YUCHEN, *Migrant Workers*, Women, 2006(3)：22-26.

④ 程启军，曾小龙. 新生存主义——新型农民土的生存之道[J]. 青年研究，2006(11)：25-30.

	年龄特征	教育水平	身份认同	乡土认同	外出动因	行为选择	主体意识
第一代农民工	中壮年	低	农民	强	赚钱	来去自如	弱
新型农民工	青年	较高	工人	弱	寻发展	滞留城市	强

建国后,我国不同年代的农民及外出打工农民工的婚嫁距离是一个逐步演变的过程。霍宏伟通过对山东省济阳县江店乡贾寨村建国 50 年来婚姻圈研究的个案分析,得出结论是:①婚姻圈范围狭小,多数集中在 10 华里以内;②建国 50 年来,婚姻圈的变动区间的绝对值不大,相对比率很高;③本村或邻村通婚频繁。作者认为影响农村婚姻圈狭小的原因不仅有经济力方面的原因,也有文化观念、国家政策以及农村特殊的社会关系等方面的原因,例如农村养老保障体系尚不健全,独生子女不断增加使得养老问题日益严重,婚介途径结构和择偶标准的变化影响了择偶范围等。[①] 这说明建国后,尤其是改革开放后,农村的婚姻圈出现逐步扩大的趋势,但绝大多数农村的婚姻圈在 20 里以内,这一变化既与中国农村经济体制改革有关,也受到农村传统婚姻"惯习"以及农村实际情况的影响。

与改革开放前结婚的父辈们的婚嫁距离相比,L 村新一代青年农民工的婚嫁距离有什么变化呢?通过访谈调查,L 村 20 世纪 90 年代后期到目前结婚的有 17 人,他们的婚嫁距离如下表所示:

婚嫁距离/里	0～10	10～20	20～30	同省异县	异省结婚
人数	6	4	2	1	4
比例/%	35.3	23.5	11.8	5.9	23.5

从上表可以看出,20 世纪 80 年代出生的新一代农民工,他们的婚嫁距离与父辈们相比,出现了一些实质性的变化,L 村异省结婚的比例在以前几乎是零,现在这一比例达到 23.5%,他们所在的家庭至少有两个孩子,其中一个家庭孩子数达到八个。L 村四位异省结婚的分别是:

① 霍宏伟.我国北方一个农庄的婚姻圈研究——对山东省济阳县江店乡贾寨村的个案分析[J].社会,2002(12):36-40.

个案16　L村第一位异省结婚是女青年李A,由于家里兄弟姐妹多,1990年她小学毕业后就和村里的人到北京打工去了,一直在饭店里做服务员,后来做凉菜,一次偶然的机会认识了来自山西绛县的孟某,两人一见如故,经过交往确定了恋爱关系,1998年两人举行了婚礼,并在L村相邻的县城郊区买了一块宅基地,盖了两层楼房,孟某的户籍也从山西农村老家迁到了他们房子所在地县城,县城离L村有20多里路程,回L村非常方便。L村第一个跨省结婚的李A现在过得非常幸福,他们目前还有了一个聪明可爱的儿子,孟某一直在外打工挣钱,李A在家照顾孩子。

李A并没有嫁到外省去,也没有在家盖房子结婚,而是当时在邻县城里买块宅基地盖了两层小楼,为什么不在李A所在的L村盖一座房子呢?访谈时李A父母说:“这样做是考虑到女儿丈夫小孟的心理感受,如果在家盖房子结婚就成了上门女婿了。在我们这里做上门女婿的一般都是家里穷的,或女方家庭没有男孩的,总感觉会低人一等。小孟会足部按摩的手艺,在城里打工很能挣钱,虽然山西老家父母都不在了,只有一个弟弟由大伯照顾,但小孟的自尊心很强,我们家有四个儿子,我们不能让他有做上门女婿的感觉,但我们也不想让女儿嫁到山西去,因为小孟的父母没了,在村子里会受人欺负的。他们最后在汝南城里盖了房子,结了婚,这两种顾虑也就没了。”

考虑到孩子将来上学,及生活方便,2009年,李A把原来位于汝南县城的两层小楼卖掉,又贴些钱在驻马店市买了一套商品房,真正过起了城里人的生活。

个案17　L村第二个跨省婚姻的是男青年李B,由于家里贫穷交不起学费,1990年初中毕业还没上完他就拿着家里给的120元学费偷偷到北京打工去了,第一年到北京打工,什么脏活、累活都干,洗碗、倒垃圾等,第二年饭店里的一个面点师傅见他能干、勤快又能吃苦,就教了他做面点的手艺。李B学好面点手艺后,到位于北京平安大街和新街口的德润轩大酒店做了面点师,收入比在原来饭店干杂活提高很多。在德润轩大酒店李B认识了来自安徽界首的服务员小雪,两人交往3年多以后,感情一直很好。2003年春节过后,两人回L村举行了婚礼,目前他们已经有了一个三岁的儿子,夫妻两人仍在北京继续打工,孩子在北京由外婆照看。现在李B又学会了做火锅的秘方,在大连一家很大的火锅店做厨师长,收入很可观。他爱人在北京顺义郊区,接送孩子上学。

个案 18 L 村第三个跨省婚姻的是男青年姚 C，由于学习成绩不是很好，初中还没毕业就跟着村里人到北京打工去了。打工期间，父母在老家给介绍了一个对象，春节回家见面后感觉不好就推掉了。2000 年春节从北京打工回来后，由于和当地几个游手好闲的小混混玩在了一起，在驻马店市一起偷自行车被抓进了公安局，定性为团伙盗窃，判了半年刑。由于表现很好，提前释放，后又到北京打工，考虑到有前科的经历，他工作就很努力。在 L 村当地，如果听说哪家的孩子犯错误进过监狱，或者说男孩的母亲脾气不好，孩子找对象就很困难，因为没有哪个家庭愿意把女儿嫁给一个犯过罪的人，或者是将来有一个很凶的婆婆，那样的话，女儿将来的生活就不会很幸福。按照这一风俗，姚 C 很难在当地找到对象。2004 年春节回家，他从北京带回一个来自东北吉林农村的女孩，到乡里领了结婚证，并于春节后在家举行了婚礼。目前他们夫妻两人都在北京打工。

个案 19 L 村第四个跨省婚姻的是李 D，由于他对上学不感兴趣，初二过春节那年他就和村里人一起到北京打工去了。刚到北京的那几年，他不断地换工作，做过服务员，做过厨师，也到东北贩卖过人参，倒腾了几年没挣到多少钱。2005 年冬天，他借了几千块钱，在北京西客站附近开了一家很小的饺子馆。由于他卖的饺子好吃，再加上人流量大，北方人喜爱吃饺子，一年多时间他就挣了几万块钱。2006 年春节之后，他又在北京另一个地方新开了一家规模相对较大的饺子馆，生意依然很好。他原来和一个山东德州女孩同在一个饭店打工认识，互相产生感情，这两年两个人一直在北京努力经营着两家饺子馆，把饺子馆生意做得红红火火。2007 年 4 月份，两人领了结婚证，回 L 村举行了婚礼。2007 年 6～7 月，李 D 用开饺子馆挣的钱，在 L 村盖了一座很漂亮的楼房。2011 年春节，李 D 带着老婆和双胞胎女儿从北京回到 L 村，由于近几年饺子馆的生意好，挣了一些钱，李 D 从县城里请来歌舞团在村里演出两场，受到乡亲们的称赞，很多家长鼓励自己的孩子在外打工挣钱后，也在村里请父老乡亲看歌舞。以前，一般家里有孩子考上大学，或生个儿子，就放一场电影庆祝一下，目前放电影在当地农村已经落伍，不再被村民青睐。

在 L 村访谈时，李 D 的父亲说："在农村一般只有盖了房子成了婚，才是真正的成家立业，虽然我们村有的打工者在外挣了钱，甚至有的在城市里买了房，目前我们村有三个打工的去年在驻马店买了楼房，但他们在村里也盖有房子，一旦他们在城市待不下去了，他们还可以回来，起码回村里还可以种地，还有房子住。我三儿子永华也准备在北京买套房子，但在外打工也不是长久之计，在家盖房子也是考虑到将来为自己留条后路吧，毕竟打工不像考上大学留在城市里工作那样稳定。”

在L村四个跨省婚姻中，三个都是男性，他们在家里也不是独生子，每个家庭都有至少两个儿子，但他们都不愿意到女方家做上门女婿，这也深受当地风俗的影响。他们的媳妇在家里也都不是独生子女(在L村当地，20世纪80年代出生的孩子，一般家庭都有两个孩子，但2000年以后出生的孩子家庭，如果第一胎是男孩，有的就不愿再要第二个孩子。如果第一胎是女孩的，大多会再要一个孩子，如果第二胎还是女孩的话，迫于计划生育惩罚的压力，有的不会再要，但有的家庭为了得到儿子，虽然生了几个女儿，也会躲到外地偷生，当起了“超生游击队”)，有两个家庭中有儿子，开始女方家庭不同意女儿嫁到外省去，但考虑到时代变了，交通、通讯发达了，最主要的是看到女儿的对象不错，女儿也很满意就同意了。村中李B媳妇家庭有三个女儿，她在家排行老二，大女儿在当地结了婚，住在了镇上，离父母不远，将来可以照顾父母，小女儿找个对象是东北的，目前李B媳妇的父母都在北京，父亲打工，母亲照顾她和小妹的两个孩子，以便于她和妹妹能够在北京打工挣钱。

三、S厂农民工的婚嫁距离

与从小生长在L村的新一代农村青年相比较，来自全国各地的在S厂打工的青年农民工的婚嫁距离是怎样的呢？通过访谈，目前S厂已婚农民工有27名，他们的婚嫁距离如下表所示：

婚嫁距离/里	0～10	10～20	20～30	同省异县	异省结婚
人数	4	8	5	3	7
比例/%	14.8	29.6	18.5	11.1	26.0

关于上海市城市农民工对婚嫁距离的看法，2006～2008年，笔者对335名在上海打工的农民工调查结果如下表所示：

对自己嫁娶的地理位置看法

排序	对自己嫁娶的地理位置看法	百分比/%
1	同乡不同村	33.1
2	同县不同乡	36.2
3	异县异省	27.5
4	同村结婚	3.2

从上述两个表格来看，虽然婚嫁距离前面几项调查的标准不太一致，但调查的数据比例则趋向一致性，婚嫁距离在0～30里之间，基本上包括了农民工同乡不同村、同县不同乡这两种主要婚嫁距离模式；在异省结婚这一婚嫁距离中，S厂和在上海随机调查农民工婚嫁距离的比例相接近，前者是26.0%，后者异县异省结婚的比例为27.5%，这一比例中也包含一些同省异县结婚模式的婚嫁距离，这与他们的父辈有明显的差异，在L村，改革开放前结婚的村民，跨省结婚的比例还是为零，资料显示出改革开放前我国其他农村地区跨省结婚的情况也极为少见。来自河南的打工妹小陈的婚姻经历就显示出新一代农村青年在婚嫁距离的看法上与父母的截然不同。

个案20 在小陈和别人合租住房子里，小陈跟我说：

"我家里姊妹3人，我在家里排行老二，我父亲重男轻女的封建思想很严重，非要生一个儿子才罢休，姐姐大学刚毕业，由于上的大学不是很好，没找到什么好工作，也算是在郑州打工，弟弟还在读高中。我上学的成绩不是很好，初中没上完就来上海打工了，父母其实也不想让我继续上学，家里也供养不起。我刚来时在上海一个饭店做服务员，由于我勤快能干，又善于学习，在饭店工作一年多之后，我就被提拔为饭店领班。我们饭店里有一个年轻厨师，湖南人，比我大一岁，我们感觉不错，就确定了恋爱关系。2004年春节前夕，我把我谈对象的事给家里人说了，没想到父母死活就是不愿意，说是湖南离家太远，将来走个亲戚什么的也不方便，相互帮个忙都不行，说我在婆家受了欺负家里人也不会知道。2004年春节回家时，父母张罗着为我在家介绍一个对象，离我们村很近，这个人从来没出去打过工，一直在家帮助父母种地。父母收了人家的彩礼，说是留着为弟弟将来上大学用，我春节里和男方见了一面就糊里糊涂去领了结婚证,2004年春节后家里就张罗着为我和对象举行了婚礼。结婚后婆家人说什么也不让我再出去打工,说是我出去了会变心,还是让我在家好好种地,生个孩子。我不想像父母那样一辈子在家里待着受穷,我就和老公商量一块出去打工挣钱,将来过个好日子,但他不愿意。结婚后和老公相处一段时间后,感觉他不是当初父母给我说的所谓'老实',而是一个'半傻子',我们那儿称为'二蛋'、'缺心眼',他不会说话,也就是说的话让人觉得他脑子有点不正常,也可能是他一直没有出去打工的原因吧,于是我就跟父母提出要和他离婚。父母知道我的对象有点傻时觉得很对不起我,说是找人介绍时没有打听好,而是听信了媒人的花言巧语。结婚不到一个月,我就和对象离了婚,家里收的彩礼也如数退还,父母一时的冲动导致我婚姻的不幸。离婚后,我感觉没有脸面再去找以前湖南的男友,就一个人跑到深圳去打工。在深圳一家电子厂,我认识了我们邻县一个男孩,离我们老家也不远,大概也就几十里路,我们感觉还可以,就和双方父母商量我们的婚事,这次我父母不再管我,说我嫁到哪都行,只要我认为对就可以。2005年春节前我们两个回老家领了结婚证,由于是再婚,我们感觉不太好意思,就没有举行婚礼,到深圳后我们在外面租了一间房子,两个人在一起生活,后来我怀孕几个月后,不能再工作,就在2006年春节前夕回到婆婆家,准备生孩子。

2006年3月份,我在婆婆家生了一个男孩,一家人都很高兴。在家里照看孩子的日子里,我虽然感到很幸福,但感到很寂寞无聊,村里找不到一个人说话聊天的,整天一个人对着孩子。因为村里的年轻人都到城市打工去了,主要是我在城市里待惯了,在家里生活有点不方便,也不是很习惯。

2007年春节过后,我把儿子放在家里由婆婆照顾,就来到上海打工,现在很多农村女青年生完孩子,坐完月子就出来打工了,我们那的年轻媳妇一般都是生完孩子都出来打工了,孩子留在家里由爷爷奶奶照顾,我们也舍不得把孩子留在家里,但没有办法,我们要在城市里打工挣钱,我们也没有能力让孩子跟着我们。我感觉我现在的婚姻也算是可以,遗憾的是没有和第一个湖南的朋友结婚,至于嫁到哪里我都能接受,现在交通、通讯这么发达,回家一趟还是很方便的,可能做父母的都想让自己的孩子待在身边,他们从心理上不愿意孩子嫁到外地去,有的打工妹和外省男友断绝关系,很大程度上是由于父母的反对,随着社会的发展与进步,父母的这一想法或许会改变。”

与小陈一样，S厂一些结过婚的打工妹对嫁到外省做媳妇持赞成态度，包括已经在老家结过婚的打工妹，这虽与她们父母的态度有很大的不同，但考虑到将来照顾父母等多方面的现实需要，在婚嫁距离问题上还是尽量尊重他们的意见。

S厂订过婚或正在谈恋爱的有21名，他们对自己将来得婚嫁距离有什么想法呢？笔者通过在S厂与他们进行的访谈，他们对自己将来婚嫁距离的打算如下表所示：

婚嫁距离模式	同村结婚	同乡不同村	同县不同乡	异县异省
人数	2	10	7	2
比例/%	9.52	47.63	33.33	9.52

从上表可以看出，S厂没有结过婚的青年农民工对自己将来婚嫁距离的打算倾向于在老家附近结婚的较多，同村结婚、同乡不同村、同县不同乡这三种婚嫁距离模式的比例之和达到了90.48%，远远大于S厂已经结过婚的青年农民工在家乡附近结婚74%的比例。

针对“你会优先考虑以下哪类异性作为恋爱和结婚对象?”这一问题，王杰在地处皖北平原的P乡辛庄进行深入访谈、问卷调查时的资料表明，在问及“为什么不找城里人或外地人结婚?”时，他们回答比较一致。男青年A说：“(笑)找对象还不是想找一个能说到一块的？咱是农村人，找城里人干啥？城里人和咱肩膀头不一般高(地位高)，找她们是自找苦吃。找外地人太远，不现实。”男青年B说：“我们在城市找媳妇十有八九是‘倒插门’到女方家，而且大多是条件不好的，她要是好了会找我们吗？我才不去受那个罪呢。外地的？我打工时也有谈得来的外地人，不过还是觉得不合适，走个亲戚都不方便，对家里也照顾不上。”女青年C说：“我才不找城里人呢，他们有文凭、有知识的，根本就看不上咱，咱农村人在城市找对象只能找差的，以后受气都没有地方说，根本不可能幸福一辈子，咱在家里找还能多挑挑，找个好的。”女青年D说：“以前出去打工时还有找一个城里人结婚的想法，现在谁还想呀？农村的条件虽说比不上城市里大部分人，可比城市里下岗的人家好多了，如果找城里人结婚，男的基本上要做上门女婿，女的找到的男方在城市也是混得不怎么样的人，家庭条件也不会好到哪里去，女方还会经常被人看不起，根本不会有幸福的。再说，现在农村条件好了,还不如找个农村人来得实在。”①

2009年,尹子文在河南、四川、河北和山东对325名未婚农民工进行婚恋调查时发现,未婚农民工倾向于在本地找对象,而且他们在择偶时考虑得更多的是个人生活经历和兴趣爱好等因素,更愿意寻找志同道合者结婚。有超过一半的未婚农民工愿意在家乡定居,将来立足家乡发展,“愿意在家乡盖房了,娶妻生子,好好过日子”。回农村定居,并不意味着他们会继续从事农业生产,不是简单地做一辈子农民,他们更愿意在农村从事一些非农生产活动,例如开商店、做生意等,如下表所示。②

类型	选项	人数/人	比例/%
选择对象的途径	媒人介绍	90	27.69
	自己选择	235	72.31
愿意在何处寻找对象	家乡	237	72.92
	打工的城市	66	20.31
	其他地方	22	6.77

类型	选项	人数/人	比例/%
愿意在何处定居	家乡	167	51.38
	打工的城市	83	25.54
	当地县城	75	23.08
结婚后是否继续打工	继续	145	46.61
	不继续	79	24.31
	不清楚	101	31.08

当下很多农村地区,由于外出青年农民工到了当地风俗所定义的“适婚”年龄,加上父母担心孩子找外地人,将来行走不方便,大多在春节短暂的时间内按照当地的习俗、象征性的程序或仪式,以闪婚的模式来完成孩子的婚姻大事。

笔者在S厂进行访谈时,问到他们将来会和什么地方的人结婚这一问题,她们大多回答,最好跟老家的人结婚。她们给出的理由一般是“和同一个地方的人结婚才有共同的经历和语言,这样好相处”、“嫁人嫁的不远,父母可以放心”、“同村人结婚可以更了解对方”、“离家近,随时可以回家看看父母,并可以照顾父母”等。不过,也有少数几个打工妹提到,如果她们在打工过程中遇到合适的,两家离得又不是太远,父母同意的话也可以考虑。为什么S厂没有结过婚的青年农民工,尤其是年轻的打工妹很少赞同异县异省这一婚嫁距离模式呢?

---

① 王杰.同村婚姻:青年农民工婚姻新模式的诠释——以辛村为例[J].青年研究,2007(11):36-42.

② 尹子文.第二代农民工婚姻问题探析[J].中国农村观察,2010(3):13-23.

笔者通过把S厂没有结过婚的青年农民工与L村改革开放前后结婚的村民，及S厂结过婚的青年农民工的婚嫁距离进行比较，分析如下：

改革开放前，国家限制农民到城市打工，再加上交通、信息闭塞，当时我国的农业机械化水平很低，农民一年到头在田间辛苦劳动，很少有机会外出，而且他们很小就深受"叶落归根"、"父母在、不远游"等传统观念的影响，因此他们的婚嫁距离就局限在他们家乡附近，这是由当时我国客观的社会、经济条件、传统文化以及国家的政策所决定的。

改革开放后，尤其是20世纪90年代中、后期到现在，国家大力鼓励农村剩余劳动力到城市打工，尤其是近年来，政府站在"构建社会主义和谐社会"的高度，不断为改善农民工的工资待遇、生活环境、子女入学等创造更好的条件。S厂结过婚的打工者一般出生在20世纪80年代中期之前，当时我国的计划生育政策在农村尚处于起步阶段，不像现在处罚得这么厉害，在当时农村，"多子多孙多福"、"重男轻女"等观念还有很大影响，村民只要象征性交一些罚款，就可以继续生育孩子，起码每个家庭要保证生一个儿子。S厂结过婚的打工者所在的家庭很多有两个孩子，有的家庭还会有三到四个孩子，他们在家里的排行一般不是老大，家里有一个女孩嫁到外地去，父母也不会很介意，只要保证有一个儿子在身边就可以了。

S厂没有结过婚的青年农民工大多出生在20世纪80年代中后期，这一时期国家在农村的计划生育政策非常严厉，基本上提倡生育一胎，杜绝二胎。目前，一个农村家庭如果第一胎是男孩的话，很少会再要第二胎，因为现在农村养一个孩子的负担也非常重。每个家庭都希望自己的孩子将来能考上大学，上学的各种费用是越来越高，即使将来考不上大学，孩子结婚也要花一大笔费用。L村外出打工的年轻打工者中，是独生子女的就有三个。如果一个家庭第一胎是女孩，由于我国传统"养儿防老"及"女儿是泼出去的水、嫁出去就是别家的人"等观念的深远影响，一般会花钱买准生证生第二胎，希望再生个男孩。如果第二胎还是女孩，这种家庭很少会再生育第三胎，因为我国农村计划生育政策在农村罚得很厉害，一般的农村家庭很难拿出高额的罚款，况且小孩也不能报户口，村里也不会给承包的耕地，那种不生男孩不罢休的超生游击队现象目前在农村很少见。如2011年2月24日，安徽省十一届人大常委会第二十四次会议表决通过了关于《安徽省人口与计划生育条例》修改的决定。新条例规定，终身只生育一个子女的夫妻，可以享受九大优惠政策：一是从领取独生子女父母光荣证之月起，每月发给不低于 20 元独生子女保健费，至独生子女满 16 周岁止。国家机关和事业单位职工退休时，提高 5%的退休金；企业职工退休时，给予一次性补助；二是在调整承包地、自留地、自留山，分配集体收益时，以家庭人口数量作为基本分配补助单位的，增加一人份额；以家庭作为基本分配补助单位的，户均增加 30%以上份额；三是在分配土地补偿费、安置补助费和安排保障性住房、农村危旧房改造时，予以照顾；四是列为家庭经济发展的重点扶持对象，在资金、技术、培训、信息、劳务输出等方面予以支持、优惠；五是在组织劳务输出时优先照顾；六是对贫困家庭，在扶贫贷款、以工代赈、扶贫项目和社会救济等方面给予优先照顾；七是在推行新型农村合作医疗制度、农村住院分娩制度时，政府给予补贴；八是实行农村计划生育家庭奖励扶助制度。对只有一个子女或者两个女孩的农村计划生育家庭，按照国家和省有关规定发给奖励扶助金。实行计划生育家庭特别扶助制度。对独生子女死亡或者伤残的计划生育家庭，按照国家和省有关规定发给特别扶助金；九是建立健全基本养老制度。按照政府引导、农民自愿的原则，优先为农村生育两个女孩并采取绝育措施的夫妻和只生育一个女孩并领取独生子女父母光荣证的夫妻办理养老保险。同时新《条例》取消了生育 3 年时间的间隔期，规定 12 种情况可以生育二胎：(一)双方都是独生子女，只生育一个子女的；(二)双方都是少数民族，只生育一个子女的；(三)双方均为归国华侨，或者在安徽省内定居不满 6 年的香港、澳门、台湾地区居民，只有一个子女在内地定居的；(四)再婚夫妻，再婚前生育子女合计不超过 2 个的，但不符合复婚夫妻；(五)婚后不育，夫妻双方均满 30 周岁，依法收养一个子女的；(六)第一个子女为残疾儿，不能成长为正常劳动力，医学上认为可以再生育的；(七)夫妻一方为一级至六级的残疾军人；一级至五级因工(公)致残人员，只生育一个子女的；(八)矿工井下工作连续 5 年以上，并继续从事井下工作，只生育一个女孩的；(九)农村夫妻一方为独生子女，且只生育一个子女的；(十)男方到女方家落户且女方没有兄弟的农村夫妻，只生育一个子女的(仅适用女方姐妹中一人)；(十一)农村夫妻只生育一个女孩的；(十二)大山区的乡，女方在农村，只生育一个女孩的。

如四川省最新的《计划生育条例》第十四条规定，符合下列条件之一的夫妻，可以申请生育第二个子女：(一)第一个子女为病残儿，不能成长为正常劳动力但医学上认为可再生育的;(二)独生子与独生女结婚的;(三)农村人口中男到独生女家结婚落户的;(四)农村人口中夫妻一方为烈士的独生子女的;(五)农村人口中夫妻一方为二等甲级以上的伤残军人的;(六)农村人口中夫妻一方因公致残,相当于二等甲级以上的伤残军人的;(七)农村人口中几个亲兄弟只有一个有生育能力的;(八)农村人口中夫妻一方两代以上都是独生子女的;(九)盆周山区县和经设区的市批准的盆地内的山区乡(不含其行政区域内的平坝、丘陵、河谷地带)的农村人口中,缺乏劳动力的独生女户;(十)盆周山区县的边远高寒大山区的农村人口中的独生子女户;(十一)婚后患不育症,依《中华人民共和国收养法》收养一个子女后怀孕的。同时第十五条规定:符合下列条件之一的夫妻,可以申请再生育一个子女:(一)因丧偶再婚的,再婚前丧偶一方子女不超过两个,另一方无子女的;(二)因离婚再婚的,再婚前一方只有一个子女,另一方无子女的。我国其他地区制定的农村计划生育政策与安徽、四川的类似,出发点一方面是控制我国农村人口过快增长,另一方面对农村特殊群体生育二胎进行照顾,这与我国当前农村的生产、生活条件和以家庭养老为主体的养老保障相适应。

养老保障是现代社会中人的一种基本需求。但长期以来,我国广大农村地区的农民,尤其是老年人的养老被排除或忽略在社会保障视野之外,国家给予城市老人的社会福利、社会保陈险等保障措施对农村的大多数老年人说却是一种奢侈和梦想。农村社会保障始终处于中国社会保障体系的缘,有相当部分社会保障的内容把整个农村人口排挤在保障体制以外,占总人口75%左右的中国农民的社会保障支出仅占全国社会保障费支出的11%,而占总人口25%的城镇居民的保障支出却占了全国社会保障费用的89%。

一方面,当前我国广大农村还没有建立有效的社会养老保障制度,另一方面,传统的观念认为,"百善孝为先",农村人口的养老主要责任在于家庭,农民有土地等资源进行保障,除非万不得已,农民不愿去福利院养老,会被认为孩子不孝顺。但是,着市场经济的不断发展,随着城市化进程的加快、家庭规模缩小和老年人口数量上升,农村养老形势日益严峻,农民也与城镇的居民同样面临着市场带来的难以预料的生活风险。作为一种传统的、延续了上千年的反哺养老模式,家庭养老至今仍在农村的养老中发挥着重要作用。家庭养老实际上是老年人在劳动力衰退,健康状况下降,经济收入减少的情况下家庭成员为老人提供的各种帮助,包括物质、服务和精神方面的,家庭成员包括配偶、子女、亲属。家庭养老实际上是家庭成员进行代际交换的"反哺式"养老。这种养老形式因为能够体现人们之间的亲情关系,能给予老年人的全方位的生活感受包括生活照顾及天伦之乐等,有着其历史的合理性和惯性,是其他任何形式所无法替代的。

由于我国农村计划生育政策的施行,新生代农民工的父辈基本只有一两个孩子,并且目前农村社会保障机制还不健全,所以"养儿防老"、"父母在,不远游"的传统观念还在影响新生代农民工的父母。他们更期望孩子能在身边照顾自己,潜意识里对陌生人的防备心理也使父母期望自己的孩子在家乡找个知根知底的对象,所以父母在为孩子选择婚恋对象时,还是倾向要求孩子找对象时在乡下老家附近找。如2007年4～8月,刘淑华在沈阳针对农民工的婚恋取向对20名农民工进行了多次深入访谈。其中一个被访谈对象JMM(男,21岁,初中毕业,外出打工3年)说:在城市打工有时感到真的很无聊,工资太低,工作还不稳定,流动性很大,到这里还没一年我就换了三次工作。我们寝室每天都睡得很晚,大部分话题是关于女人。前两年我也想在外面找个,感觉在外面找个比家里的要感情好,但是我每次给我爸打电话说在外面找对象这件事,他都把我训斥或骂一顿,说我在外面找就把我的腿打断。他认为外面的女人不可靠,再说家里就我自己一个孩子,找个外面的结婚家里人担心我到女方家住,结果在外面已经打了两年多的工,也没找到女朋友。去年回老家过春节时见了好几个,感觉还可以,就和其中的一个订婚了。①

据统计,目前全国90%以上的农民仍依靠家庭养老。但是,随着计划生育政策的普遍推广、农村城镇化步伐的加快以及市场经济的高速发展,给农村家庭养老模式带来了很大的冲击,传统的大家庭开始大量解体,家庭人口锐减,家庭结构趋向小型化、核心化。一对夫妇供养4位老人,无论是目前的家庭收入,还是夫妇能够用于赡养的精力和时间来说,都难以满足老年人的养老需求。例如,2005年,全国共有家庭户39 519万户,家庭户人口为123 694万人,平均每个家庭户的人口为3.13人;集体户人口为6 934万人。与第五次全国人口普查相比,平均每个家庭户的人口减少了0.31人。城镇平均每个家庭户的人口为

---

① 刘淑华.家乡的"归根"抑或城市的"扎根"——新生代农民工婚恋取向问题的研究[J].中国青年研究,2008(1):47-50.

2.97人,农村为3.27人。[①]

目前我国虽然建立了农村社会养老保障制度,但也面临一些问题,一是保障水平低,由于资金来源有限,集体提供的供给相对较少,每个供养者所享受标准相对较低,虽在一些经济较发达地区,集体保障水平较高,但从整体上来说,集体老保障水平仍然较低。例如,2011年4月,P县L村的李某刚满60岁,去年他一次性补交了15年的农村养老保险金,从2011年4月份起,他每个月可以领110块养老保险金。这笔钱对他来说只够买菜、盐等日常生活用品,遇到大的事情还是很难解决,但李某很满足,有总比没有好,还是感谢国家为农民着想。二是覆盖范围小,以“五保”对象为主的养老保障形式,仅仅把保障的目标人群局限于传统的特困老人,使得目标人群涉及面较窄,而将那些虽有子女但由于子女常年在外打工等原因而得不到相应照顾,又需要集体给予照顾的老年人拒之门外,保障缺乏真正的社会性,已经不能满足农村新的养老保障要求。三是服务水平低。农村“五保”等养老服务中的服务人员大多缺乏必要的养老专业护理训练,护理水平和护理意识较低,使老人不能得到悉心的照顾,不能体现服务和保障的基本要求。目前,在我国的新农村建设中急需建设一支新型的养老服务队伍,培训新型的养老服务人员。还有就是农村很多老年人思想观念落后,加上“养儿防老”的观念已经在中国农村延续了几千年,而且在人们的心中根深蒂固,中华民族具有尊老、爱老、养老的文化历史传统,农民普遍认为家庭养老和养儿防老是天经地义的事情。[②] 因此,大部分村民认为,今后的养老问题基本上还是依靠自己和子女,当自己老了、行动不便或生病时,主要靠子女照顾,如下表所示:

从不同照料来源获得照料的老年人比例/%

照料者	城市	农村	照料者	城市	农村
配偶	52.4	42.4	其他亲属	9.7	6.4
儿子	48.2	73.3	朋友、邻居	5.7	3.0

---

① 《2005年全国1%人口抽样调查主要数据公报》,国家统计局2006年3月16日权威发布.

② 王石泉.中国老年社会保障制度与服务体系的重建[M].上海社会科学院出版社,2008:227、229.

（续表）

照料者	城市	农村	照料者	城市	农村
儿媳	41.8	66.2	志愿人员	2.5	0.9
女儿	48.4	45.3	居委会、街道	3.6	1.1
女婿	23.2	19.2	养老机构	0.7	0.5
（外）孙子女	18.9	25.8	保姆、小时工	15.4	0.4

（注，资料来源：中国老龄科学研究中心：中国城乡老年人口状况一次性抽样调查数据分析。）

农村中只有一个孩子的家庭，考虑到养老问题，父母一般不会让自己的子女嫁到很远的地方去，父母也不愿意在年老时到外地农村去养老，那样将来父母年老时，子女就很难照顾到，除非子女考上大学，在城里工作，能够把父母接到身边。

因此，与改革开放前、后初期农村家庭普遍较大相比，在当前农村家庭普遍小型化，子女少的情况下，父母不希望自己的子女嫁到很远地方，一个主要客观因素就是未来自己的养老问题，同时也是为了更好地帮助家里搞好农业生产、照顾留守孩子生活、上学的现实需要。例如，2011年5月1日，L村男青年黎C和女青年姚C在村中举行了婚礼。姚C所在的家庭是双女户，没有男孩，父亲前年因突发脑出血去世，黎C所在的家庭有两个儿子，而且两家父母关系一直都很好，对孩子的品行也知根知底，而且将来姚C也能很好地照顾母亲。L村刚刚订婚的李C和姚C情况也大致如此，李C所在的家庭也是双女户，两家父母关系也是很好，平时两家父亲农闲时经常结伴外出打工。考虑到将来的养老，以及有什么事可以互相有个照应，父母也不希望女儿嫁到很远的地方去，这与原来一家有4个、5个孩子的多子女家庭的状况完全不同，嫁到外地一个女儿，也有其他孩子在家里照顾年迈的父母。即使多子女的女儿嫁到很远的地方去，当每年过节、父母生病或过世时也会尽量尽到孝顺父母的责任，如过节时寄些东西、生病时寄钱、过世时承担费用等，有的子女认为常年不在父母身边，也会愿意多出些钱等，以表孝心。

通过对S厂未婚青年农民工婚嫁距离的意愿进行分析可以看出，没有结婚青年农民工不远嫁到离家很远的地方，一方面是由于国家计划生育政策的原因，他们所在的家庭子女很少。另一个方面是我国广大农村居民还是依靠子女为主要的养老方式，所以与年长他们几岁，结过婚的农民工相比，各种客观因素使他们很少选择嫁到离家很远的外地去，跨省的婚嫁距离比例就比较低。

从生产、生活便利的考虑，也是影响当前青年农民工婚嫁距离的重要因素。“在当地找一个对象，逢年过节，亲家之间方便走动，平时有什么事情也有个照应”。“这样，孩子也可以由爷爷奶奶和外婆外公轮流照顾，减轻一下负担”。“平时农忙，大家也可以相互帮忙”。这些朴实的话语透露着农民工在婚恋时对生产、生活因素的考虑。在农村，农业生产一直是一个家庭最重要的生产活动，加上父母大多年事已高，单靠一人或两人之力很难完成抢收抢种等大的农业生产劳动，这时就需要多人协作共同完成。在L村，身体健康的青年人都外出打工了，一些身体好、60岁左右的老年人外出打工的也有一些，留下的多是那些被称为“三八六零九部队”的妇女及老弱病幼人员。虽然近几年来，当地在收割和耕种等方面机械化程度逐步提高，但农户还是以分散劳作为主，很少有专业的农业生产合作社进行联合劳动，农业生产是高强度体力的劳作，播种、除草、施肥、灌溉和收割时的粮食运输等对劳动量的需求很大。在外打工的青年农民工因来回开销大，加上粮食价格持续低迷，他们不愿在农忙时回来收割，原因是有时打下来的粮食卖出的钱还抵不上来回的路费及耽误的工钱，而近距离婚姻的出现则可以在很大程度上以姻缘为纽带对两个家庭甚至家族的劳动力进行组合，进而有利于主要劳动力外流时每个家庭搞好农业生产。唐利平指出，“家庭联产承包责任制改变了农村的生产经营方式，每个农户成为独立的生产单位，为了有效地实现自己的利益必须协同外界交往，寻求支持和帮助，近距离通婚则为亲戚之间互相帮助和合作创造了现实条件。”但他也认为，婚姻距离缩小无论对农民个体还是整个社会发展来讲都是不利的，特别是对农村人口素质的提高构成威胁，使农村社区长期处于封闭保守状态中，容易导致宗族势力的膨胀，不利于农村社会经济文化的发展等等。①

虽然一些男性农民工也很想和城里人结婚，但由于工作、生活环境的制约，新生代农民工在城市中能够接触的异性范围、人员非常有限，意识到在城市找对象无希望后，新生代农民工——这个城市边缘群体，最后还是要按照中国传统思想寻根，回乡村找一个异性进行婚恋，这在某种程度上是对现实生活的一种接受，同时也出于很多客观的考虑。因为试图“脱根”的青年农民工在现实中

---

① 唐利平. 人类学和社会学视野下的通婚圈研究[J]. 开放时代，2005(2)：153-158.

遇到很多因素的制约，当在城市生活的希望破灭之后，或者只是想在城市挣钱以便回到乡村生存和发展的时候，他们经历了“脱根”—“扎根”—“归根”的过程。在这个过程中，不但要经历文化震惊（Culture Shock）、心理压力、精神苦闷，而且还要经历“农民—农民工—农民”的角色转换、经济压力等。①

除了以上客观因素以外，主观感情因素也有很大的影响。在调查、访谈的未婚农民工中，有相当一部分人回答最终是要回到家乡去寻找对象，他们认为外面的感情不是很牢靠。隋晓明等通过在深圳调查青年农民工的情感生活，认为“临时的”、“不稳定的”、“一次性的”，流动使他们婚姻的可能性变得越来越小，原来想以婚姻为目的的男女，可能因为流动的状态，因为居无定所，因为一次偶尔的失业，一次艰难困苦的出现而无法协调他们的关系，从而走向陌路。他们选择家乡人结婚的这一类婚姻是比较稳定的，并且能够得到社会各方面的认可接纳，而双方都是流动人口的婚姻，大多是不稳定的，或许结了婚，但离婚率较高。②

第三节　小结

本章主要通过上海S厂青年农民工与L村两代外出打工者之间的对比，分析了当前新生代农民工的婚姻圈状况。

农民工的婚姻圈包括婚姻的社会圈和地域圈。由于中国婚姻的“门当户对”传统，及中国客观存在的城乡二元户籍制度，农民工在就业、收入、福利等方面与城市居民有较大的差距，使农民工在城市中处于弱势地位，他们大多漂浮在无根的城市空间，属于城市中的边缘人。他们的婚姻社会圈大多局限在农民工之间，在婚姻轨迹上属于“同阶层”型婚姻，他们很难通过“高攀”的上升婚姻轨迹来改变自己的社会地位。本书以在S厂访谈的27名已婚者为基础，分析了青年农民工基于相同的处境，一般在类似的打工者中寻找结婚伴侣。对方不需要来自同一个县或者同一个省，只要是至少因打工而受到了现代城市观念的一些影响，思想更加开放而不像那些从来没有离开家乡的男女那样保守的人。

---

① 贺飞. 转型期青年农民工婚恋观念和行为的社会学分析[J]. 青年研究，2007(4)：42-49.

② 隋晓明. 中国民工调查[M]. 北京：群言出版社，2005：37.

本书分析了少数成功的打工者，但由于生活经历、教育背景的巨大差异，很少有城市女孩、从农村考出来的女大学生会嫁给这些所谓的“农民工暴发户”，因为大部分城市女青年、大学生更倾向于双方的价值观、成长背景、生活方式和习惯的一致，她们追求寻找的是“价值观念一致”、“门当户对”的婚姻伴侣，况且很多与她们有相同背景的男士也很优秀。

本章也分析了嫁入到上海的外来媳妇这一特殊群体，并进一步分析了娶外来媳妇的上海家庭是为了“夫妻和谐”、“婆媳和谐”，为了“家庭和谐”的需要。外来媳妇在外来打工妹当中是相对优秀的群体，她们在容貌、能力等各方面并不逊于同一类型的本地上海媳妇，因此她们的婚姻也是同阶层的婚姻，对于嫁入到上海的家庭来说，满足了“家庭和谐”的目的，她们的婚姻并没有高攀。

本章分析了改革开放初期，由于受到交通条件、社会风俗的限制，繁重的农业经济形态及传统观念的影响，改革开放前后结婚的第一代农民工本质上还是农民，他们的婚姻地域圈的婚嫁模式大多在家乡附近，以同村、同乡不同村为主，距离在0～20里之间，跨省的婚姻模式很少。第二代青年农民工与他们的父辈有着本质的不同，他们大多受过程度较高的学校教育，基本上没有务农经历，能够接受改革开放以来出现的各种新观念，形成了自己新的认知和思维模式。通过访谈调查，在L村20世纪90年代后期到目前结婚的新一代青年农民工当中，跨省结婚婚嫁距离有所上升，达到了23.5%的比例，这与他们在外打工，交往范围的扩大有关，他们所在的家庭至少要有有两个孩子，因为传统养儿防老的观念还影响深远。

本章分析了S厂农民工的婚嫁距离，通过访谈，在S厂已婚27名农民工中，他们的婚嫁距离在0～30里之间，跨省结婚的比例为26.0%。S厂21名定过婚或正在谈恋爱的农民工当中，在他们对自己将来婚嫁距离的打算中，准备跨县跨省结婚的比例为9.52%，这与他们将来结婚实际有所差异，但也能说明一些问题。本章分析认为，S厂结过婚的打工者一般出生在20世纪80年代中期之前，当时我国的计划生育政策在农村还比较宽松，一般的家庭都有两个以上的孩子，包括至少一个男孩。S厂没有结过婚的青年农民工大多出生在20世纪80年代中后期，这一时期国家在农村的计划生育政策非常严格，基本上提倡生育一胎，严防二胎，杜绝三胎，家庭结构由大、中型向小型化转变对他们的婚嫁距离也有一定的影响。

从宏观视角来看，随着农业机械化水平的逐步提高，大量农村剩余劳动力向城市流动的常规化，使不同地区之间人口交流的逐步扩大，乡村社会通婚距离的扩展是必然的，即便是一些认为通婚圈没有随着社会变迁扩大反而缩小的研究者，也不否认其研究个案中也有如跨省、跨地区通婚婚姻现象的存在。也就是说，存在一种较为普遍的情况，即当前农村婚嫁距离的扩大与传统通婚圈的缩小是同时存在的，只是长距离婚姻的比例很小而已，这种看似矛盾的结论在当前农村语境中其实并不矛盾。

由于我国传统"养儿防老"的观念，很多农民不愿到敬老院去，以及我国还没有在广大农村地区建立完善的社会养老保障制度，农村的养老保障基本上还是依靠家庭，主要是靠自己和子女。特别是计划生育政策在我国农村地区的实施，农村家庭规模大幅度减少，一个家庭普遍有一到两个孩子，因此，类似于 S 厂没有结过婚的青年农民工，尤其是男性，考虑到要赡养父母，他们跨省的婚嫁距离比例就比较低。即使是女儿在城市里谈了男朋友，父母也尽力说服孩子在家乡周围找个婆家。因此，从目前调查和访谈的结果来看，新一代青年农民工的婚嫁距离经过相对扩大之后，逐步走向缩小。

第 5 章

农民工婚姻的资本策略

布迪厄在《区隔》(1984a:101)一书中,提出了一个具有三维的社会空间结构模式:社会行动者所拥有的资本数量、资本的结构以及资本数量和结构在时间上的演化。他的分析模式的简要公式如下所示:

[(惯习)(资本)]+场域=实践

可以看出“资本”是布迪厄实践理论的重要因素。布迪厄把资本定义为行动者的社会实践工具,资本与场域是相依共存的,资本的价值取决于它所处的场域,行动者使用资本的策略也决定于行动者在场域中所处的位置反过来,场域也离不开资本,场域只是一种网络结构,如果没有资本,空洞的结构也是没有意义。在他的著作《实践感》“土地与婚姻策略”这一章中,布迪厄把法国贝亚恩地区农民对家庭所继承的“财产”看成是婚姻策略中的“资本”,这些财产资本包括家庭中的现金、土地以及子女结婚时的补偿增资等,通过增资这一媒介,婚姻交换受经济支配,倾向于发生经济上门当户对的家庭,根据一种不言明的最优化计算——以使在家庭经济独立范围内进行的婚姻交易可能提供的物质和象征资本最大化。

马克思把资本定义为“能够带来剩余价值的价值”,是在行动中可以获得回报的资源,马克思所说的资本包括劳动力、土地、资金、设备等生产资料,为资本家所拥有,通过生产与交换,在市场上实现剩余价值,或者说在经济上获取回报。舒尔茨提出了人力资本的概念,弗乃普、伯特、林南从不同的角度提出了社会网络资本的概念;布迪厄把各种有价值的、被当做争夺对象的文化、社会、符号的资源理论化为资本。布迪厄把资本分为四个类型:经济资本,指货币与财产;文化资本,指包括教育文凭在内的文化商品与服务;社会资本,指熟人与关系网络;符号资本,指合法性。

本书中的“资本”概念，在借鉴了布迪厄阐述的基础上，结合农民工的婚姻实践进行了具体界定，并有所增加，指影响农民工婚姻策略的各种资源因素，包括自然资本，指行动者的年龄、身高、容貌、健康状况等；经济资本，指行动者的家庭财产与非农挣钱能力；文化资本，指行动者的学历文凭、家庭教育、文化气质修养等，社会资本，指行动者的熟人与社会关系网络等；感情资本，指行动者希望追求、获得爱情等，因此可以说农民工的婚姻策略是他们运用各种“资本”（或资源）进行互动、博弈的一个立体、动态过程。

第一节　自然资本

农民工婚姻策略中的自然资本是指农民工自身天生所具有的自然条件，本章主要论述农民工婚姻策略中结婚年龄、外在容貌这两个与社会转型紧密联系的方面，本章省略了婚姻策略中对“身体状况”这一每个社会时期都有所要求，但又不能反映出社会变迁的基本自然条件。

一、结婚年龄

结婚年龄是婚姻中的一个基本自然资本，既有其自然的属性，也有社会的属性，结婚年龄的变化能从一个侧面反映出整个社会的转型与变迁。

中国古代一般都有法定的结婚年龄，每个时代男女结婚的年龄不尽相同，年龄的微妙变化既能折射出中国社会的传统风俗，也反映出这一时代社会的基本变迁。《周礼》说：“令男三十而娶，女二十而嫁。”这是给当时男女规定的一个嫁娶年限。战国时期，婚龄开始下降，如越王勾践为速报吴国之仇需要增加兵员，下令：凡男 20 岁、女 17 岁不嫁娶者，惩办其父母。① 尽管各代婚龄有所不同，青年男女的实际年龄与法定年龄也不尽相符，但古代婚姻一般趋向早婚，“多子多福”是中国古代早婚早育一个合乎逻辑的推论。

中国一向以农业立国，但因生产方式落后，土地无法利用，耕种及其他农事一切都依赖人工，家庭生产都以“添人进口”为尚，有“早种稻子早打谷，早生儿子早得福”，“早娶媳妇早得济”的谚语。显然，古代农村早娶媳妇的目的是增添

---

① 鲍宗豪．婚俗与中国传统文化［M］．桂林：广西师范大学出版社，2006：93．

劳力，借以繁荣家庭经济。

政治的因素也是积极造成早婚的重要因素，古代社会地广人稀，被朝廷封爵的诸侯都有自己的疆土，俨然一个独立王国，有了封地，就必须有臣民，人多势众，人少势微，所以被封者的统治措施之一就是要充实军备，发展生产，鼓励人民生育子女，以求增强自己的实力。因此，统治者不惜用政治的力量，强迫人民早婚。

由于古代社会崇尚大家族制，若能“五代同堂”或“九世同居”，就有无上的光荣，“不孝有三，无后为大”的传统意识非常强烈。做家长的莫不为自己的孙子安排早婚，尽快生子，只有这样，才能保持家庭的社会地位，长此以往，形成了早婚的习俗，并为每个时代所沿袭。① 布莱克和戴维斯认为：在很强的氏族或联合家庭的控制下，婚姻通常由长辈安排的，这往往是子女尚未成熟时早早作出安排。②

中国古代盛行早婚陋习，从根本上说是统治阶级政治、经济的需要，也是封建家长制的必然产物，早婚这一现象也反映出中国古代各个时期社会的发展，体现出国家与民众之间的关系以及中国封建社会之前几千年来社会、经济、政治、制度等各方面缓慢的变迁与转型。

在近代中国，几乎所有的女性都结婚，女性的平均初婚年龄一直保持在16～19岁的狭小范围。男性结婚稍晚，平均初婚年龄在21岁左右，有部分人终身未婚，(李中清和王丰，2000；Telford，1992；Campbell，1998)。在1945年的山东台头村，平均结婚年龄为20岁，新娘一般不会小于17岁，新郎不会小于19岁，穷人家的孩子结婚更晚，而在台头这一地区的其他村庄，据说女孩15岁、男孩17岁就结婚了。③ 地方文献资料对出身不同经济条件家庭者的婚龄也有说明：冀南地区邯郸县“富者订婚多早，贫者订婚多迟”。(民国二十二年《邯郸县志》，风俗。)新河县“结婚年龄，富者在20岁内，贫者在20岁外，或30岁不等”。(民国十八年《新河县志》，风俗。)与冀南相邻的山东冠县，“上中家之男子，其结婚年龄多在15岁前”。(民国二十四年《陵县续志》，风俗。)

---

① 张树栋，李秀领. 中国婚姻家庭的嬗变[M]. 杭州：浙江人民出版社，1990：115.

② K. 戴维斯，J. 布莱克. 社会人口学的视野-西方社会人口学要论选择[C]. 商务印书馆，2009：159.

③ 杨懋春. 一个中国村庄——山东台头[M]. 南京：江苏人民出版社，2001：112.

初婚年龄还受到一些社会、经济和文化因素的影响。王跃生通过对20世纪30～90年代冀南农村进行调查，土改前女性最低初婚年龄为10岁，最高23岁，平均17.25岁；男性初婚年龄最低为11岁，最高为40岁，平均为18.97岁。20世纪20年代华北地区男性的初婚年龄为19.7岁(7省2 330农家调查，1921年)、20.3岁(清河镇家庭人口调查，1928年)、20.2岁(定县调查，1929年)；女性为17.9岁(7省2330农家调查，1921年)、19.3岁(清河镇家庭人口调查，1928年)、19.2岁(定县调查，1929年)。①

在中国，政府的干预和社会经济发展对初婚年龄的提高起到了重要的作用(雷洁琼等，1994；高万珍等，1995；伊勤，1998；张俊良，1999；蔡昉，2000；李东山，2000a；陈胜利等，2002)，而公共政策对婚龄的影响最为重要。1957～1970年冀南农村男性最低初婚年龄为17岁，最高为33岁，平均初婚年龄为22.58岁；女性最低初婚年龄为17岁，最高为27岁，平均初婚年龄为21.04岁。这主要是1958年人民公社的成立，在新的制度环境下，政府对民众婚姻管理的职能得到了加强，有效地抑制了早婚的行为。1971～1980年冀南农村男性最低初婚年龄为19岁，最高为30岁，平均初婚年龄为23.56岁；女性最低初婚年龄为19岁，最高为27岁，平均初婚年龄为23.33岁。由于这一时期是集体经济时代，农村社员的婚姻行为受到大队和生产对较多的限制，再加上国家对晚婚晚育政策的倡导，这种组织形式使每个社员处于被严格监视或监督的环境下，社员的违规成本较高，因此，这一时期的晚婚政策实施的较好。1981～1996年，冀南农村男性最低初婚年龄为18岁，最高为37岁，平均初婚年龄为22.48岁；女性最低初婚年龄为18岁，最高为29岁，平均初婚年龄为22.15岁。这一时期男女初婚年龄有所下降，男性下降1.08岁，女性下降1.18岁，这一时期主要是1980年9月10日我国颁布了《婚姻法》，规定：结婚年龄，男子不得早于22周岁，女子不得早于20周岁，晚婚晚育应予以鼓励。② 根据国家计生委1982年在全国28个省、市、自治区进行的千分之一人口生育率抽样调查：妇女平均初婚年龄20世纪40年代为18.4岁，50年代为19.0岁，60年代为19.8岁，70年代为21.6岁，1980年提高到23岁，可以说自40年代以来，全国妇女平均初婚年龄

---

① 王跃生.社会变革与婚姻家庭变动——20世纪30～90年代的冀南农村[M].北京：三联书店，2006：56-57.

② 《中华人民共和国婚姻法》(1980年)，见中国人口年鉴(1985)，第73页.

一直呈上升趋势。集体经济时代,政府对初婚年龄的控制除了婚姻登记外,还依赖两项重要制度:一是户籍登记制度,二是集体经济制度。通过户籍登记制度,每个村民的出生时间均在村的掌握之中,并在公社派出所备案。只有符合条件者,村才能出具证明。集体经济组织是婚姻管理实施的基础,集体经济制度下,每个成员,特别是同龄成员的年龄信息大家彼此熟悉。如果不符合婚龄规定结婚被视为当事者获取的额外利益的话,那么在同一环境下没有享受到这种利益的同龄人也会效仿之心,在职业和谋生行为受到严格限制、甚至被禁锢的条件下,成员的越轨成本很高,因而违例行为降低,因此集体经济形成一种成员之间相互制约的环境,这一时期政府的婚姻登记制度和集体经济制度对村民的初婚年龄形成重要制约。①

(美)费尔德曼,(加)李南、朱楚珠 2000 年对湖北三原、略阳和松滋的访谈分析发现,招赘和嫁娶妻子的初婚年龄峰值分别在 20 岁和 21 岁左右,招赘和嫁娶丈夫的初婚年龄峰值分别在 22 岁和 23 岁左右。值得注意的事,招赘妻子的初婚年龄大部分集中在 20 岁以前,而招赘丈夫的初婚年龄不像嫁娶丈夫那样高度集中在 21~23 岁这个狭窄的年龄段,显示出相对较大的变异性。另外,招赘丈夫在 26 岁以后结婚的比例仍很高,招赘婚姻比比嫁娶婚姻存在更多的男性晚婚现象。② 这主要是因为贫困家庭的男子到了结婚的年龄,拿不出高额的彩礼费用,找不到合适的女子结婚,结婚年龄一再推迟,到了最后实在没有办法,就会“屈就”做上门女婿。

目前,早婚在我国已经失去了存在的条件,但在一些落后的农村地区仍有一些市场,孙淑敏在西北某村调查时发现,一些村民为了给自己的儿子娶上媳妇,在孩子很小的时候就给孩子定了“娃娃亲”,当地称为“占苗”,担心孩子以后长大后找不到合适的对象。而在相对富裕的农村地区,定小亲、早婚现象也时有发生。1988 年,据浙江省有关部门调查,地处沪、宁、杭“金三角”的湖州农村,未成年人中已定小亲的占 40%以上。温州的一些县市农村,14 岁以下的儿童

① 王跃生.社会变革与婚姻家庭变动——20 世纪 30~90 年代的冀南农村[M].北京:三联书店,2006:77-78.

② [美]费尔德曼,[加]李南,朱楚珠.当代中国农村的招赘婚姻[M].北京:社会科学文献出版社,2006:9.

定小亲的年龄一般七八岁，甚至有1岁就被父母定小亲的。[①] 近期研究表面，无论是男性还是女性，兄弟多的结婚较晚，婚龄差较大，这与以前的研究结果并不一致(Campbell and Lee，2003)。可能的原因是，在兄弟多的家庭，父母为儿子积累足够的彩礼和适宜的居住条件等需要等更长的时间。外出打工的青年农民工大多出生在我国实施计划生育政策后，由于政策的严历性，一般家庭要两个孩子，也有个别家庭为了生一个男孩传宗接代，外出多计划生育，超生2个以上的，也有的家庭无论第一胎是男是女而只要一个孩子的。在农村，如果一个家庭养育两个以上的孩子，尤其是超生的黑户(孩子没有户口)子女，他们即使到了结婚的年龄，也因为家庭负担重，或者是身份问题没有解决而不能顺利结婚，只有家庭积攒够在当地足以结婚的费用，才会有女方考虑到与他们结婚，因而这样家庭子女多的孩子结婚相对较晚，但也不排除个别家庭虽然子女较多，但这一家庭善于经营，孩子也能够顺利结婚的可能性。

婚姻的安排和结识途径也会影响到初婚年龄，一般认为，与别人介绍的婚姻相比，自我安排的婚姻的初婚年龄较大，因为年龄较大的婚姻主体有更强的个人意志，会在婚姻安排上体现出较大的自主性，在婚姻对象的选择上有更大的范围。另外，婚姻安排对初婚年龄的影响还受到婚姻圈的调节，因为婚姻圈的扩大能够显著提高男女两性的初婚年龄，扩大婚龄差，这从一个侧面说明了人口流动有利于提高初婚年龄的一般规律，也与一般认为的初婚年龄可能因婚姻圈缩小而降低的观点是一致的(Fan and Huang，1998)。

雷洁琼通过调查认为，在初婚年龄上，改革后青年农民初婚年龄向后推迟，比如1949年以前，河南潢川农民男户主与其配偶的婚龄均值分别是20.1岁、19.2岁；到1979～1986年间，婚龄均值分别提高到23岁和20.8岁，分别推迟2.9岁和1.6岁。[②]

L村民各个时期结婚的年龄与当时我国历史、社会、经济的发展紧密联系。新中国成立前，由于村民普遍贫穷，农业劳动繁重，村民倾向于早婚，一方面是为了尽早为孩子完婚，了却父母的心愿，另一方面又可以为家庭增加劳动力。这一时期，娃娃亲，童养媳这两种婚姻形式占据一定的比例，结婚年龄大多在15

---

① 鲍宗豪.婚俗与中国传统文化[M].桂林：广西师范大学出版社，2006：98、99.

② 雷洁琼.改革以来中国农村婚姻家庭的新变化[M].北京：北京大学出版社，1994：183、185、188.

岁以下。目前L村健在的童养媳只有一位，已80多岁高龄，当时因为家里穷还不起地主的高利贷而被父母卖给了富农的儿子作为媳妇。本书研究的主要是L村新中国成立后到目前这一时期村民结婚年龄的变化，以及上海S厂青年农民工实际结婚年龄，从两个不同的视角反映出转型时期我国城乡社会的特征。

(一) L村改革开放前村民结婚年龄

个案21　通过调研访谈，L村28位改革开放前结婚的村民，年龄一般在16～23岁之间，大部分集中在18、19岁，16岁之前或23岁之后结婚的比例很小。该村一位刘姓村民说：

"我是1968年和我老伴举行的婚礼，当时我才18岁，我老伴是17岁，在我们村算是比较正常结婚的了。那个时候国家就不让农民外出打工，我们哪儿也去不了，我们这比较落后，当时种地全部靠手工劳动，结婚早也是为了增加家里的劳动力，以减轻种地的繁重劳动负担。当时我们这里还没通电，连个电视也没有，也没其他娱乐，晚上大家吃完饭就串门聊天，晚上休息得也很早，不像现在家家户户都有电视看，结了婚的人家就生孩子早。由于那时候国家又不实行计划生育政策，每家每户生的孩子也多，我们村基本上每家都在四个孩子以上，最多的一个家庭生了十三个孩子，我们家当时条件不好，怕养不活，才生两个儿子，没再要个女儿也是我的遗憾。在我们这儿操办婚事是父母应尽的义务，可以说也算是父母的一块心病，如果儿子娶不到媳妇人家会笑话的，儿子结了婚成了家父母才算是完成了任务。我们这儿村民大多是通过媒人提前订婚，一般在15、16岁时都订了婚，订婚早了未来女婿还可以帮助家里农忙时干些活，订婚晚了担心找不到好的媳妇，也怕年龄大了人家女孩看不上，订过婚的两家交往一、两年，感觉没什么大的问题，基本上就能举办婚礼了。我们家有两个儿子，大儿子不喜欢上学，成绩也不好，小学还没上到毕业，(20世纪)80年代的时候跟人家一块到山西挖过煤，在砖瓦窑场干过，在我大儿子16岁的时候，孩子她姨给他介绍了一个对象，我孩子实在，人又能干，人长得也不错，女方家很满意，我们走了两年多亲戚，在孩子快19岁的时候举行了婚礼。二儿子由于相貌长的不是很好，个子也不高，又没有什么能耐，到现在都30多了还没找到对象，这一直是我的一块心病，二儿子目前在北京打工，已经好几年没回家了，走时说找不到工作就不回来。"

刘老汉算是 L 村当时结婚年龄较为典型的一个，反映出那个时代客观的社会、经济发展条件，也深深地打上了时代的烙印，与那个时代客观因素密切相联系：

第一，我国从古代几千年来流传下来的“多子多孙多福”、“养儿防老”、“早婚早育”的传统对处于 20 世纪 60、70 年代较为保守的 L 村民仍有深远影响，这也与 L 村以农耕为主的劳动、生活方式相符合，是他们生产、生活实践的产物。

第二，过于单调、贫乏的生产、生活以及落后的生产、生活条件使他们的一生单纯的围绕“种地—结婚—生子—养老”来展开，在外人看来，他们长期在艰苦的环境中辛勤劳动的精神而得到很多人的赞美，他们这样做也是出于无奈，目的是为了完成子孙的繁衍、生命的延续，而结婚正是村民实践生命延续这循环系统中最主要的一个环节，村民早结婚也是为了提早完成生命的延续、家族的生产，从而进一步完成社会的再生产。

第三，建国后到改革开放前，这一时期我国虽然建立了高度集中的社会主义制度，与我国以前存在的封建制度、官僚资本主义制度相比，具有很大的优越性，但我国广大农村的生产、生活方式还处于传统的“小农经济”时代，而期间发生的“大跃进”、“人民公社化运动”更是违背了我国农村生产力发展的规律，使我国农村生产力人为地受到很大破坏，使我国在 1959～1961 年间出现了在 20 世纪的中国及至世界的灾害史上的“三年自然灾害时期”、“三年经济困难时期”。中国科学院的一份国情报告中曾经提到：“三年困难时期，因粮食大幅度减产，按保守的估计，因营养不足而死亡约 1 500 万人，成为本世纪中国最悲惨的事件之一”。[①] 而金辉根据《中国统计年鉴，1984》公开发表的数据，分析后认为，20 世纪 50 年代末到 60 年代初，在中国大地上，既没有出现大规模的严重自然灾害，也没有发生大的战乱和严重瘟疫，而是天下太平，风调雨顺。但是，一场史无前例的超级灾难却铺天盖地地笼罩了全中国，它的直接后果之一，就是造成了数千万人的非正常死亡在三年灾难中，仅仅中国农村的非正常死亡人数，就可能达 3471 万。[②] 当时 L 村所在的信阳地区（现在 L 村所在的驻马店市 1965 年才从信阳地区分离出来）出现了震惊世界的“信阳事件”，饿死上百万河

---

① 中国科学院国情分析研究小组. 生存与发展[M]. 科学出版社，1989：39.

② 金辉. “三年自然灾害”备忘录[J]. 社会，1993：(4、5).

南百姓[①]，可以说是大灾难后，人口锐减，田园荒芜，满目凄凉。

据访谈的刘老汉讲，L村在三年自然灾害期间，村里没粮食吃，野菜也被挖完了，村民甚至连树皮、树叶、水里的杂草都吃光了，全村人几乎饿死一大半，有的家庭几乎成为绝户，还有一个姓的人家全部饿死了。我听了刘老汉的叙述，觉得有点不可信，就又找本村与刘老汉年龄相仿的人访谈求证，他们也说那时本村确实饿死很多人，我然后又到L村所在的P县图书馆查阅县志以证明刘老汉他们所说的事实，该县志记载：1950年至1960年，由于自然灾害和"左"的影响，P县生产遭到严重破坏，造成群众生活困难，人员大量非正常死亡，出生率降低。1960年该县出生人数占总人口的7.3‰，死亡人数占总人口的82.4‰，人口自然增长率为负72.71‰，而该县1958年的人口自然增长率为30.58‰，1961年的人口自然增长率为30.90‰。[②] 该县志记载虽与刘老汉的叙述有些出入，但也能说明L村在三年自然灾害期间确实饿死不少人，与历史上记载的"信阳事件"事实是相吻合的。

灾难过后，政府改进了政策，组织人民发展生产，L村的生产、生活又逐步恢复了正常，除了传统"早婚早育"观念的影响外，为了尽快地增加人口以发展生产，村民也倾向于早婚以尽快地完成生命的延续与社会的再生产。

（二）L村第一代农民工结婚年龄

L村改革开放初到20世纪90年代中期村民的结婚年龄是怎样的呢？L村这一时段的人数有47人，这一时段是改革开放（可以看成是20世纪70年代中、后期）到20世纪80年代中期，这一时期国家已经开始允许农民自带口粮，在农闲时到城市打工，这一批出去打工的人习惯上被称为第一代农民工，他们与上世纪60、70年代的同村人相比，在结婚年龄上并没有发生很大的变化，大部分集中在18、19岁这两个年龄段，没有像有些学者提出的"改革开放初期（1979～1986年间），河南某地农村男女结婚年龄均值分别提高到23岁和20.8

---

① 1959年"信阳事件"饿死上百万河南百姓，选自中华网，http://news.china.com/zh_cn/history/ground/11028223/20050413/12237343_1.html.

② 平舆县志[M].郑州：中州古籍出版社，1995:90-91.

岁，比1949年新中国成立前向后分别推迟2.9岁和1.6岁。”[①]1951～1972年，按照婚姻法规定，该县青年男20周岁，女18周岁就可以办理结婚登记手续，1973年以后，该县政府一直响应国务院提出的晚婚晚育政策，1973年提倡农村青年男25周岁、女23周岁结婚，1975年晚婚率达到80%，1980年的晚婚率达到了93%。1980年国家颁布的新婚姻法规定男女结婚年龄为男22周岁、女20周岁，提倡的晚婚年龄为男25周岁、女23周岁，该县1982年的晚婚率为50%，1987年晚婚率为66%。[②] L村这一时期村民结婚年龄与专家同期在河南另一个地方实际调查相比有一定的差距，即使与当地县志记载的情况也有一定的出入，这是什么原因呢？通过访谈发现，有两个基本原因：

第一，L村第一代农民工与他们的父辈们没有本质区别，因为他们从小就生长、生活在“熟人社会”这一农村传统社会圈子里，与父辈们一样主要从事着农业生产，他们只是在农闲时才到城市里打短工，为了多分责任田，增加劳动力，减轻繁重的农业劳动负担，“早婚早育”的观念对他们还有很大影响。

第二，改革开放后，我国农村实行家庭联产承包责任制[③]，村里把土地按照每户家庭人数平均分配土地。由于有的村民结婚时年龄不到国家规定的结婚年龄，一些家庭为了在分土地时多分得责任田，就采取开假证明、虚报年龄等手段提前登记结婚。有些父母也是想通过虚报年龄能够到民政部门登记，提前为

---

① 雷洁琼.改革以来中国农村婚姻家庭的新变化[M].北京：北京大学出版社，1994：188.

② 平舆县志[M].郑州：中州古籍出版社，1995：100.

③ 家庭联产承包责任制是中国农民的伟大创造，始于安徽省凤阳县凤梨公社小岗村，是农村经济体制改革的产物.1978年11月24日晚上，安徽省凤阳县凤梨公社小岗村西头严立华家低矮残破的茅屋里挤满了18位农民.关系全村命运的一次秘密会议此刻正在这里召开.这次会议的直接成果是诞生了一份不到百字的包干保证书.其中最主要的内容有三条：一是分田到户；二是不再伸手向国家要钱要粮；三是如果干部坐牢，社员保证把他们的小孩养活到18岁.在会上，队长严俊昌特别强调，“我们分田到户，瞒上不瞒下，不准向任何人透露.”1978年，这个举动是冒天下之大不韪，也是一个勇敢的甚至是伟大的创举.党的十一届三中全会以后，在党中央的积极支持和大力倡导下，家庭联产承包责任制逐步在全国推开，到1983年初，全国农村已有93%的生产队实行了这种责任制.家庭联产承包责任制的实行取消了人民公社，又没有走土地私有化的道路，而是实行家庭联产承包为生，统分结合，双层经营，既发挥了集体统一经营的优越性，又调动了农民生产积极性，是适应我国农业特点和当前农村生产力发展水平以及管理水平的一种较好的经济形式.

孩子结婚，既完成了自己的心愿，又能增加家庭劳动力，还能多分责任田。一些村民说，这在当地是公开的秘密，因为虚报年龄的很多，由于传统的农村社会是熟人关系网络，可能每个家庭的亲属都会牵涉到，毕竟大家都是低头不见抬头见，很多都是亲戚，所以大家都不愿到政府部门去揭发，也不想得罪人，怕伤了和气。

村民这种虚报结婚年龄多分田地的情况，与当地县志的记载或专家通过政府相关部门提供的部分统计数据分析得出的结果显然有一定的差距。

(三) L村第二代农民工结婚年龄

在20世纪80年代中期到90年代中期这一时期外出打工的青年农民，习惯上被称为"第二代农民工"，与近几年外出打工的"新生代农民工"相比，他们又被称为"过渡一代农民工"，他们这一代农民工与第一代农民工在结婚年龄上有了很大的变化，虚报年龄提前结婚的村民大幅度减少，结婚时的年龄往后推迟了3到4岁，集中在21到23岁之间，与当时国家规定的法定结婚年龄相接近。

个案22 L村一位53岁的张姓村民跟我说：

"我大儿子是1977年出生的，我们村在这一年出生的有十几个孩子。我儿子上小学、中学时成绩都不错，学校每次抽考都能抽到去参加各种考试竞赛，村里人都说他将来能考上大学。我们这儿的孩子结婚早，一般的初中毕业就订婚了，如果年龄大了，将来找媳妇还是一个问题。虽然我的孩子学习不错，但我还是担心他将来万一考不上大学，以后取不上媳妇，让人家看笑话，孩子高中毕业时在我们这就算大龄青年了。在孩子上到高中二年级时，村里大队书记的老婆为我孩子介绍了一个对象，是同村一户家庭的一个大女儿，很能干，长得也算是漂亮，我孩子当时答应了，两家在一起办了一桌酒席，就算是订了婚。自从为我儿子订了婚，他每个周末都从学校回来，一回来就到他对象家里去，学习不再那么用心，慢慢地学习成绩就下降了。孩子对象的父母从内心里也不希望他考上大学，怕他以后到城市后不再要她女儿。我觉得她们一家人都是有意在影响我儿子学习，我跟我儿子说了好几遍要好好学习，不要老是往对象家里跑，那样会影响学习，但他从来不听。高三毕业考大学那年，我担心的事来了，我儿子没考上大学，离大学分数线差了两百多分。孩子对象家庭知道我孩子没考上大学后，就与我们商量孩子们结婚的事，说是让我家盖新房，还要出很多嫁妆钱。我和儿子商量了一下，儿子有些不甘心，说是再复读一年，明年争取考上一个大学。在我儿子复读的一年里，他的对象还经常去学校找他，我儿子还是经常从学校回来到他对象家里去，到第二年高考时，我儿子还没考上大学，而且考的还不如第一年分数高。我儿子这次死心了，决定不再考大学，准备商量着结婚。在两家商量结婚彩礼和嫁妆时产生了矛盾，后来就发生了争吵，互相抱怨，差一点就打起来了。我们家抱怨他家孩子影响了我孩子考大学，他家抱怨我们家穷，小气，说孩子考不上大学在农村什么用也没有，连地都不会种。后来两家闹得很僵，就退了婚。我觉得很对不起孩子，当初就不该在他上学的时候给他订婚，这样他在学习上就分了心，没心思学习了。和村里的对象退婚后，我孩子感觉在家里待着没啥意思，就到北京打工去了，一直在饭店里工作。然后我们就托亲戚为我孩子在附近村庄重新找了一个对象，当年过春节时就结婚了。我孩子结婚时已经21岁了，与同龄人相比，在我们村还算是比较晚的，其他人上到初中没毕业就出去打工了，有的是从外面带回来的媳妇，一般不上学几年后就举行婚礼了，还有的主要是一直在外打工，很少回来，他们的思想也与和我们这一代人不一样了，家里介绍的看不上了，现在都流行自由谈恋爱，他们挑来挑去，结婚年龄就往后推迟了。”

像张姓村民这样为了防止他儿子考不上大学而又找不到老婆，在孩子上初中或高中时就为儿子订婚的情况在L村当地有好几个例子，这是一种处于两难境地的无奈策略：一方面，如果上学的男方考上大学，留在城里工作，父母和孩子就感觉再找一个没有城市户口的媳妇不相匹配，甚至是一个负担，因为男方是城市户口，在城里工作，女方是农村户口，没有工作或打零工。但又不好退婚，因为介绍的一般都是亲戚，并且女方和她的家庭已经为男方在上大学期间付出了很多，再者女方年龄也大了，如果退婚的话就会被村民看不起，说成是当代“陈世美”。在1991年的时候，L村一位李姓村民为他上高中的外甥介绍了本村一位姚姓村民的女儿做对象，当时算是订了婚。后来李姓村民的外甥考上了一所中专学校，当时国家还包分配，这对于农民来说算是跳出了农门，吃上了国家商品粮，是国家的人了，等于拿了“铁饭碗”。这位李姓村民的外甥到学校后又和同班一个女同学谈起了恋爱，写信给对象说要退亲，这位姚姓村民的女儿就以死相要挟，最后实在是没有办法，李姓村民的外甥只得和她结婚。这种情况当时在L村被称为“一头沉”,就是男方从农村考上大学,分到城市工作,吃国家商品粮,老婆是农村户口,在农村还有土地,在城市没有工作,或者是打些短工。另一方面,如果男方没有考上大学,这种婚事可能成,也可能不成,如果成的话,在婚事上会按照当地的习俗来办,包括彩礼钱、嫁妆钱、男方家里需要盖的新房、举办婚礼的酒席钱等,起码要达到当地“过得去的标准”,这对于供孩子刚上完高中的一个农村家庭来说无疑是一个巨大的负担,因为在L村当地,供应一个孩子上学是一件非常不容易的事情,高中的学费、生活费对他们来说很贵,有时还要借钱供孩子上学,高中毕业时再举办婚礼就更不容易了,这种婚事的成败在于男方家庭的经济实力、男方婚姻当事人的能力以及男女双方家庭的策略博弈,因此与同龄人相比,男方结婚的年龄要相对大些。

通过访谈,L村生于20世纪70年代末、80年代初的青年,他们结婚时间大多集中在90年代末至现在之间,他们的结婚年龄有三种情况:

第一,在L村有1/3年轻人结婚时的年龄与他们的父辈一样,属于早婚,这种早婚的原因还是因为受到中国传统观念的影响,他们虚报年龄已经不是为了多分一个人的责任田,当地农村责任田现在是30年再重新划分一次,种地的收益越来越少,对当地村民来说,种地已经没有吸引力。他们虽然在外打工,但父母一般是在家已经为他们订了婚,外出打工的目的也仅仅是为了挣钱结婚,他们一般在订婚一年左右的时间就会举办婚礼。

第二,在L村有1/3年轻人结婚时的年龄与国家婚姻法规定的年龄相符合,即男子22周岁,女子20周岁可以登记结婚。这些年轻人退学后就跟随亲戚到外地去打工,他们很少回家,对种地也不感兴趣,即使在农忙时节也继续在城市打工,因为现在农村的机械化水平很高,除非在家种地的父母生病不能干活。长期在外打工、生活,他们增长了见识,逐步接受了新的思想观念,对于结婚,他们不再像他们的父辈那样,提前结婚、生子,在家好好种地,周而复始传承下去,他们希望在外多打几年工,多挣几年钱,多学点技术,即使回家也可以靠自己积累起来的资金、技术创业,尤其是女性,她们不想提前结婚生孩子而受到束缚,不想留在农村做家庭妇女,整天围着锅台、土地、孩子转,她们也想像男性打工者一样,有自己的打算,即使她们生了孩子,在孩子很小的时候就出来继续打工,由婆婆在家帮助带幼小的孩子,目前农村留守儿童的问题已经受到社会各方面的关注。2007年8月份,笔者在上海市祁连三村小区门口买西瓜,卖瓜者是来自安徽阜阳市颍上县农村的一对年轻夫妇，他们开着一辆微型卡车，每天就拉着一车西瓜在上海的郊区卖瓜，闲聊时得知女的刚生完孩子，坐完月子，就把孩子放在家里来上海挣钱了，问她想不想孩子，她笑笑说没有办法，在家挣不了钱，又不习惯家里的生活。在L村结过婚的年轻媳妇当中，相当一部分人在生完孩子后又外出打工，幼小的孩子放在家中由爷爷、奶奶来带，很少人愿意在家种地、做饭、带孩子而做一辈子家庭妇女。

第三，在L村剩余1/3年轻人是晚婚，他们结婚时的年龄大于国家规定的婚姻登记年龄，这些人一般是打工者中的相对成功者，他们在城市中都有自己的一片天地，他们忙于自己的事业而没有像其他农村青年一样提前或按时结婚，成了真正的晚婚者。L村的李A和李B就是两个典型的例子，李A生于1978年，初中没上完就到北京打工去了，他不愿意一辈子待在农村种地，也不愿意做一辈子打工者，他通过自己的努力，目前在北京开了两家饺子馆，生意很好。2007年3月份，李A回L村举行了婚礼，对象是山东德州人，是他们一起打工认识的，这时他的结婚年龄接近30岁，是L村这一代年轻人中，结婚年龄最大的一个人。李B生于1974年，初中毕业没考上高中就到北京打工去了，经过自己多年的努力，目前他在北京做厨师长，承包了一个酒楼的后厨，原来家里给她介绍几个农村的女孩，他都没有答应，理由是说不到一块，2002年，他与一起打工的女孩结了婚，结婚时已经28岁了，远远大于本村同一代人结婚时的年龄。2005年春节前，李B在驻马店市用多年打工积攒的11万元买了一套商品房，能够在城市里买房子，对于打工者来说是非常不容易的事情。在2008年的时候，李B和爱人离了婚，孩子判给了女方，目前他在北京还是做厨师工作，仍是单身。

(四) 上海S厂农民工的结婚年龄

那么，上海S厂的青年农民工来自全国各地，与L村第二代外出农民工的年龄相仿，他们的结婚年龄又是怎样的呢?

在上海S厂，结过婚的青年农民工有27名，通过访谈，他们结婚时的年龄如下表所示：

结婚年龄/岁	18	19	20	21	22	23	24	25
人数	1	2	4	4	5	4	4	3
比例/%	3.7	7.4	14.8	14.8	18.6	14.8	14.8	11.1

从上表可以看出，在S厂已经结过婚的27名农民工当中，他们的平均结婚年龄为22岁，18、19岁属于早婚的人很小，才3人，比例为11.1%，超出国家规定结婚登记年龄的有11人，算是晚婚，比例为40.7%，其余的13人算是基本符合国家规定的最低年龄限制，这一比例为为48.2%，与L村第二代外出农民工结婚时的年龄相一致。

个案23 S厂的打工妹小陈来自山东济宁农村，是S厂农民工结婚时年龄最小的一个，她跟我说：

"我上学上到初中二年级，成绩不好，觉得再读下去也没什么意思，还不如出去打工挣些钱，于是就跟着一个亲戚到济南去打工了。当时出去时我才15岁，这个年龄算是童工了，很难在城市里找到工作，我妈妈就让村支书给我开了一张村委会的证明，说我已经年满18周岁，身份证正在办理当中。我在济南一个加油站找到一份工作，就是为来加油站的汽车加油，一天至少工作12小时以上，工资才300块钱，我当时已经很满足了。在济南干了两年后，家里人在当地给我介绍了一个对象，主要是父母担心我在外面和很远地方的人谈恋爱，不想让我嫁到外地去。在老家订了婚后，我就继续来到济南打工，后来父母给我打电话，说是商量春节回家举行婚礼的事，我不太愿意很早就结婚，可父母说对象家里人担心我在外打工变心，况且我家已经收了人家的彩礼，已经答应对象家里准备登记结婚了。当时我才18岁，还没达到国家规定的最低结婚年龄，还是我妈妈让村委会开个证明，虚报了年龄，才登记领了结婚证。

结婚后，丈夫不想外出打工，就在家养了几百只鸡，忙得不可开交，我已经习惯了在外打工，丈夫一个亲戚在上海打工，听说上海工资比济南高，工作也好找，就和丈夫的亲戚一起来到了上海找工作。"

在S厂，早婚的小陈算是一个特例，其他农民工结婚的年龄基本上算是正常的。另外，S厂还有21名订婚、正在谈恋爱以及没有对象的青年农民工，通过调查、访谈，他们对自己今后结婚时年龄的预期如下表所示：

预期结婚年龄/岁	20	22	23	24	25	26	27	28	30
人数	3	5	2	2	2	2	1	3	1
比例/%	14.3	23.8	9.5	9.5	9.5	9.5	4.75	14.3	4.75

从上表可以看出，S厂未婚农民工对自己将来结婚年龄预期中，没有早婚的

预期(3 个 20 岁的是女性)，与已经结过婚的 27 名农民工结婚时的年龄相比，他们的预期结婚年龄向后推迟了 1～5 岁，最大结婚年龄由 25 岁扩大到 30 岁，而且晚婚的比例由 40.7%扩大到 61.9%，虽然未来实际的婚龄与预期会有一定的出入，但与他们的父辈相比，他们这一代人的婚龄发生了本质的变化，他们身上体现出深深时代的烙印。

个案 24　小刘今年 22 岁，来自河北邯郸农村，是 S 厂未结婚农民工当中，对自己将来婚龄预期最大的一个，他跟我说：

"我原来上学时成绩很好，上小学时每次考试我都能考班级前几名，我的理想就是能够考上大学，到城市里工作。因此我学习很卖力，无论是在学校还是在家我都拼命学习，生怕成绩落后。但上到初中时，我感觉到头痛得很厉害，上课注意力集中不了，学习感到很吃力，成绩也下降了。我家里很穷，学费还是借的，不可能再有钱给我看病了，我就偷偷地跑到书店里看有关医学方面的书。根据我的症状，我感觉是得了神经衰弱症，医书上说是因为脑力过度疲劳所致，没有什么有效的治疗方式，也很难治好。我不甘心，但每次上课我就感觉头痛得很厉害，抬不起来，记忆力严重下降，学习成绩也严重下降。我感觉这样下去既考不上大学，自己的青春也耽误了，于是上到初二，我就出来打工了。

第一年出来打工的路费是父母帮我借的，我来到北京郊区，为一个承包菜地的农民种菜，包吃包住，说一个月给我 500 块钱。平时吃的就是卖剩的烂菜，睡在菜地的草棚里，实际上是为他们看菜地，平时就为他们种菜、拔草、收菜等，跟在家种地差不多。干了一年，没挣到多少钱，我有点想家，就回来了。

回来后，父母觉得我年龄大了，该找媳妇了，就托人为我介绍对象。我见过几个，长相也算可以，但感觉不是很好，主要是因为谈不到一块，她们在农村就知道种地、盖房子、生孩子、做饭，什么理想、事业都没有。你们或许嘲笑我，我觉得自己是一个有所追求的人，不想像我父母那样随便找一个就结婚了，然后一辈子待在农村。我想找一个有共同语言的人，和我一起到城市里打工、生活，开创自己的天地。后来因为介绍对象这事，我和几个亲戚也闹翻了，他们说我长得不怎么样，眼光还这么高，父母也气得说以后不管我了，哪怕我打一辈子光棍，他们哪里知道，我不想很早结婚，不想一辈子待在农村，不想找一个和我没有共同语言的人。

后来我又到北京打了几年工，也攒了一些钱，准备将来自己创业用。听说上海工资高，就跑到上海找工作来了，S厂是我来上海的第一份工作，感觉还可以。打工在哪里都差不多，都是很辛苦，也挣不了很多钱，没办法，谁让我们是打工者呢？如果30岁在农村还不结婚的话，别人会看你的笑话，但在城市里，太正常了，80多岁的老头还能娶20多岁的姑娘呢，我这么大了一点也不担心找不到对象，只是时候不到，我相信将来会找到的。”

笔者通过调查、访谈L村20世纪60、70年代村民，L村第一代、第二代外出农民工，以及上海S厂已婚、未婚青年农民工结婚或预期结婚时的不同年龄变化，反映出了不同时期我国社会的变迁过程与特征，由于婚姻中男女之间年龄差异的变化不能直接反映社会的变迁，因此本章没有涉及。

二、外在容貌

婚姻策略中对当事人外在容貌的要求一般是指对方的身高、长相等外在基本自然条件。中国自古就追求婚姻的“郎才女貌”，这只是一种理想的状态，在实际生活中，L村民不同时期，以及上海S厂青年农民工对外在容貌的要求有所不同。

(一) 父辈标准

在L村访谈20世纪60、70年代结婚的村民，当他们谈论起对当时介绍对象外在容貌的要求时，笔者认为他们心目中对婚姻伴侣的“美好理想”与生存条件的“残酷现实”严重脱节，男的在结婚前都希望未来的老婆漂亮、苗条，女的都希望未来的老公身材高大，长得很帅，实际上真正结婚时这种理想化的标准会大大降低，由于家庭普遍不富裕，男方对女方的要求基本是“只要是个女人，不傻，能干活，生孩子就行”；女方对男方的要求是“只要不是傻子，身高不要太矮，看起来顺眼就行”，这或许是村民在基本满足生存需要时，对婚姻伴侣最简单的要求。

个案25 L村现年73岁的刘老汉在改革开放前曾经当过农业大集体时L村的村长，他本人和他四个孩子的婚姻或许能说明L村两代人对婚姻伴侣外在容貌的要求。他跟我说：

“我结婚时正赶上国家在轰轰烈烈搞‘大跃进’、‘人民公社化运动’，我当时是村里的村长，整天带领村民从事农业生产，还要大炼钢铁。由于当时村里是吃大锅饭、集体食堂，就挨家挨户把村民家里用铁做的器具都收上来用于炼铁，什么锅、勺、门锁等。如果村里干部看到那家开小灶，灶房做饭冒烟了，就派人把锅砸了去炼铁，还会对违反大集体规定的村民进行处罚，比如开批斗会、劳动惩罚等。村民家里除了一些穿的衣服、盖的被子外，其他几乎什么东西也没有。当时有人给我介绍媳妇时，问我对人家有什么要求，我就说只要下雨天能往屋里跑、不傻、能干活就行。当我第一次和我老婆见面时，很害羞、激动，感觉我老婆长得还可以，就答应了，我们两家交往了一年就举行了婚礼。

我大儿子今年都50多了，身材很高，有一米八多，身体还很结实，干活时浑身有使不完的劲，按照他这个条件在农村找个身材高的媳妇应该没问题的。后来他姨把她们村里的一个姑娘介绍给了他，说是对这个姑娘比较了解，将来在村里还可以与他媳妇娘家互相帮忙，算是又结了一门亲戚。后来见面时，我儿子看到介绍的媳妇个子不是很高，才一米五多一点，长得也不是很好看，当时没有说什么，回家后说不愿意，她姨知道我大儿子有埋怨后，先后几次到我们家劝说，我大儿子拉不下脸，不好再推脱，就答应了。结婚后，儿媳妇很能干，一家人生活得很好。

我大女儿的对象是村里一个亲戚介绍的，说实话，我大女儿长相一般，身材也不高，有一米五多，只比我大儿媳妇高一点点，我和她妈有时会担心找不到好婆家。后来大女儿和对象见面时，觉得对方长得很高，有一米八左右，小伙子长得也很秀气，就担心对方看不上自己。我后来和说媒的亲戚说了我大女儿的担忧，想让媒人探探对方的态度，没想到几天后媒人就传话回来，说是男方愿意交往，答应了这门婚事，不到一年时间，我大女儿就出嫁了。

我二儿子现在都36岁了，还没找到媳妇，主要是我二儿子个子矮，才一米五多点，左眼有块疤，有时把眼珠都遮着了，看起来眼很小，这也是我的一块心病，在农村，如果儿子没有结婚，做父母的就算没有完成任务。我本来想通过我长相较好的小女儿换亲来解决二儿子的婚姻问题，况且换亲的家庭也找好了，就是把我小女儿交给那一家长相不是很好的大儿子，他们家的二女儿嫁给我二儿子，但后来小女儿到邻县饼干厂打工，认识了一个很不错的小伙子，死活就不愿意换亲的这门婚事，没办法，我小女儿不愿意，二儿子的婚姻也就泡了汤。我们村还有一个和我儿子年龄差不多的青年，也是因为长相不好，至今还没找到对象，目前在北京一家养猪场打工。”

通过访谈可以看出:在L村,20世纪60、70年代结婚的村民在外在容貌方面基本上对婚姻伴侣没什么特别的要求,尤其是女性,基本上都可以嫁出去,当地有一句谚语就是“没有嫁不出的女,只有娶不到妻的汉”,除非男性的外在容貌实在是太差。这一时期结婚的村民对伴侣的外在容貌要求不是很高的原因,是与他们他们的生产、生活实践密切联系的。

L村在20世纪60、70年代实行的还是农业集体化的生产模式,平时村民集体统一劳动,村里根据每个村民的实际劳动能力,记工分,年终根据收成情况,按照工分的多少进行分配。由于集体化的生产模式“出工不出力”,甚至出现怠工现象,生产效率十分低下,村里一年到头的收成非常有限,根据L村民的说法就是一个家庭一年分的白面(当地称为细粮、好面,其他称为杂粮)不到一百斤,村民平时不舍得吃,只有到节日、来客人的时候才吃白面,平时就吃红薯、高粱等粗粮,当地有一句谚语,“红薯汤、红薯馍,没有红薯不能活”,生动描绘了L村当时的实际生活情况。村民穿的衣服大多是由棉花纺织的土布做的,款式很老旧,根本谈不上时尚,很多都是“新三年、旧三年,缝缝补补又三年”。由于生活比较艰苦,村民又很少有节余的钱,基本上村民不用化妆品,有时会在寒冷的冬季会买些润肤油防止手、脸干裂。另外,繁重的体力劳动也使村民无暇去顾及对外貌的重视,使他们的容貌始终处于“素面朝天”、“传统朴素”的状况,在村民普遍朴素的外貌下,他们对婚姻伴侣外在容貌基本没什么大的要求。

(二) 微妙变化

L村新一代外出务工青年与上海S厂青年农民工对婚姻伴侣的要求,与父辈们相比,发生了微妙的变化,在看重传统标准的同时,对身高、长相等外在容貌的要求逐步提高,这也反映出我国社会经济条件改善、基本解决温饱之后,人们对审美意识的唤醒,这也是社会发展的一种进步。

L村新一代外出务工青年,常年在城市工作、生活,逐步接受了城市居民的生活方式与价值观念,对婚姻伴侣的外在容貌越来越看重,这种容貌的要求是相对于传统农村居民长期在田间劳动所形成的那种“土气”而言,通常表现为粗糙、黝黑的皮肤,旧式的穿着打扮,从来没有到城市去打过工,不了解外面世界的农村青年。目前L村新一代外出务工青年结婚时的对象都是有着相同务工经历的人,尤其是女青年,她们也学会了用打工挣来的钱买时尚的衣服、各种各样的化妆品来装扮自己，使自己更能跟上时代的潮流。

个案 26 L 村第一个与老婆离婚的是黎某，离婚时儿子已经两岁多，谈起离婚的原因，他父亲跟我说：

“我二儿子（指黎某）的对象是他姨给说的，和他姨是一个村的，她姨说这个女孩很能干活，力气大，家里的农活、家务活干得很好，干起活来像个棒小伙子，是一把好手。我们一听就决定见见，可是我二儿子一看到给他介绍的对象，开始时死活也不愿意，主要是女孩长得不是很好看，个子不是很高，皮肤很黑、很粗糙，穿什么衣服也不会好看的那种。我们觉得在农村找个能干的媳妇已经很不错了，于是就尽力做孩子的工作。后来孩子同意了，我们两家就订了婚，当年春节前夕就举行了婚礼。二儿子春节后就和村里其他人一起到北京打工去了，开始在菜市场卖菜，干得很辛苦也挣不了几个钱，后来就到一个大饭店做厨师了。半年后二儿子就把他媳妇接到北京去打工，开始介绍她到饭店做服务员，但她由于相貌不是很好，饭店就没有要，后来又找了很长时间也没找到工作，就回来了。结婚一年多后，二儿媳妇就生了一个男孩，全家人都很开心。孩子一岁多的时候，二儿子从北京回来了，说是要和媳妇离婚，认为和这样的媳妇生活一辈子很没意思。现在农村种地没多大收入，她媳妇在城市又找不到工作，两个本来就没什么感情，看来一点和好的希望都没有。开始时，我和他妈，还有给他介绍媳妇的亲戚都劝他，但看他态度坚决，也就不再管他。没过几天，他们两个就办了离婚手续，媳妇回了娘家，孩子由我们照顾，二儿子又回到北京打工。后来听说离婚后的儿媳妇在县城一家小饭店为人洗碗，结过婚的饭店老板骗了她，答应如果她能为他家生个儿子，就和老婆离婚，和她结婚，但她真的生了一个儿子后，就被赶走了，现在又听说她和本乡一个大她十几岁的单身汉结婚了。她的遭遇很不幸，我们也感到很痛心，我们做父母的也有责任，后悔当初不该一直劝我儿子和她结婚。我二儿子在北京又换了几个工作，干的也不错，也挣了一些钱，后来认识了北京郊区农村的一个女孩，感觉也不错，目前他们已经结了婚，现在已经生育一个女孩，说是不回来了，将来在北京郊区安家。如果二儿子不和前妻离婚，说不定将来还会回来，现在年轻人选择对象比我们那时看重外貌多了，我们也管不了。”

2003 年，迟书君深圳对年轻的流动人口（绝大部分是农民工）恋爱婚姻家庭状况进行调查，显示出人们看重婚姻伴侣身体健康的基本要求外（这一比例为65.8%），对身高、外在容貌有所要求的比例达到了10.84%，[①]远远超出父辈们“能过得去的标准”。在上海S厂，已婚农民工有27名，订过婚或正在谈恋爱的有21名，通过调查，把对婚姻伴侣的自然条件分为健康、年龄、身高、容貌、生育能力等五个方面，其中有44个人把身体健康这一基本条件放在了第一位，这44个人中都把身高、容貌放在了第二位，其他4个人把对婚姻伴侣的身高、容貌要求放在了第一位，而对年龄、生育能力有特别要求的微乎其微。笔者对上海市其他农民工关于“择偶标准”的调查情况如下表所示：

择偶标准(多选)

排序	择偶标准	百分比/%
1	道德品行好	100
1	身体健康	100
2	外貌要好	67.1
3	较强的责任心	52.3

2007年，王亚萍和毕兰凤在安徽省中部地区的王村对120名18～35岁的男女青年关于“择偶标准”进行问卷调查，得出结论如下：

当代农村青年的择偶标准/%

项　目	第1位	第2位	第3位	合计
身体健康	21.8	6.5	10.3	38.6
年龄相仿	4.3	4.9	5.4	14.6
家庭出身好或门当户对	3.4	2.3	3.2	8.9
忠厚、善良、诚实、作风正派	27.4	20.2	13.5	61.1
有发展前途	7.0	6.5	8.4	21.9
身材和外貌好	5.5	5.6	4.7	15.8
干事认真，责任心强	9.5	7.5	12.7	29.7
志趣相投	18.5	16.8	8.6	43.9
收入高或家庭富裕	3.6	3.2	1.5	8.3

① 迟书君. 新型城市移民——2003年深圳流动人口恋爱婚姻家庭状况调查[M]. 北京：社会科学文献出版社，2006：65.

如果将上表各项排在前三位的百分比分别累加，可以看出，从总体上排在前几位的分别是："忠厚、善良、诚实作风正派"(61.1%)，"志趣相投"(42.9%)，"身体健康"(38.6%)，排在后几位的分别是"家庭出身好或门当户对"(8.9%)，"社会地位高"(8.3%)。这一结果表明，当代农村青年择偶时已不再把家庭条件，社会地位等环境因素放在重要的位置，而是更强调个人的品德修养、身体健康情况及个性因素，①而对外貌要求相对低得多。

从表中可以看出，新一代青年农民工几乎都把"道德品行好"、"身体健康"这些基本标准放在了第一位，对容貌的要求与笔者在上海S厂所做的访谈、调查相一致，排在第二位，这说明随着我国社会、经济的快速发展，基本满足温饱、思想观念转变较大、脱离繁重农业生产劳动之后的青年农民工，对婚姻伴侣外在容貌的要求越来越高。

个案27　S厂的小韩来自湖南湘潭农村，今年19岁，目前还没有订婚，他跟我说：

"我觉得找老婆在身体健康的基础上，就应该找个自然条件好一点的，也就是说容貌要好看一点，最基本的要耐看，不能太丑。因为现在很多打工的都不用再种地了，也不用再从事繁重的体力劳动了。大家在找对象的时候就不再跟原来那样，把身体结实，能干体力活作为很重要的标准，而是更加注重外在容貌了。找一个好的对象，自己看着也舒服，心里也高兴，做起事情来也有劲。人们常说每天多看美女几眼可以长寿，不知这话是不是有道理，我觉得有一定的作用，很多人认为找个容貌好一点的对象也可以给自己装扮门面，在朋友面前也觉得有脸面。"

在S厂与L村，与小韩有同样想法的年轻人很多，虽然大家平时谈论婚姻对象时，非常注重对方的品德、技能等，但大多希望婚姻对象在相貌、品德、挣钱能力方面兼而有之。如果现在一个男青年找的婚姻对象实在是太平凡，"我看重的是她的品德、才华"这句话或许是对他最好的心理安慰。传统农民因经济的极端贫困，他们在寻找婚姻伴侣时不会企求太多，婚姻策略中不会考虑到外在相貌这一因素，能找到一个老婆已经非常不容易了。随着我国社会的转型、

① 王亚萍，毕兰凤.农村青年婚恋观与人口外出流动的相关性分析——以王村的个案研究为例[J].青年探索，2007(6):87-89.

经济的发展，青年农民工开始注重婚姻伴侣外在相貌这一因素，不能不说是我国社会转型的进步。

第二节　经济资本策略

一、婚姻支付

婚姻支付是在婚姻过程中体现家庭经济资本的一个重要方面，李银河把结婚过程中各种形式的投入，包括现金以及物品称为婚姻支付。[①] 贺春霞把婚姻支付定义为缔结婚姻的过程中各种形式，并把婚姻支付的内容细分为四个方面：①基础性经济支付，包括新郎或新郎家支付给新娘或新娘家的财物，或者指新娘或新娘家支付给新娘和新郎的财物；嫁妆，指新娘家支付给新娘和新郎的财物。②信仰性支付，以婚姻习惯和风俗为基础的支付。③行为性支付，为整个婚礼过程婚礼进行所付出的劳动、特别是技能性劳动及报酬。④工具性支付，即在娶亲时所支付的交通工具等的费用。[②] 本书中的婚姻支付是指男女当事人、家庭在婚姻过程中的各种花费，如聘礼、聘金、彩礼、嫁妆以及为结婚或为增进男女双方当事人、家庭感情的各种日常花费等。对于中国社会婚姻支付实践的解释，仍然沿用彩礼（聘礼）和嫁妆的概念，婚姻支付在婚姻的策略过程中起着至关重要的作用，它能体现出一个家庭的经济、社会实力，这也往往是婚姻选择过程中的一个关键因素，能决定婚姻的成败。

无论是过去还是当前，婚姻支付都具有一定的经济、文化和社会功能。费孝通认为高额彩礼一方面是男家对女家转让劳动力的补偿，婚姻支付是双方父母提供给新家庭的物质基础，是为每一个家庭物质基础的定期更新。另一方面，费孝通通过在江村的实地调查得出一个结论，即嫁妆的多少对于女儿在新家中的地位具有举足轻重的作用；他还认为在单系继承社会里，女儿的嫁妆还带有一点财产继承的意义，具有社会整合功能。[③] 萧洪恩对仪典文化发展阶段

---

① 李银河．中国人的性爱与婚姻侧[M]．郑州：河南人民出版社，1991：115.

② 贺春霞．中部乡村婚姻支付变迁的实证研究——以枝江市Z村为个案[D]．武汉：华中农业大学，2006(6)：8、9.

③ 费孝通．江村——农民生活及其变迁[M]．兰州：敦煌文艺出版社，1997，58-63.

进行了划分，即偶然得之、反复补正、成型运用，并从文化上揭示了婚姻支付在婚姻仪式及社会约束中的意义。[①]

孙立坤通过对河南农村五个不同地方进行调查的资料显示，1949～1965 年，河南农村居民在婚姻策略上，对婚姻当事人的社会资本要求较高，强调家庭出身、本人政治面貌的比例为 73.41%；而对婚姻当事人的经济资本要求较低，比例仅为 7.54%，对“个人品德及学识”的要求也低，比例为 2.78%。在 1966～1976 年，河南农村居民对对婚姻当事人的社会资本要求降低到 21.79%，而对婚姻当事人的经济资本和“个人品德及学识”的要求大幅度提高，比例分别达到 33.33%和 20.51%。1977～1992 年，河南农村居民对对婚姻当事人的社会资本要求降低到 6.25%，经济资本也降到 20.18%，而对“个人品德及学识”的要求提高到 34.9%。1993～2000 年，河南农村居民对对婚姻当事人的社会资本要求降低到仅为 1.84%，经济资本也降到 12.77%，对“个人品德及学识”的要求为 20.43%。[②] 这说明在 P 县所在的河南大部分农村，在婚姻策略上无论对婚嫁双方经济资本的要求如何变化，婚姻中的经济资本这一因素仍然占据重要地位。

（一）高额聘礼

我国的婚姻支付起源于原始社会末期对偶婚制传留下来的聘礼形式。当家长把自己的女儿许聘给男方时，一般会要求男方送些礼品作为补偿，如史籍上普遍有“伏羲制嫁娶，以俪皮为礼”的说法。早期的聘礼都是些生活必需品，如粮食和御寒的毛皮等，但到后来封建社会的买卖婚姻，则完全以经济考虑为转移，以彩礼的方式来进行。封建宗法势力愈益强大以后，官僚地主阶级觉得直接买卖妇女不如媒人介绍聘娶为好，于是，“聘则为妻”、“无币不相见”便成为不可动摇的婚姻原则。

关于聘礼的品种和数量，各个时代都有不同的特色。自先秦到后汉时有 30 多种，在当时来说都是贵重物品，有实用的、也有象征性的，如《通志》记载聘礼有三十物之说。到了汉代，“嫁娶必多取资”，索重聘。《汉宫仪》云：“皇帝聘皇后黄金万斤。”这种奢靡之风到了东汉依然未变，据《后汉书・献烈梁皇后纪》

---

① 萧洪恩. 土家族仪典文化哲学研究[M]. 北京：中央民族大学出版社，2002：21-24.

② 孙立坤. 河南当代家庭变迁调查[M]. 北京：人民出版社，2004：454、455.

云:“于是依孝惠皇帝纳后故事,聘黄金二万斤。”诸侯王纳妃则身价大有减少,至于下级官吏或庶民百姓虽家境贫寒,无力拿出聘金,但因汉代嫁娶奢靡成风,也不得不借贷或赈助交出聘金,即使到了晋代也是如此。

到了元明清时,聘礼更重,并明文规定聘礼的等级和数量。如元典规定:上户要出聘金一两,银四两。实际上,聘礼往往比规定的要多得多,因为除金银外,还有锦缎、布匹和首饰之类,花费很大,这些并无规定数额。元代郑介夫曾指出:“受财者则易其名曰聘礼,实为价钱。”“婚姻聘财,今之嫁女者重要钱财,与估卖牲口无异。”(《历代名臣奏议》卷六十七)郑介夫的话揭穿了聘娶婚的虚伪装饰,道破了婚姻聘礼实为变相的买卖婚的本质特征。

韦斯特马克认为在低等民族中,人们一般都不会无偿地允诺一桩婚事,在大多数情况下,男方必须给新娘的父亲或新娘的其他亲属一些补偿。补偿的形式不一,或是以亲换亲,或是服以劳务,或是赠与这样那样的财物。① 在21世纪的今天,在保加利亚东南部城市旧扎戈拉的郊外,有一个著名的“吉卜赛新娘市场”。在这里,青年男子可以和喜欢的或看中的代嫁女子或她们的父母进行讨价还价。一般新娘的价格是1万列弗(保加利亚货币单位)到1.5万列弗之间(相当于7500到11300美元之间),如果新娘真的很美,价格可以在2万到2.5万列弗之间,超级大美女要加可能达到4万列弗,而保加利亚人的年平均工资约8400列弗。韦斯特马克进一步认为有偿婚姻不仅盛行于大多数未开化民族,而且亦可见诸已达较高文明程度的民族,他特别提到中国,父亲给儿子求亲,要向女方送礼。但送礼的多少,则并非像“送礼”一词所暗示的那样,出于两家人的亲善程度,而是完全听由媒人的安排。②

中国古代的聘礼,本质上是买卖妇女的身价,是变相的买卖婚姻。尽管建国后封建主义的婚姻家庭观念受到很大的冲击,但我国有几千年封建社会的历史,封建主义的婚俗礼教、伦理道德,形成了一套完整的体系,渗透到社会生活的各个领域,因此聘礼的传统婚姻习俗至今在我国广大农村地区仍有深远影响。与全球化时代的物化婚姻一样,随着我国商品和货币经济的发达,在目前我国唯经济论下的婚姻常常有明确的物质目的,高额彩礼便是一种重要的具体表现形式,彩礼也渐渐沾染上了可恨的铜锈,成了地道的财和物。

---

① [芬兰]韦斯特马克. 人类婚姻史[M]. 北京:商务印书馆,2002:769.

② [芬兰]韦斯特马克. 人类婚姻史[M]. 北京:商务印书馆,2002:804.

在中国农村的嫁娶婚姻中，婚姻支付（费用）是一个重要的因素，彩礼是重要的婚姻策略，它能够确认婚姻协议、完成与女方家庭对新娘权利与义务的转换，嫁妆是父母为了女儿婚后福利的一种馈赠，在婚姻的形成中远没有彩礼重要，足够的彩礼和适宜的居住条件是嫁娶婚姻的重要条件。据年度经济公报显示：1980年我国农民的人均收入为191元，1986年为397元（内含救济金）。而据3402份问卷统计，农村中有代表性的彩礼数额，1980年为100元至300元，到1986年短短6年时间就上涨到1000至3000元，涨幅达十倍多。彩礼还只是农民结婚花费中的一部分，如果再加上盖新房和婚礼的花费，支出就更大。结婚的高消费，造成农民“超负荷”，一般农民娶一次亲，要准备很多年，甚至还到处借债、贷款等，导致债台高筑。[①]《中国妇女》杂志1989年第四期报道，1986年底，据山西省妇联调查组对山西雁北地区平鲁县蒋家坪乡进行的摸底调查：

在20世纪50年代，当地索要彩礼数额一般为500元左右；60年代为1000～1200元；70年代为1300～1500元；80年代为5000～1000元。可以看出，当地彩礼的数额呈现逐步上涨的趋势，且上涨的速度越来越快。1986年，蒋家坪乡少家堡村共有30户、124人，其中女性56人，占45.16%。23岁至30岁的光棍12人。50年代至80年代全村共娶媳妇共花费彩礼钱100万元，平均每年花去2.5万元，占全村农业总收入的70%。最多的一户是大合堡镇王万富，共花费彩礼1.3万元。

彩礼的名目非常繁多，具体数量如下：①彩礼钱，3000～6000元（送女方父母）；②盖房钱，2500元（3间窑）；③家具钱，200～500元（按3件算）；④衣服钱，300～1000元（3至8套）；⑤高档用品，500～1300元（老3件及新3件）；⑥看钱，20～100元（女方去男方家相看时付给对方）；⑦见面钱，20～30元（男方去女方家相看时付给女方）；⑧说媒钱，30～200元（男方付给媒人）；⑨定亲钱，30～100元（男方付给女方）；⑩鼓匠钱，30～100元（结婚时请吹鼓手）；⑪拜钱，100～200元（结婚时亲友给新娘）；⑫被子钱，10～30元（缝制被褥）；⑬磕头钱，30元（长辈给新娘）；⑭骡轿钱，120元（结婚专乘的骡轿车）；⑮喊爹娘钱，10～20元（结婚时公婆给的磕头钱）；⑯上轿钱，30～50元（上轿前付新娘钱）；⑰下轿钱，30～50元（下轿后付新娘钱）；⑱开箱钱，100～200元（女方陪嫁箱中的

① 刘杰.乡村婚姻忧思录——中国农村婚姻现状与思考[M].人民日报出版社，1991:33.

钱,男方要照付或加倍);⑲回门钱,50～100 元。[①]

在 2000 年,湖北省松滋县农村的嫁娶婚姻的形式从最初的看家到结婚后的回门,要经过 9 个程序,基本花费在 9 700～28 200 元之间,这还不包括男方家盖新房、办酒席、迎娶新娘、拍婚纱等费用,具体程序和花费如下:①看家(当地称过毛门),给媳妇见面礼 100～500 元;②过门,双方父母见面,请酒花费 200～400 元,③订婚,请家族,认亲,男方花费 5 000～8 000 元;④订婚礼,婆家给媳妇送礼物,首饰 1 000～3 000 元;⑤请媒,婆家给媒婆、媳妇各 200 元;⑥报期,男方给女方家陪嫁钱 1 000～10 000 元;⑦过礼,男方家给女方家衣物和酒肉钱 2 000～5 000 元;⑧结婚,请酒,婆婆给媳妇 100～1 000 元鞋子钱、开箱钱等;⑨回门,给娘家买鱼买肉不超过 100 元。[②]

以上只是 20 世纪 80 年代和 2000 年两位普通农民娶媳妇的花费,到了今天,结婚花费越来越多,攀比心理越来越重,名目繁多,比如,在各项彩礼费用普遍看涨的情况下,结婚也融入了现代流行元素。

一些近现代文学作品也反映出农村婚姻关于高额彩礼引发的系列问题,如莫言《我们的七叔》中张船儿为了高额彩礼而把女儿逼死,又为了 2 000 元把女儿的尸体以冥婚的形式“嫁”给了邻村一个夭亡的青年。再有,刘恒《狼窝》中春枝因太丑嫁不出去,她的哥哥成了暴发户后宣称只要娶了他妹妹就可得到 2 000 元的陪嫁,一时间应者如云。[③]

关于目前高额的婚姻支付,国内外学者提出了婚姻补偿论、婚姻资助论、家产继承论三种观点,但目前通过笔者在上海 S 厂和 P 县 L 村的调研,发现这些理论都不能很好地解释当前的一些现象。如男方提供的聘礼已经不再流向女方父母的家庭,而是以嫁妆的形式反流到年轻夫妇的小家庭,有不少女方父母还额外陪送一些财物,这似乎印证了婚姻资助和家产继承理论,但作为孩子对父母的回报,父母在晚年时,大多数子女并没有给予父母更多经济上的资助,更多的是一种精神、亲情层面及体力方面的关心与帮助,但不排除有的父母晚年

---

① 中国妇女[J]. 1989(4).

② [美]费尔德曼,[加]李南,朱楚珠. 当代中国农村的招赘婚姻[M]. 北京:社会科学文献出版社,2006:9.

③ 刘旭. 底层婚姻:在“现代”和“封建”之间[J]. 华东师范大学学报(哲学社会科学版) 2004(6):103-109.

得了疾病，子女甚至花光家产的可能。

对于男方家庭来说，高昂的婚姻支付确实是一项十分沉重的负担，但更能体现中国家庭传统养育文化的一种延续，也就是几千年来，父母无论多么辛苦、花多大代价，完成孩子的婚事是一种责任。正是因为这种家庭养育文化的传承，为了圆满地完成儿子的婚事，父母不得不将多年的积蓄投放在儿子的婚事上。而男方父母之所以会以儿子的婚姻为自己的责任，正是因为婚俗是"可表意识"层的重要内容，能够为广大村民交流并逐渐被父母接受。为儿子提供当地婚俗要求的婚姻支付，解决儿子的婚姻问题，已成为男方父母"亲密的社会和文化"层的重要组成部分，对男方父母有着重要的文化心理意义。换句话说，为儿子提供婚姻支出，解决儿子的婚姻问题，已经成为男方父母的理想，成为他们的人生意义，是其实现价值的一种甚至是唯一的方式。在这种机制的作用下，就有了"当父母的，就是得给孩子办婚事啊，谁让他叫咱爹呢！花多少钱，咱也得掏啊！"的行为认知方式。

在辽宁铁岭某村，无论男方家庭是否富裕，女子提出条件是男方家庭至少要出5～7万元现金作聘礼，再加上各种金银首饰、家具家电、房子等，可以说，没个八九万就别想把媳妇娶回家，实际上儿子结婚后拉债的家庭至少占一半。2008年2月和7月，刘华芹，王修彦两度进入调查点山东省潍坊市WT村，对当地的婚姻习俗做了调查，对该村一男方家庭婚姻支付的一般情况进行了整理，花费如下图所示：①

项目	内　　容	小计/元
提亲	酒、糖、点心、水果	300
相亲	酒、糖、点心、水果，午饭	500
定亲	定亲钱、"送手帕"环节的喜包和红包、午饭	13 000
彩礼	电视、冰箱、洗衣机、音响、被子、衣服、首饰、摩托车或电动车等	15 000
婚礼当天	婚纱、结婚照、婚庆轿车、结婚录像、外景拍摄	3 000
细碎习俗	"磕头钱"、"过麦衫子"、"棉衣棉鞋钱"	800
盖房装修	盖新房、新房装修、安装电线、灯具、购买家具	129 000
男方婚姻支付共计		160 600

① 刘华芹，王修彦. 婚姻支付对男方父母的文化心理意义研究[J]. 广西民族大学学报(哲学社会科学版)，2010(2)：74-78.

个案 28 在L村，20世纪70年代联姻，阶级成分和经济条件并重，又红又专贫苦农民的孩子不愿意和地主的子女结婚。当年订婚时女方要彩礼，一般要稍微好一些的布料，因为当时买布要布票，好的布还是紧缺商品。

在该村访谈时，一位53岁的苏姓家庭主妇对我说："我是1975年结的婚，当时大家都穷，也没有什么彩礼好要的。出嫁前，媒人问我还要什么，我就告诉媒人让男方家庭给我买几尺条绒布，因为条绒布比较结实，很耐磨，我们村里人原来都是穿用条绒布做鞋面的土布鞋，我只是想用这几尺条绒布多做几双鞋，结婚后多穿几年，其他什么也没想。你就是向男方家要别的东西，人家也没有呀。我们这儿关于彩礼有一些顺口溜：(20世纪)50年代一块布，60年代尼龙袜子、条绒裤，70年代毛头羊、盖子猪，梧桐树五把粗，外加三间青砖大瓦房，但到现在大瓦房早过时了，至少是外面贴瓷砖的平房，有的女方家还要求是楼房。到了80年代，彩礼的行情看涨，光相亲，请女方亲戚来相家[①]就要花费400到500元，如果女方看不上男方，这些钱就算是白花了。如果女方同意和男方继续交往，男方就可以考虑为女方家庭下彩礼了。彩礼我们这原来讲究老三件，也就是自行车、手表、缝纫机，强调要名牌的，特别是上海产的。90年代讲究新三件：电视机、双卡收录机，洗衣机或其他大件电器，送给女方家的礼品要实(十)打实(十)(即十斤肉，十斤酒、十条烟……)，但现在送给女方家的礼品更多，十斤肉变成至少是半个猪。一年里面过年、端午节、中秋节三大节日，还有赶个庙会、女方过生日什么的，哪一次也少不了几百上千元的礼，算是平时的感情投资了，不把媳妇娶回家，再多的钱也要花，不然的话女方不高兴退亲的话，这些以前花的钱也就要不回来了。现在农村结婚，也跟着城里学，拍婚纱照，旅游结婚，要求用小汽车接送。有的家庭条件好的年轻人甚至不愿意在家盖房子，要求在县城、地市买商品房等，可以说现在农村结婚花费是越来越高了。"

孙淑敏2008年7月至8月在甘肃省东部蔡村实地调查后发现，由于婚姻

---

① 相家，是L村当地青年男女婚姻的一个程序，也就是女方和女方的嫂子、姑姑、姨妈等几个要好的女性亲属到男方家去看看男方及其家庭条件，男方家庭就要大摆宴席进行招待，临走时男方家庭还要为每位客人准备一份厚礼。如果女方同意男方，下一步就可以下彩礼，讲究婚嫁了，如果女方不同意，可以退还部分彩礼金；如果男方悔婚不同意，女方可以不退还任何彩礼，男方家花的钱就算是白花了.

市场上适龄女性的相对匮乏，导致近两年蔡村的彩礼直线上扬。对于中西部贫困农村地区来说，结婚时的彩礼和各种花费飞涨，使农民家庭负担加重，可以说是对农村的又一次剥夺。在2003年，蔡村彩礼在1万元以下，大多数维持在4 000～6 000元的水平；而现如今，彩礼已上升至2万元，除此之外，订婚时还要给女方购置金首饰、摩托车等等，所以"光订婚就要花4万元"。而这对丁人均纯收入只有1 000多元的蔡村来说，确实造成了不小的负担。为了凑足彩礼，不少人家东挪西借，甚至有为此而贷款的。在彩礼上涨的同时，媒人的介绍费也在增加。5年前，介绍成功一个对象，媒人的介绍费用是1000元，而现在则涨到了2 000元。甚至有些媒人还利用当事人的急切心理来"盘剥"对方。①

赵晓峰通过在豫东平原的催桥镇调研发现，由于当地有大量的农村剩余劳动力外出打工，农民收入有了一定幅度的增长。与此相伴随的是，婚姻支付的价格也"水涨船高"，如当地定亲礼的价格流行着"八千八，一起发"、"九千九，天长地久"、"一万一，万里挑一"等俗语，目前的标准大多已经是"万里挑一"了。但这还只是第一步，接下来的彩礼也要1万元左右。此外，男方还必须给夫妇盖5间瓦房甚至楼房。从双方认识到最终走进婚姻的殿堂，男方至少要花费6万元以上。更令当地农民感到担忧的是，农村年轻女性之间的面子竞争也非常激烈，一个女孩要是在定亲礼上要"一万一"，另一个与之相识的女孩就会要求在另一个方面超过对方，或向男方索要更多的彩礼，或者要求男方必须盖楼房，谁也不甘落后。因此，当地的婚姻花费已经延续了多年的高价婚姻，价格也在农村青年女性，尤其是在亲戚、姐、妹之间的面子竞争中逐步攀升，给当地家有未婚儿子的贫困家庭带来了很大的经济负担、精神和心理压力。②

个案29　2011年春节大年初六，L村现年28岁，大专毕业后在广东佛山一陶瓷机械厂工作的李某，硬是被父母给催回来，在亲戚的帮助下，去邻县一个村庄的女方家订了婚，给女方一万零一块钱定亲礼金，意味着"万里挑一"。

李某说："我父母原来一直逼着我好好读书上大学，我就不是读书的料，一看到书就头痛，复读了两年，最后硬着头皮、咬着牙在濮阳读个职业技术学院，

---

① 孙淑敏. 乡城流动背景下低收入地区农村男子的择偶困境——对甘肃省东部蔡村的调查[J]. 西北人口，2010(1)：42-46.

② 赵晓峰. 农村青年单身为哪般？[J]. 江西师范大学学报(哲学社会科学版)，2008(2)：5.

学的是机械自动化。毕业后在佛山陶瓷机械厂找个机械维修的活干，现在跟着一个师傅在江西做产品的售后服务。我今年都28了，在我们这的农村，像我这样年龄的人小孩都上小学了，我虽然上过大学，也算是打工，挣不了几个钱，人家城里的姑娘肯定不愿意嫁给我，找个农村的吧，年龄小的人家又不愿意，只有找个像我这样的，读了几年大学的，一样在外打工的。后来亲戚帮忙，在汝南县板店乡找到一个，比我大一岁，中专毕业，最近刚刚见过面，订了婚。按照我们这的规矩，给女方家彩礼钱一万一，房子父母已经帮我盖好了两层楼，女方家没提房子的事，我想今后我们两个结婚后一起到外面打工，等有了钱在驻马店市买一套房子，再开个汽车修理店什么的，这样一辈子就过去了。”

由此可以看出，L村当地的青年男女在订婚时都会牵涉到基于当地风俗和时价的彩礼钱，我们不能简单地把这种情况变相等同于封建社会里的买卖婚，对当前我国大部分农村结婚流行索要高额彩礼的情况我们也要客观看待。因为在当前农村，适龄青年结婚还出于以下三个原因：一是出于补偿女方家庭婚姻经济消费的需要。当女青年出嫁的时候，女方家庭就会把男方家给予的相当一部分彩礼转化为嫁妆，转移到男家，娘家陪送的嫁妆越多，越“排场”越感觉有“面子”，女儿将来到婆家之后就会被“高看一眼”，地位相应会提高，也可能会掌握未来新组建家庭的主导权。二是建立家庭物质基础的需要。女方家庭在订婚时尽量提更多、更苛刻的条件，以免女儿婚后受委屈，因此很多男方家庭宁愿负债也要满足女方提出的彩礼金和其他条件，以便女方家庭答应把女儿嫁过来，能和儿子共同生活，还指望儿子和儿媳将来为自己养老。三是满足个人虚荣心的需要，以避免“寒酸”之议。因此，彩礼也就随着社会经济的发展而“水涨船高”，人们互相仿效，争高免低，无形中便约定俗成。

（二）其他费用

住房在农民工婚姻选择的经济资本中占有重要的地位。无论是在城市还是在农村，住房长期以来成为家庭婚姻谈判的一个关键资源，而孩子们的婚姻对于农村家庭来说已经成为他们最重要的生活目标之一。中国社会和经济的变迁包括流动已经为许多农村实现盖新房、物质生活的舒适、婚姻和社会地位的目标提供了支持。最明显的是，经济的多样化包括在外打工已经为至少一些农村家庭建造更加舒适和有声望的房子提供了资源。然而这也在某种程度上改变了“舒适”和“声望”的标准，为了达到这一标准，很多农民被迫外出流动的同时往往债台高筑。

1996年9月30日，曹锦清在黄河边中原某村走访发现，当地村民结婚费用随家庭经济状况的好坏而不同，这里存在两个基本标准：一是“体面的标准”；二是“还能过得去的标准”(男方想结婚的最低标准)。当年该村“还能过得去的标准”就是四间砖瓦平房、两间配房与砖砌围墙，当时花费大约2万元。其他如彩礼、服装、婚宴等至少得1万元，共计约3万元。“体面的标准”就是五间砖瓦平房、另带“两袖”和“出厦”，瓷砖贴正墙面，两间配房与砖砌围墙，还有大铁门、门楼等，造价至少4万元以上。另外彩礼、服装、婚宴等至少得2～3万元，共计约6～7万元，甚至更多。曹锦清认为“体面的标准”和“还能过得去的标准”如一种无形的命令，给准备结婚的青年及其父母造成一种强制性的压力：也就是说必须达到这种标准才能娶到媳妇，否则就结不成婚。[①] 也正是这种有形的标准形成的无形压力，迫使一切准备结婚的男青年或者是他们的父母外出寻找挣钱的机会，这也是农村剩余劳动力外出打工挣钱的一个重要原因，在笔者所做的调查中，为了结婚而出来打工挣钱的青年农民工，比例达到22.3%，其他也大部分间接是为了结婚而打工攒钱。雷切尔·默菲注意到，在江西省万载县，村民们热衷于建造宽阔的、两层楼的、铺着水泥地面的房子，称之为“小康楼”。萨利·萨尔吉森写道，在富裕的浙江省，这种盖房子的热情比江西更加高涨。他在1990～2000年期间对浙江5个村庄的个案研究中，一半以上盖了新房，一些农户在这期间盖了以后拆、拆了以后又重盖了两到三次。接受萨尔吉森调查的村民中，大约1/4的人声称盖房子和结婚需要钱，这就使得农民从农村流动到城市打工成为必要。在浙江，对新房子的标准非常高，优先选择的是用混凝土砖砌成的多层公寓楼，装有空调和其他设备，还要装修得很豪华，例如巴洛克风格的建筑、规模不小的半圆形入口楼梯，以及院子里的喷泉等等。萨尔吉森认为，这在很大程度上受年轻女性的作用驱使。在村民中间有一种说法，“没有女人愿意嫁给一个没有新房子的男人”，而且年轻女性在她们愿意嫁给谁的问题上越来越起决定性的作用，并且她们越来越将自己的选择建立在未来新郎的家庭所能提供的房子大小和质量上。

---

① 曹锦清.黄河边的中国——一个学者对乡村社会的观察与思考[M].上海：上海文艺出版社，2000：408.

澳大利亚学者华杰在北京海淀区对打工妹进行调查发现，在村子里建造新房子被打工者认为是一件必要的事，这既作为他们年纪大了无法在城市工作时引退的地方，也为了他们的儿子娶媳妇用，似乎盖新房常常比孩子的教育问题具有更高的优先权。的确，很多家庭并没有等到看见他们的孩子入学，就将大量的钱投在了建造新房子上。①

在L村，由于当地的经济条件不是很好，改革开放前，村民住的大多是土坯房，房顶上大多盖的是茅草，一遇到下雨，屋里就会漏水。1975年发生在L村所在驻马店全境的大洪水，把L村所有的茅草房都冲垮了，村民只好暂时住在村南面地势较高的河堤上。土地包产到户后，L村民有些积蓄，就买些煤，在村头的土窑里烧制一些手工做的青砖，盖起了瓦房，但这种瓦房很低，屋顶密封不好，下雨也容易漏水。20世纪90年代以后，有钱的村民盖起了水泥、钢筋结构的平房，目前也有几家村民盖起了两层楼房，按照村民的说法就是楼房在农村没什么用，二层基本上不住人，就是图个面子与好看。现在L村民家庭结婚，女方至少要求盖三间平房，有的还要求楼房。但现在，由于水泥、砖头、钢筋、人工等价格大幅上涨，当地农民盖三间平房的费用由原来的3万、5万一下子涨到8万至10多万不等，这对于当地村民来说是一个不小的负担。

L村民间迎娶用具，20世纪50年代以前，多用花轿，因贫富不同，轿数也不同，有1顶、2顶、4顶、8顶轿之分的。贫困人家，也有用马、牛牲畜车的。20世纪50年代后期以来，结婚用花轿的日渐减少，新郎新娘身披红绿绸子，胸前挂朵大红花，或骑一匹大马，或骑自行车，两家相距近者也有步行的，民间称为"文明结婚"。70年代后大多用自行车、汽车和拖拉机迎娶。但自80年代以后，特别是90年代以来，L村民间结婚用的迎娶交通工具由骡轿、农用拖拉机、自行车等变成了小轿车，并且轿车的档次越来越高、数量越来越多；就连城市里流行的穿婚纱、拍婚纱照也在当前的农村十分盛行，这无疑也加剧了结婚时的花费。结婚时的嫁妆，除了必备的家具外，也从原来的手表、自行车、缝纫机等老3件变成了摩托车、冰箱、液晶彩电等当前时尚的高档耐用消费品，这些高额婚姻支付无疑是增加了婚姻双方的家庭负担。

举办婚宴是婚礼中不可缺少，而且最为热闹、最给力的部分，花费更是少不

---

① [澳]华杰.都市里的农家女——性别、流动与社会变迁[M].南京：江苏人民出版社，2006：137-138.

了，不然会被前来贺喜的亲朋好友及父老乡亲“看不起”。在L村当地一直都有一个说法就是“吃喜酒”，举行婚礼的家庭大多在迎娶新媳妇的当天在家中设宴招待亲朋好友，以餐前零食（瓜子、喜糖、花生），菜的碗数或者盘数及酒席的质量来衡量酒席的档次，这也是当地的一个风俗。当地人对这种变化的感受颇为深刻，他们认为婚宴要办就要办得体面，充分反映了传统中国人，其中特别是农村人处于“面子社会”的特点。如何办得体面，则主要从烟、酒、菜三个方面着手，在L村，办喜宴时，烟一般是“春雷”、“红旗渠”，在主要酒桌上也有“中华”、“云烟”等。男人喝当地产的“永乐仙”、“天中”，家庭条件好的喝“宋河粮液”、“仰韶”等，有时主桌上也喝“五粮液”或“茅台”，女人一般喝很便宜的甜葡萄酒。菜主要是猪、羊、牛、鱼肉和当地生产的蔬菜，有时还会有海鲜等。为了节约婚宴的成本，举办婚宴的家庭一般很早就开始养猪、鸡、羊、鸭等，到时候直接杀掉就可以，不需要再去买。可以说，随着生活水平的逐步提高，当地人对婚宴的要求也越来越高，讲档次，讲口碑，向城里人看齐，进一步地将婚宴的花费增加了。

（三）无奈选择

彩礼和嫁妆相对较高，并在农村不断上升，数额越来越高，对于农民来说不啻为一场灾难，轻者负债累累，重者倾家荡产，它有时还会造成诸多不安定因素。有时男青年为结婚时能有钱，便不择手段去弄钱，有的偷盗、抢劫、行凶等直至落入法网；还有的青年采取换亲、试婚等方法逃避高额彩礼等。

1. 倒插门

一些贫穷的农户拿不起高额的彩礼，采取招赘婚姻，屈就“倒插门”，在“从夫居”的婚姻传统里，做了被很多村民看不起的“上门女婿”。《汉书·贾宜传》记载：“家贫子壮则出赘。”秦汉时赘婿社会地位很低，为人轻视，列为七科谪之一。后世则纯为传宗接代，或补充劳动力招赘入门，性质与秦汉时不同。在父系家族制度十分严格的中国封建社会，国家法律对无力娶妻而入赘的男子一向采取严厉的歧视态度。（《辞海》，1979年版）严格的父系家族制度使得嫁娶婚姻占绝对主导的地位，招赘婚姻一直处于极其重要的地位（费孝通，1999）。因为男方采取招赘婚姻多是由于家里兄弟多且生活贫穷、家乡缺少土地等，如1956～1977年中国农村经济水平十分低下，生活贫困使得更多的男性选择了招赘婚姻；也存在战争时期为躲壮丁而到大户人家做上门女婿；“文化大革命”时期的知识分子、“右派”、“地主富农分子”为了改变政治成分，躲避政治迫害，以入赘的方式使子女成为女方家成员而避免牵连等。女方采取招赘婚姻主要有人口和经济条件两种原因。在大多数情况下，采取招赘婚姻是因为人口原因，如在那些没有儿子或各种原因不能领养儿子的家庭，父母为了保证家族延续和老年保障而为女儿找上门女婿。招赘婚姻也可能因为经济原因发生在有儿子的家庭，如家庭缺乏劳动力、招赘婚姻的费用较低等。招赘婚姻的彩礼和嫁妆并不是很重要，而且费用较低，父母较容易满足招上门女婿的经济条件，但由于传统严格的父系家庭体系会给上门女婿带来很高的心理成本与压力，他们在家庭、家族和社区难以得到应有的承认和尊重，大多数男性做上门女婿往往是由于家庭贫困，或出于一种被动和无奈的最后选择。

在L村所在的河南民间，招上门女婿的多为有几个女儿，没有儿子的家庭，而且又不愿收养过继子者。一般是大女儿到了成婚年龄时，不是出嫁而招男方到女家为婿，也叫“招养老女婿”。有的女子因死了丈夫，子女尚幼，不愿离开前夫之家，而招夫上门共同抚养子女的，民间又称“招女婿”。旧时招婿，须立契约，言明男到女家落户，改为妻家姓，继承家业，终身不变。今则为媒人从中说合或双方亲自商定，男到女家多不改姓，但所生子女须随妻姓。民国以前，女子无财产继承权，招了女婚便可继承家业，故招赘者常受争夺财产的同族人排斥和歧视。招婿入门讲究“借娶不借嫁”。结婚之后，女子不能出入一家，女方上轿要在本性相堂、公房或亲友家。男方多不置办聘礼，而女方嫁妆甚丰，其他婚礼仪式如常，这也大多是男方家庭贫困，拿不出正常嫁娶婚姻对他们来说相对高昂的彩礼而做上门女婿的原因。

在L村，招上门女婿的只有朱某一户人家，朱某有两个女儿，大女儿嫁到了邻县，考虑到养老问题，他的小女儿就招了一个上门女婿。这个上门女婿的家庭有两个儿子，父亲早年在一次车祸中去世，是母亲辛辛苦苦才把他们哥俩拉扯大，大儿子完婚后，家里再也没有能力解决小儿子的婚事，后来在媒人的牵线下到L村做了上门女婿，1996年在L村举办了婚礼，朱某为小女儿一家盖了当时在L村最好的三间大平房。当笔者找到这位上门女婿时，他觉得现在生活得很好，媳妇一家人对他也像亲儿子一样，没有感觉在村里人面前低人一等，但自己心里有点不是味道。如果当时家里有钱盖房子、送彩礼，他会把媳妇娶到家里，在家里和自己母亲生活在一起，现在的情况是处于无奈。在上海S厂打工的农民工当中，没有一个女的招了上门女婿，也没有一个男的做了上门女婿，但不排除其他地方还有上门女婿的可能。

倒插门的出现，除了高额彩礼的经济条件限制外，农村中“养儿防老”、“传宗接代”的文化传统也是重要影响因素。当前我国广大农村地区还没有建立完善的养老保障制度，尤其是父母年迈时，需要子女从体力、精神等方面进行照料，“养儿”仍是“防老”的手段。在一些农村地区，很多父母认为女儿只是泼出去的水，是别家的人了，不能指望养老。在一些观念落后的农村地区，没有儿子就会被人称为“绝户头”，这是一种不道德的说法。所以一些无儿子的多女户，就想方设法招上门女婿，目的就是为了晚年的养老和传宗接代，因为上门女婿生的孩子随女方家的姓，招上门女婿达到了养老和传宗接代的双重目的。但在大部分的城市里，由于有完善的养老制度和医疗保障制度，家庭中生男生女是一样的，传宗接代的观念已经淡化。比如在上海，生女孩就非常受欢迎，大部分上海市民认为“女儿是个宝，女儿是父母的贴身小棉袄”。

2. 互换亲

换亲是一种畸形婚姻。所谓换亲，简言之，就是将一个女儿嫁出去，换回一个儿媳妇。张根树分析认为，换亲之所以普遍存在，有一定的社会根源、经济根源和思想根源。一方面，有些农村男女性比例失调，娶亲就不可避免地要出现激烈的竞争。另一方面，娶亲的巨大开支对许多人家来说都是难以承受的负担。尤其是男孩多的家庭，压力更大。而换亲的双一方，花费只相当于通常结婚费用的1/10左右。第三方面，封建的宗族观念和男尊女卑思想残余还在起作用。换亲都是为儿子着想，传宗接代，从未发现哪家是为女儿利益着想而换亲的，只要换亲，女青年都要作出不同程度的牺牲。实践证明，换亲侵害了妇女的人身权益，危害了社会安定，影响了物质文明和精神文明建设，后果是严重的。

在我国广大农村地区，换亲一般发生在贫穷落后地区，换亲双方家境穷，或者儿子长得不是很好看，自身条件不是很好等。贫困农民为了避免付出高额彩礼而采取的一种形式。换亲是古代氏族外婚的一种古俗形式，在L村所在的河南民间，古今不鲜，即两个家族协议互换其女为媳，换亲多为家庭经济困窘者，也有家庭中的男子相貌丑陋而无法通过正常婚姻形式找到媳妇的。两家以上以换亲形式缔结婚姻的，俗称“转亲”、“三角亲”、“推磨”。转亲多为在三家之间缔结婚姻，也有在五家乃至十几家之间转亲的。换亲、转亲皆以牺牲女子幸福为代价，也违犯《婚姻法》规定的婚姻自由的原则，所以婚后往往不合，一家纠纷波及各家不得安宁，至今在相对贫困的农村地区仍可见到这种情况。

个案30 在L村，新中国成立以来换亲成功的只有一例，属于三家之间缔结婚姻的"转亲"，笔者对这一转亲的陈姓村民进行了访谈。他跟我说：

"我今年46岁了，是1987年结的婚，我家有四个孩子，我是老二，大哥由于腿有点残疾，现在还没找到媳妇，下面还有一个弟弟和妹妹。当年找对象时，女方家庭看我家住的还是三间草房，家里很穷，兄弟姐妹又多，就不同意。有一天，我爹到乡镇集市上去赶集，碰到我们村庄南面一个村的老汉，边走边聊，后来就聊到儿子娶媳妇难的问题，那个老汉家有八个孩子，已出嫁三个女儿，大儿子也愁找不到，主要原因还是女方家庭嫌我们穷，现在家里还有两个女儿，其中四女儿也面临着找对象。我爹提议，看看两家能不能换亲，就是用两家的女儿互相作为对方家庭儿子的媳妇，这样就可以不用再为结婚的彩礼钱发愁了，到时候只要准备结婚时的酒席钱就行了。但考虑到两家换亲后，将来生了孩子，相互之间不好称呼，比如我的孩子可以称呼我的妹妹为姑姑，又可以称呼为舅妈，因为我妹妹嫁给了我老婆的哥哥，这样孩子很为难。我爹后来想起离我们家有六里远的村庄的一个老汉，家里有六个子女，一个儿子也没找到媳妇，就到他家商量三个家庭转亲的事，对方一听就答应了。我们三个家庭找了一个日子，大家聚在一起共同商量转亲的事情，说了一些基本条件，每个家庭都不需要送彩礼，只要在举办婚礼的时候备好酒席，招待好客人就行了。在1987年的春节前夕，我们三家在同一天举行了结婚典礼。如果按照常规的办法，我恐怕到现在还没找到对象，目前我们三个家庭生活得都很好。"

L村还有一个两家换亲没有成功的例子，前文已提过，主要是这个家庭用于换亲的妹妹在外打工，找到了新的意中人，觉得不能为了哥哥的婚事而委屈了自己，于是就拒绝了家庭提出的换亲要求，换亲归于失败，至今为止，这个家庭的小儿子仍没找到媳妇，一方面因为家庭经济条件不好，另一方面是因为这个儿子身材矮小，容貌也不是很好。

在上海S厂打工的农民工，已婚的没有一个是通过换亲得到的对象，未婚的也不希望自己将来通过换亲来解决自己的婚姻大事，他们一方面认为现在经济条件好了，不需要通过换亲来避免付不起的高额彩礼；另一方面，新生代农民工一般家庭子女较少，有的还是独生子女，换亲的条件不具备，他们常年在外打工，思想上也接受不了这种带有强制性质的婚姻安排方式。

3. 童养媳

童养媳是中国传统社会一种畸形的婚姻形态的产物。童养媳从宋代产生，经过历朝历代相沿成俗的发展，到了清朝末年童养媳已经成为一种相当普遍的存在。温文芳分析认为，童养媳的存在一方面深受中国乡村早婚及传宗接代的传统影响。由于童养媳在婆家童养其时，有些仍是不懂事的孩童，但是在古代社会里，一经聘定，不容更改，所以即使其未成年，但只需要稍加蓄养，假以年限，即可实现早婚的愿望，完成传宗接代的任务，所以童养媳的盛行有很大一部分原因在于当时社会上流行的早婚习俗。另一方面，婚姻缔结过程中彩礼的高昂也是一个极其重要的原因。从客观上说，清代及民国时期的童养媳多发生在贫穷之家，因为贫家无以支付高昂的聘礼，只能用这种折中的方式来实现早婚的目的。童养媳在当年的社会条件及时代背景下，童养媳的婚姻质量和家庭地位都是非常堪忧的，她们既要接受未来婆婆的监督，又要担当起未来媳妇应尽的义务，有时还要面对来自未婚夫的嫌弃，种种不可预测的童养生活对于养媳来说是一场没有欢乐的演出。①

因此可以说，除了早婚及传宗接代的传统外，贫穷而拿不起高额彩礼是导致过去童养媳流行的主要原因，因为嫁娶婚往往需要高额的花费。费孝通在江村考察时，也认为小婚(童养媳)有节省费用的经济利益。在我国过去的社会，贫困的家庭将自己的女儿送给别人，而代以抚养儿子之妻，这样就可以节省嫁娶婚所需要的各种花费，以及节省女儿的嫁妆。但 Wolf 认为，富裕人家过去也选择童养媳的婚姻形式，主要目的在于保持小家庭的和谐，处理好婆媳之间一贯的冲突与紧张，也就是说童养媳有利于婆媳之间的和谐。②

孙淑敏在西北赵村进行调查时，发现该村由于农业生产条件恶劣、经济落后，男女比例存在一定程度的失调。为了能够给儿子将来找个对象，村民在儿子很小的时候就为孩子物色好了将来结婚的对象，这在当地被称为“占苗”，平

---

① 温文芳. 晚清童养媳的婚姻状况及其盛行的原因[J]. 甘肃行政学院学报，2005(2)：127-129.

② 庄英章. 家族与婚姻——台湾北部两个闽客村落之研究[M]. 台北：中央研究院民族学研究所，“中华民国”八十三年十二月，第 209 页.

时男方家就会在各种节日里给女方送衣服等小恩小惠来培养两个家庭的感情，以至于中途不出现矛盾而影响孩子将来的婚事。经过两个家庭长达数年的博弈、沟通，最后婚事才能成功，有时中间也有解除婚约的情况。笔者认为这种早期“占苗”既不同于以前社会出现的“娃娃亲”，也不同于“童养媳”，这种婚姻形式不是那种所谓“落后的”，而是村民们在恶劣的生产、生活条件下为自己儿子解决婚事的一种策略，是与他们的生存、生产条件相适应的。

在L村，新中国成立前结婚的有两个童养媳，一个已去世，目前健在的一个童养媳已是80多岁高龄，当笔者去对她访谈时，她说话有些吃力，但她反复强调的是“当时家里穷，父母养不起那么多孩子，很小的时候就卖给了地主家，16岁就和地主的儿子成了亲。”

可以看出，家庭孩子多，贫穷，养不起是L村新中国成立前童养媳产生的主要因素。但新中国成立后，L村童养媳现象就消失了，也没有出现孙淑敏在西北赵村调查时发现的提前“占苗”现象。在S厂青年农民工及在上海所调查的300多名农民工身上，也没有发生童养媳现象的存在，这说明，随着社会、经济的发展及国民文明程度的提高，童养媳现象现象在我国广大农村地区已基本消失。

二、变通策略

为了避免支付高额的彩礼及其他结婚费用，一些家庭贫困的打工者可以通过自由恋爱这种变通的方式解决自己的婚姻大事，且成功率较高，但也存在不确定的因素。

（一）传统模式

建国后至改革开放初期，L村所在地方的村民大多是通过媒人牵线这一传统模式的婚姻途径来找到婚姻伴侣，这种婚姻途径一般根据当地结婚的风俗，按照约定成俗的规定程序从见面达到举行婚礼，这一过程的每一步骤都要相当的花费，比如相亲时的见面礼、平时各种节日购买的礼物、彩礼、盖新房、举行婚礼时的酒席等，这种形式在新一代农民工父辈那一代较为盛行。

20世纪80年代中期以后，媒人牵线这一传统模式的婚姻途径出现了一种变化，但实质没变。随着我国农村九年义务教育的普及，与父辈们文盲率较高相比，L村庄附近的青年男女上学的比例大大提高，基本上都能接受初中教育，由于小学学生大多来自附近村庄，初中学生来自所在乡镇、高中学生来自全县，L村当地农村青年大多上到初中毕业以上，因此他们交往的机会较多、交往的圈子相对较大。很多学生由于考不上大学，回到农村务农，到了谈婚论嫁年龄，有的会主动联系一起上学的异性同学以表达爱意。如果对方同意，并且在对方父母知道的情况下，通常也会找一个熟悉的中间人，也可以说是媒人来进行牵线撮合。因为当地信奉"明媒正娶"的传统，尤其是在谈论彩礼、嫁妆等各项婚姻花费时，两个家庭不会直接面对面地进行讨价还价，对他们来说婚姻是为了缔结一门亲事，不是一笔交易，因此找一个中间媒人进行传话、协调是非常必要的。媒人可以把两个家庭对这桩婚事的要求、婚姻花费的多少相互告诉对方，经过两个家庭的重复博弈，最后关于婚事的各种安排达成一致。这种传统模式的婚姻途径一般发生在L村当地，两个家庭相距不是很远，婚俗也大体一致，这种青年人恋爱、找媒人牵线搭桥的在L村只有一例。L村的刘某在乡镇上高中期间就认识了他现在的老婆，都是同乡人。20世纪80年代的时候，国家还没有开始大学扩招，农村高中学生考大学非常难，在L村所在的乡镇高中，一个毕业班一年考上一个大学生已经很不错了。刘某的姐姐复读了几年考上一个师范专科学院，成为L村第一个大学生。刘某和他老婆复读了两年，每年离大学分数线都差几分。后来他们两个感觉年龄也大了，考大学也没什么希望，也不想找比自己学历低的人结婚，于是就不再复读，找了个媒人牵线，在1995年春节前举办了婚礼。

（二）自由恋爱

自由恋爱的婚姻途径一般发生在外出打工的青年农民工身上，婚嫁距离的模式大多在异省异县。打工者之间在互相接触的过程中产生好感，自由恋爱，他们在这一过程中的花费可以分为两部分：前期的婚姻支付和抵消的彩礼、嫁妆花费。

1. 前期花费

青年农民工在打工期间结识异性、确定恋爱关系，从认识到结婚之前这段时间的花费效果具有很大的不确定性，也就是说男方在与女方的交往过程中，花了很多钱，但女方不一定就能与之结婚。在L村当地，如果女方家收了男方家的彩礼后，女方不愿意，彩礼钱要如数退还给男方(平时买的礼品、衣服等可以不退)。但在青年农民工婚恋交往过程中的各项花费，即使婚姻不成，钱也无法退还，因为很多钱是二人共同消费的，如两人一起去饭店吃饭、去旅游、去看电影、为女方买化妆品衣服等，这些消费会占打工者相当一部分收入，如果婚姻不成功的话，会在一定程度上给打工者造成经济损失。L村的李××就是一个典型的例子，李××今年都34岁了，相貌不是很好，3年前和一个小他8岁的女孩结过婚，生育一个女儿，但去年冬天女孩和他离了婚，把女儿也带走了。李××初中毕业后就到北京打工，一直在饭店里做厨师，钱也挣了不少。结婚前李××一共谈过3次恋爱，每次和女孩确定恋爱后，李××很舍得花钱，带着女友出去玩，给女友买化妆品、衣服、首饰等物品，有时也会给女友一些零花钱，但三个女友和李××交往的时间都不长，而李××平时和女友的花费却不少，自己也没节余几个钱。李××的娘经常在村里人面前说他是"败家子"，说他打工的钱都被爱财的姑娘给"骗"去了，而李××常跟村里人说城里人谈恋爱都要花钱，和女友分手只是性格不合，没有缘分，与骗钱没关系。L村几个外出打工青年的自由恋爱中，也有几个在结婚之前谈过女友，恋爱期间也花一些钱，这对于他们的父辈们来说就是一种"浪费"。

个案31　上海S厂谈恋爱的打工者当中，小刘的情况与L村的李××颇为相似。小刘正好来自P县农村，他跟我说：

"我出来打工好几年了，每次回家或者往家打电话，父母就催着我找对象结婚。在我们那里，儿子没结婚父母就算没有完成任务，孩子们都成家了父母才算是尽到责任。我实在是没办法，2004年春节，我跟一起打工的一个同省的女孩商量，我给她1 000元钱，让她临时作为我的女朋友，回家假装举行了婚礼，满足父母的愿望，但把我几年打工挣的钱也花得差不多了，家里置办酒席也花了不少钱，然后又出来打工了。父母有时打电话问我和媳妇在外怎样？我就说媳妇到广州打工去了，后来实在隐瞒不下去，就说我们俩个性格不合，经常吵架，分手了。父母说我没出息，连媳妇都管不着，还说以后结婚的事自己解决，家里没钱再为我举办婚礼了。后来我确实也谈了一个女朋友，平时下班我们经常到饭店吃饭，也去大型超市买东西，花钱也很多，但不久就分手了。我现在过节时，如春节、中秋等会寄钱给父母，父母说这些钱他们不要，给我留着娶媳妇用，还让我把每个月的工资除了生活费外都寄回家，担心我再谈女朋友花完了，说是在家里让人给我介绍一个，这样可以少花很多冤枉钱，万一不成，下的彩礼人家还会退回来。我没有听我妈的，不过我不会再乱花钱了，我还会给家里寄钱，我还会继续在上海寻找我未来的媳妇，不管成不成功。”

S厂正在谈恋爱的其他青年农民工也承认他们经常会在空闲的时间和女友一起出去玩或购物，也会花　部分的工资，当问他们是否介意花费很多钱而将来不能和女友结婚时，他们大都会说谈恋爱就是要花钱的，成不成谁也说不定。他们的这种行为、想法与他们父母按当地婚俗程序举行婚礼的形式有了很大变化。

2. 婚费相抵

前文提到L村四个跨省婚姻中，都是自由恋爱认识、结婚的，交往时间一般是一到两年。目前L村在外打工的青年农民工当中，也有两个通过自由恋爱找到了自己的女友，一个找的是东北农村人，一个找的是北京郊区农村人，他们都准备在2008年春节前回家举办婚礼。

在L村四个跨省结婚者中，每个家庭都没有支付彩礼、嫁妆钱，由于平时一直在城市打工，很少回家，男方父母也很少在一些节日为将来的媳妇买衣服、首饰等，也就没有了零花钱的支付。由于是跨省婚姻，两个家庭离得较远，两个家庭之间的交往几乎没有，一般只是在举行婚礼的时候两个家庭的父母才能见上一面。两个年轻打工者确定恋爱关系，谈婚论嫁的时候，由于感情已经发展到很深的地步，再加上两家路途遥远等客观性因素，娘家陪送的嫁妆运输非常不方便，女方父母就不再考虑为女儿置办嫁妆。

在L村当地，男方家庭送的彩礼具有作为补偿女方父母抚养女儿养育之恩的意义。费孝通也曾经指出，农村婚姻中的高额彩礼是男家家庭对女家转让劳动力的经济补偿(费孝通，1997)，杨善华等人也认为，彩礼和嫁妆既具有经济意义，又具有婚姻文化的意义，即它是作为一种婚姻行为规范从而成为该地婚姻文化模式的组成部分而被村民所普遍接受(杨善华，1995)。改革开放前至20世纪80年代中后期，L村当地结婚前的女婿还会经常到女方家进行劳动，既是对未来丈夫劳动能力、道德品行的考验，也算是行为支付，具有一定的嫁女儿所造成的劳务损失补偿，但目前青年农民大部分在城市打工，已不再从事繁重的农业劳动，因此劳务补偿的形式已不存在。为了表示对出嫁女儿的关心，特别是帮助刚成家的女儿更好的生活，女方父母会送嫁妆给出嫁的女儿，嫁妆费用的来源一方面来自男方家庭所送的彩礼钱,另一方面是女方父母给予女儿的赠与,男方送给女方家庭的彩礼钱与女方家庭赠与女儿的嫁妆在价值上大致相当,跨省婚姻中女方家庭没有为女儿准备嫁妆,也不会再向男方家庭索要彩礼,男女双方家庭各自婚姻支付相互抵消。

L 村已经成功的四个跨省婚姻中,女性李 A 和老公用两个人打工挣的钱在邻县县城买了一块土地,盖了三层楼房,算是安了家,李 A 父母没有为她置办嫁妆,她老公家境不是很好,没了父亲,还有一个上学的弟弟,她们结婚的费用都是打工挣的钱,两个家庭都没有花钱。李 B 和他媳妇结婚时,家里只是置办酒席花了钱,也没有向女方家庭支付彩礼钱,他媳妇的父母也没有为女儿准备嫁妆,两个人都在北京打工,嫁妆放在家里也派不上用场,出嫁时父母给了女儿 5 000元钱,算是“压箱底钱”。L 村另外两个跨省婚姻的年轻人,双方父母在婚姻支付上花费也很少,彩礼和嫁妆钱也没有出,大部分的费用也是两个年轻人打工挣的。

在上海 S 厂打工的农民工当中,27 名已婚的农民工,通过传统方式由媒人牵线搭桥的婚姻途径结合的,婚姻支付基本上都是按照当地的婚俗来办理,每个规定的程序都要考虑到,花费较大,男方家庭要支付很大一笔费用;在打工过程中认识结婚的,双方家庭基本上都没花费太多的钱,一般是在男方家庭举行个结婚仪式,然后两人再到城市打工。S 厂 21 名订婚、恋爱的年轻农民工,他们大部分是通过自由恋爱认识的,对于将来结婚时彩礼、嫁妆的费用,他们一般都不会让父母出,他们认为父母在家种地很辛苦,也挣不了几个钱,两个人在外打了几年工,也积攒了一些钱,完全可以满足当地农村结婚时的费用。这主要是因为我国经济体制由计划经济向市场经济过渡,大批农业剩余劳动力转移到城市进行打工,社会流动、经济独立带来了农村青年独立,这种传统男方家庭需要支付的“彩礼钱”与女方家庭陪送的“嫁妆”相互抵消,也在一定程度上反映出新一代青年农民工摆脱了对传统父系家长制在经济等方面的依赖,获得了相对的独立。

第三节 小结

本章主要论述了各种“资本”对农民工婚姻策略的影响和作用,本书对“资本”这一特殊概念进行了具体界定。本书侧重论述农民工自身所具有的自然资本、经济资本在婚姻策略中与他们父辈的不同，进而反映出社会的转型与变迁。

自然资本分结婚年龄和外在容貌两个方面。中国历代一般都有法定的结婚年龄，每个时代男女结婚的年龄不尽相同，年龄的微妙变化既能折射出中国社会的传统风俗，也反映出这一时代社会的基本变迁。通过调查、访谈，P县L村改革开放前结婚的村民年龄一般集中在18、19岁，早婚的现象比较明显，一方面是中国传统“早婚早育”观念的影响以及繁重的农业体力劳动使村民希望早婚来增加劳动力；另一方面是“三年自然灾害时期”期间，L村所在的地方饿死了大量的人，为了尽快增加人口以发展生产，村民也倾向于早婚以尽快地完成生命的延续与社会的再生产。L村第一代农民工结婚年龄与父辈们一致，改革开放初期，我国农村实行家庭联产承包责任制，一些农户为了多分得责任田，采取虚报年龄、开假证明等手段提前为孩子登记结婚，因此早婚的现象很普遍。L村第二代农民工结婚年龄集中在21到23岁之间，与当时国家规定的法定结婚年龄相接近，社会的流动、观念的改变使他们不再倾向于早婚。上海S厂已婚农民工平均结婚年龄为22岁，早婚的人很少，晚婚的比例达到40.7%，S厂未婚农民工对自己将来结婚年龄预期中，没有早婚的预期。

在外在容貌上，中国自古就追求理想婚姻状态的“郎才女貌”，L村20世纪60、70年代结婚的村民在基本满足生存需要时，对婚姻伴侣外在容貌的要求非常简单，即：男方对女方的要求基本是“只要是个女人，不傻，能干活、生孩子就行”；女方对男方的要求是“只要不是傻子，身高不要太矮，能干活，看起来顺眼就行”，这是与他们的生产、生活实践密切联系的。L村新一代外出务工青年与上海S厂青年农民工对婚姻伴侣的要求，与父辈们相比，发生了微妙的变化，在看重传统标准的同时，对身高、长相等外在容貌的要求逐步提高，这也反映出我国社会经济条件改善、基本解决温饱之后，人们对审美意识的唤醒，这也是社会发展的一种进步。

农民工在经济资本上面，主要表现在婚姻支付上，自古以来，高额聘礼是婚姻支付中重要的一个方面。改革开放以来，随着农民收入的增加与民间攀比心理、爱面子的影响，婚姻支付呈现出越来越高的趋势，有的结婚后背上沉重的债务负担，有的男青年无奈倒插门做了上门女婿，有的家庭以女儿为筹码，采取互换亲的形式来达到为儿子完婚的目的。

新一代青年农民工到城市打工后，与父辈们相比，婚姻支付出现了一定程度的变通。建国后至改革开放初期，L 村所在地方的村民大多是通过媒人牵线这一传统模式的婚姻途径来找到婚姻伴侣，这种婚姻途径一般根据当地结婚的风俗，按照约定成俗的规定程序从见面达到举行婚礼，这一过程的每一步骤都要相当的花费，而且必不可少。20 世纪 80 年代中期以后，媒人牵线这一传统模式的婚姻途径出现了一种变化，就是青年男女自由结识，仍需媒人牵线，但这一实质并没有变，仍会按照当地婚俗按步骤进行办理，每一步骤都要支付相当的费用。

新生代农民工到城市打工后，社会流动带来的青年独立，也带给他们价值观念的变化。新生代农民工倾向于在打工过程中自由结识自己的婚姻伴侣，在这一过程中会支付一笔可观的费用，称为"前期花费"，但花这笔钱不一定就能和对方步入婚姻殿堂，很多花了钱又没和对方结婚的男青年会被传统的父母称为"败家子"，如果自由恋爱成功，男方家庭即可以省去高额的彩礼钱，女方家庭又可以省去嫁妆费用，称为婚费相抵，大部分的婚姻支付来自于两人在打工过程中的收入，这也在一定程度上反映出新一代青年农民工摆脱了对传统父系家长制在经济等方面的依赖，获得了相对的独立，这也是社会转型、变迁、允许农民自由流动的结果。

第 6 章

农民工婚姻的爱情策略

在布迪厄的婚姻策略理论中，侧重于对“惯习”、“场域”以及“资本”的论述，强调客观的“实践”条件，而没有涉及对主观爱情的叙述，实际上婚姻中的爱情必不可少，爱情也产生于实践，爱情成为人们婚姻策略中的一个重要因素，因此，笔者在婚姻策略中加入了“爱情”这一主观因素，分析爱情对农民工婚姻策略的影响。

第一节　爱情源于实践

爱情始终是一个永恒的话题，是人们苦苦追寻的一个理想，是婚姻情感关系的核心，在农民工的婚姻中也不例外。自古以来、古今中外，人们对于爱情的理解产生于实践，爱情不是单独存在的，它是基于社会实践之上，具有自然属性和社会属性。李银河认为，无论人们对感情与婚姻的关系的印象有多么悲观，无论追求有爱的婚姻有多么困难，它始终都是人们心向往之的目标，而且实际的情况也许并不像人们想象的那样悲观。[①] 恩格斯在《家庭、私有制和国家的起源》中曾说过，婚姻必须建筑在爱情的基础上，有爱情的婚姻是有道德的，没有爱情的婚姻是不道德的。结婚的充分自由，只有在消灭了资本主义生产和它所造成的财产关系，从而把今日选择配偶还有巨大影响的一切派生的经济考虑消除以后，才能普遍实现。到那时候，除了相互爱慕之外，就再也不会有别的动机了。[②]

---

① 李银河. 中国女性的爱情婚姻与性[J]. 青年作家，2007(2)：62-67.

② 马克思、恩格斯选集，第 4 卷[M]. 人民出版社，1965：78.

（一）爱情的自然属性

爱情的自然属性是人们对爱情的主观理解与心理感受。在公元前5世纪，柏拉图就写过爱情，他认为人类最高的美德就是爱，包括精神上、智慧上以及性的吸引。根据柏拉图的看法，最高等的爱是一美丽的少年跟一明智年长的男子间的同性恋爱，女人是较劣等，不值得被爱也不能爱他人。然而婚姻跟爱情无关，只为延续人生。600年以后，奥立德描述了罗马式的爱情，罗马人认为爱情只是淫佚的，不包涵智慧与精神的，爱情是异性间的，但却是奸诈、妒忌的。对于奥立德，就像对柏拉图，婚姻是实际上、经济上的必需品，而爱情仅用于私通的事件。在现代，不同的文化对爱情的观念更是五花八门，莫衷一是。在某些现代文化中，爱情被视为一种能超越关系中一切障碍的经历，而在另一些文化中则把爱情视为一种需要小心翼翼地加以控制的经历。

根据在法国的调查，人们认为爱情是一种非理性的体验，人只是受其支配，而不能客观地认真思考它；而根据在美国的调查，人们则认为爱情是一种非常重要的经历，但并非必然不能控制或是浪漫关系的唯一基础。美国社会一般把爱情视为个人主义的，而中国文化则重视集体主义，一个人个人愿望的实现则在其次，更确切地说，它更为强调个人跟其他人之间的社会关系。许多中国人似乎是根据他们的社会角色来看待自己的，很少把自己看成是正在寻找或正在小心地寻求真正的自我的个体，亲昵不光施之于浪漫情侣，而且要扩展到整个家庭的成员。①

学者对于爱情的论述有独到的见解，心理学家乔治·伦纳德认为，爱情中的亲密关系具有三个基本的要素：强烈的共同感或相互依赖，巨大的感情投资，定型的结构。② 蔡文辉认为爱情是一种直觉的心理状态，它包括一种对某个人或某一件物品的心理情感的感受和内涵；一种对某一个人或某一件物品的正面好感；一种温暖和亲近的感觉；以及一种希望与某一个互动的心理行动。从学理上来说，爱大致分为七个类型：朋友之爱、嬉戏之爱、理性之爱、占有欲之爱、大公之爱、伴侣之爱和罗曼蒂克之爱。男女之间的爱虽然在上面七种类型皆有

---

① 潘晓梅，严育新. 情爱简史[M]. 北京：中国社会科学出版社，2004：4.

② 兰明春，彭萍. 婚姻与家庭模式的选择[M]. 成都：四川大学出版社，1990：50.

发现，但在婚前则以伴侣之爱和罗曼蒂克之爱为主。[①] 罗曼蒂克之爱在 18 世纪以后开始形成，它又吸收了激情之爱的某些要素，不过又渐渐同二者区别开来。罗曼蒂克之爱把一种叙事观念导入个体生命之中——这种叙事观念是一种套式，从根本上延续了崇高爱情的反射性。[②]

心理学家鲁宾认为罗曼蒂克爱情至少有三种要素成分：①亲近，希望我们所爱的人能在身边的一种需求，即“一刻不见就心痛”的感觉；②关怀，问暖嘘寒，时刻关心我们所爱的人，他（她）的一举一动成为我们照顾关心的中心焦点；③情意，两情相悦，互通心声的联系；这种爱情也必须包括某种程度的痛苦，为爱所苦几乎是恋爱过程中必需的经验。伴侣式爱情常常发生在罗曼蒂克爱情高潮之后，当双方情绪稳定下来以后，互相分享苦与乐，互相关怀与惦念，互相建立和维护这一感情。社会学家和心理学家认为男女之间的爱情如果能两者兼有：既有罗曼蒂克的火光与刺激，又有伴侣式的稳重持久，将是最理想的，又是最有意义的。马林诺夫斯基通过对特洛比利安岛人的研究深思熟虑地指出：“爱是一种激情，这无论是对马来西亚还是欧洲人而言都是一样的；它或多或少都会使心身备受摧残；它导致许多困局，引发许多丑闻，甚至酿成许多悲剧；它很少照亮生命，开拓心灵，使精神洋溢快乐。”[③]

罗伯特·斯腾伯格爱的三元理论认为，爱情包括三个成分：第一个成分是亲密，包括热情、理解、交流、支持及分享等特点；第二个成分是激情，以身体的欲望激起为特征；爱情的最后一个成分是承诺，包括将自己投身于一份感情的决定及维持感情的努力。承诺主要是认知性的，亲密是感情性的，而激情是动机性的。爱情关系的“热度”来自激情，温暖来自亲密；相形之下，承诺所反映的则完全不是出于感情或性情的决定。[④] 雷斯的“爱情之轮”较有影响，她指出人们不应该坠入情网，而是在情网里如何维持双方关系，爱情过程就像轮子和转一样，它大致分为四个阶段：①和谐谈得来；②自我表白；③互相信赖；④人格需

---

① 蔡文辉. 家庭社会学[M]. 台北：五南图书出版公司“中华民国”76 年 12 月出版，第 45、46 页.

② [英]安东尼·吉登斯. 亲密关系的转型——现代社会中的性、爱与爱欲[M]. 社会科学文献出版社，2001:49.

③ [英]安东尼·吉登斯. 亲密关系的转型——现代社会中的性、爱与爱欲[M]. 社会科学文献出版社，2001:49.

④ [美]莎伦·布雷姆. 亲密关系[M]. 北京：人民邮电出版社，2005:201.

求的满足，这四个阶段是彼此相关的。卡文在她所写的“美国家庭”就宣称爱情与婚姻两者是无法配合的，以爱情为唯一选择配偶的条件是危险的，爱情本来就是情绪的高涨，难以维持长久。

（二）爱情的社会属性

爱情具有社会属性，可以表现在主观和客观两个方面。主观方面，即人们对爱情具有自觉的意识；客观方面，即社会对爱情要有所制约。这两者都受着社会发展水平的影响。正因为人的爱情是有意识的，所以爱情总是和一个人的人生观、道德观分不开的。爱情又是同一定社会结构中人的道德意识，同人的善恶观，同他对道德和不道德的意识联系在一起的。正如马克思所指出的“男女之间的关系是人与人之间直接的、自然的、必然的关系。……因而，根据这种关系就可以判断出人的整个文明程度”。（《1844 年经济学—哲学手稿》第 72 页）爱情也是一种社会建构，不同时期的文化对爱情所下的定义完全不同。在过去两个世纪，爱情已成为婚姻的基础，这是新的发展。这之前，甚至今天很多文化中，婚姻是包办的，完全不考虑这对将相依为命的伴侣最终是否会相互体验到亲昵和激情。从历史上看，女人不同于男人，她们结婚的目的有更大的可能是为了获取某种生活方式。男人可能有条件享受为爱情而结婚这种奢侈，而对妇女而言，生活上的需要则可能使得经济上的考虑在她们的婚姻中起主导作用。

在阶级社会里，社会利益总是带有阶级性的，它总是以统治阶级的意志为转移的，因此社会利益对爱情的干预，往往意味着对爱情的阻挠与摧残，由于爱情具有民主性，从政治和道德的角度看往往起破坏作用，任何人都具有爱的潜力，爱情不遵守诸如阶级、种族或宗教的社会束缚。焦仲卿和刘兰芝之爱，梁山伯与祝英台之爱、贾宝玉和林黛玉之爱等，无不打上时代的烙印，并且导致了那个社会所必然导致的结果。在古代，“父母之命，媒妁之言”的婚姻意识深深地印在人们的心灵深处，自由恋爱很难成就，梁山伯与祝英台的爱情悲剧可谓家喻户晓，他们自由恋爱，却不能结成伉俪。另外，《娇红记》、《天仙配》等民间故事也反映出古代青年男女对自由恋爱的渴望，但他们最终还是很无奈地被淹没在礼法的汪洋大海中。[①]

① 张树栋，李秀领．中国婚姻家庭的嬗变[M]．杭州：浙江人民出版社，1990：115.

但随着社会的进步，女性地位的提高，男人和女人在强调关系中的浪漫成分更趋于平等。妇女的教育程度不断提高，她们已大量地进入拿工资的劳动者行列。因此，她们在结婚时已较少从经济依赖的角度去考虑，而是越来越把爱情当做结婚的理由。

许多国家与美国人认为，在婚姻策略中，爱情被放到了次要位置，即把爱情看做结构的重要原因，但却不是最充分的理由。在求偶期间，男女青年的相互吸引是很强的，但这并不把爱情当作婚姻的基础。在这种制度下，长辈们积极参与决策，并不完全有权控制儿女婚姻在经济上的安排。爱情对于社会阶层制度来说是一种潜在的威胁，因为它有可能促使青年人与那些长辈们认为不合适的对象结婚。①

在我国，一直都认为爱情与婚姻是不相配合的，婚姻是两个家庭或家族在政治权势、经济利益及社会关系的延伸，爱情往往是这种企图的最大障碍。因为是火光式突然性的，难以控制，建立爱情的婚姻易聚也易散；爱情的对象常部分身份地位，破坏家庭已有的地位，并阻挠家族势力的延伸；爱情过于情绪化，无助于婚姻的稳定性。有人把罗曼蒂克的爱情看成是狂恋，一种高度情绪化不顾死活的爱。伴侣式的爱情则是情绪较稳定，也较理性的爱。②

以上这一切，爱情除了具有固有的自然属性以外，都说明了它的本质在于社会属性。从以上爱情的自然性和社会性的理解出发，男女青年对自己与异性间的关系可以作出如下判断：如果两个人只有精神、思想、政治上的一致，而没有情欲的吸引力，那么仅仅是志同道合的同志；如果两个人只有情欲的吸引力，而毫无思想、志趣方面的一致，那么只是萍水相逢的同路人，很容易见异思迁、各奔东西。

第二节　惯习、生存实践下的先婚后情

前文对惯习概念进行了叙述，惯习既是行动者内在的主观精神状态，又是外化的客观实践活动；既是行动者主观心态的向外结构化的客观过程，又是历

① [美]威廉·古德.家庭社会学[M].台湾：台湾桂冠图书有限公司，1988：80.

② 蔡文辉.家庭社会学[M].台北：五南图书出版公司"中华民国"76年12月出版，第57页.

史的及现实的客观环境向内被结构化的主观过程。行动者既在他们所处的移动的社会世界里面活动，也在持久铭刻于他们身体之中的、建构起来的可能性范围内活动，积淀在行动者内心深处的惯习对行动者的行动有深刻的影响，那么农民工在婚姻场域中的惯习自然会影响到他们所采取的婚姻策略。

在L村进行调查、访谈，当问到“您结婚前是否考虑感情因素?”时，改革开放前结婚的村民都认为媒人在介绍对象时，感情因素几乎不考虑，一般都是“先结婚后培养感情”。繁重的农业体力劳动、效率低下的农业收成、贫困枯燥的生活方式、仅仅能生存下去的生活实践；“男女授受不亲”的传统惯习、较少的接触机会使L村改革开放前结婚的村民很难在结婚前培养起“双方情投意合”的以爱情为基础的感情。

个案32 L村现年51岁的张老汉跟我说：“我是1978年结的婚，我们这里娶的媳妇大多是通过媒人介绍的，媒人一般是亲戚或认识的熟人，说起媒来也可靠。媒人给我们夫妻介绍前我们一点都不认识，哪有时间互相了解呀，更没有时间培养感情了。媒人在中间起到一个传话筒的作用，媒人会把男女当事人及双方家庭的基本情况向对方介绍一下，如果两个家庭感觉还可以，媒人就会撮合两个家庭确定个日期见一面，我们这里称为‘相家’，‘相家’的那一天，女方家很亲近的几个亲戚会在媒人的带领下到男方家看看。男方家人会热情地准备一桌酒席招待前来‘相家’的女方家庭一帮人，临走时除了给女方买一身衣服，一份见面礼外，每个人还要送上一份礼物。酒席结束后，其他陪同的人会到男方家附近走走看看，这时两个人会单独在一个房间里进行私聊，这个时候就是两个人互相了解对方的时间，但那个时间男女平时交往的很少，单独在一起的时候会很尴尬、很紧张，有时候一句话也说不出来。如果感觉差不多的话，这门亲事就会定下来，之后两个家庭就会互相来往，尤其是在节日的时候，男方就会拿着礼物到女方家去走亲戚，在农忙的时候，男方也会到女方家去帮助干活，目的是为了维系这门亲事，在女方家人面前有一个好的印象。两个家庭交往大概有一年的时间，男方家人就会委托媒人，再找当地几个有威望的人到女方家庭去提亲，如果没有什么意外，女方家人一般会答应这门亲事，然后就开始讨论问题的实质了，就是大家一起商量彩礼、结婚用品、婚礼日期等，结婚前男女双方接触的很少，结婚后真正开始一起相处，由于我们这生活条件不是很好，大家娶个媳妇也不容易，一般结婚后大家相处的还不错，有时吵架很正常，但到目前为止，我们那一代人还没有一个村民因为感情问题而离婚的，相处的时间长了，感情就慢慢培养出来了，彼此就互相分不开了。”

阎云翔通过在东北下岬村10多年插队和调研的生活实践，对484个择偶案例进行分析后认为，即使在介绍型的婚姻中，爱情也会发生的。[①] 这种爱情是隐性的、模糊的，男女双方相互之间这种好感是逐步建立起来的，有的原来就认识，比如同村结婚的，媒人只是充当两家讲条件的中间人，有的甚至请来走个过场。有的虽然在媒人介绍之前并不认识，但通过交往之后逐步产生了感情，如果一点感情也没有，就不会结婚。即使一些完全有父母做主的婚姻，双方也在订婚后逐步产生了爱情。

在L村，改革开放前结婚的村民，婚姻的稳定性很强，至今为止还没有一个村民离婚。有的夫妻有时会因为一些小事吵架，这些都是很正常的事，当地有一句谚语就是“天上下雨地上流，小两口打架不记仇”。随着年龄的增长，在一起劳作、相处的经历会使他们的感情会越来越深。L村新一代青年农民工父辈们“先结婚后培养感情”的模式对他们来说有点不可思议，但这与当时的社会、经济条件相符合，反映出了他们的“生存实践逻辑”：

(1) 以前农村社区的“熟人社会”是在本自然村及其临近村庄范围内，出了这个范围就是一个“陌生社会”。村民平时交往较多的是同村的村民及很亲近的亲戚，与陌生人交往的很少，尤其是女孩，家长平时管教得很严。因此农村青年男女交往的婚姻圈很小，很少有机会自由地培养感情。

(2) 原来以媒人牵线搭桥为主的婚姻途径，使男女当事人在媒人介绍前大多相互不认识，他们根本就没有就会接触，更谈不上培养感情了。在订了婚之后，他们之间的交往也很少，即使在传统重大节日，女方到男方家里去过节，女方家长也会要求女儿当天回来。

(3) 在传统家长制家庭下，孩子没有经济收入来源，一切生活来源都靠以父母为中心的共同劳动所得，子女没有独立性，孩子的婚姻也是由父母包办，当孩子到了谈婚论嫁的年龄，父母会按照当地的婚俗程序，帮助孩子完成婚姻大事，婚姻当事人在感情上对自己的终身大事几乎没有发言权。

---

① 阎云翔. 私人生活地变革：一个中国村庄地爱情、家庭与亲密关系 1949～1999[M]. 上海：上海书店出版社，2006：69.

(4) 当时农村的普遍贫困，使村民的婚姻目的是“为了结婚而结婚”，为孩子成家是父母的一个义务，感情是次要的。村民找个媳妇不容易，贫困的家庭条件使他们离不起婚，即使婚后两个人感情不好，他们也大多会相互谦让着生活下去，在生活实践中慢慢培养感情，直到年老后相濡以沫、感情弥深。

(5) 必须承认，他们这一代人对爱情也充满了浪漫情怀与内心的渴望，但由于当时经济生活的贫困，与外界交流的限制，选择机会很少，很多爱情是潜意识的，或者是成年后对异性的向往。他们在媒人的牵线或父母的张罗下，在婚前通过以结婚为目的的交往，才逐步产生了感情，而且两人也不能表现得太张扬，太亲密，否则会被村民们视为“不正经”，所以他们婚前的爱情是矜持的、被当时的乡土风俗所压抑的。

第三节　惯习外化、发展实践下的先情后婚

布迪厄说“惯习的提出，可以说是一件不得已而又是甘愿为之的事情，这是一个结合了客观必然性的产物，它产生了策略，即使这些策略不是建立在对客观条件有足够了解的基础上，不是在此基础上通过有意识地针对得到清晰的系统阐释的目标而产生的，但这种策略最终表明是客观的适合于环境的。”[①]

农民工离开家乡仅仅能够得以生存的“一亩三分地”，到城市打工，获得了一定的发展空间，经济上获得相对独立，婚姻的社会圈和地域圈相对扩大，“男女授受不亲”的传统惯习逐步淡化。他们的婚姻途径也逐步由父母包办、媒人牵线向自由恋爱，父母同意、自己做主过渡，这一转变是以感情基础为主要考虑要素的，与他们父辈们先结婚后培养感情不同，他们所追求的是以感情为基础的婚姻。戴燕认为农民工在婚姻上的择偶标准受到实用主义、社会主导价值、传统规范和个人感情的多方面影响。择偶标准中最值得一提的是感情开始逐渐占据重要的位置，以往的婚姻因为是两个家庭出于利益或其他因素的结合，个人的需要处在相对忽视的地位。正像冯友兰先生所言：“儒家论夫妇关系，但言夫妇有别，从未有言夫妇有爱。”[②]法国社会学家穆勒曾分析了婚姻基础的社

---

① 包亚明. 布尔迪厄访谈录——文化资本与社会炼金术[M]. 上海：上海人民出版社，1997：12.

② 戴燕. 肥东县春节返乡农民工日常生活考察[D]. 合肥：安徽大学，2003(5).

会内涵，他认为人类历史上的婚姻有三大动机，即经济、子女、爱情。在上古时期，经济第一，子女第二，爱情第三；中古时期，子女第一，经济第二，爱情第三；到了现代，变为爱情第一，子女第二，经济第三。[①]

L 村第一代外出打工者（改革开放初期出去打工的，目前年龄在 45 岁左右），在婚姻的感情因素上与他们的父辈相比并没有本质的区别，由于客观经济条件的限制，他们在婚姻伴侣上很少有选择的余地，听任媒人和父母的安排，很少考虑到感情因素，也是先结婚再培养感情。

L 村第二代外出打工者当中（20 世纪 90 年代初出去的，现在年龄在 35 岁左右），他们的婚嫁距离大多在当地邻近村庄，范围在 0～10 公里之间，婚姻的结识方式基本上也是由媒人牵线搭桥的方式，自由恋爱的比例很低。与改革开放前和改革开放初期结婚的村民相比，这一代农民工对自己的婚姻伴侣开始有了选择的权利，感觉没有感情的可以拒绝，也可以退亲，甚至在结过婚之后因感情不和的离婚的，不像他们父辈那样容忍，越来越看重感情因素在婚姻中的地位。L 村这一批结过婚的打工者当中，目前离过婚的有两人，一个是在 2002 年离的，一个是在 2003 年离的，这在 L 村以前是不可思议的事情。L 村第一个离婚的是前文讲到的黎老汉的二儿子黎 A，黎 A 的第一次婚姻是他父母和亲戚一手包办的，当时介绍的标准是“勤劳、能干农活”，父母没有考虑到女方的外在容貌，更没有考虑到儿子最初的反对和心理感受，后来黎 A 到北京打工，思想观念也变了，不再听父母的劝告，回来和老婆离婚了，虽然他们已经有了一个一岁多的儿子，理由就是和外在容貌不是很好的老婆没感觉，更谈不上感情了。

个案 33　L 村第二个和老婆离婚的是黎 B，主要原因是他们感情上出现了问题。笔者在 L 村进行访谈时，黎 B 还在北京打工，已经一年多没回来了，我对他的父亲进行了访谈，他父亲跟我说：

“我儿子和他媳妇是在北京打工时认识的，她媳妇娘家离我们这不远，有 6 里多地，当时在一个饭店打工，由于是老乡，感觉非常亲切，就谈起了恋爱。我们村和我儿子差不多年龄的都结婚了，我和他妈就催他回来把婚结了，1999 年春节前，我儿子和他媳妇一块从北京回来举行了婚礼，在家过完年就又到北京打工去了，大概一年后他媳妇回来生孩子了，是个男孩，我们一家人都很高兴，

① 胡申生，邓伟志. 上海婚俗[M]. 上海：文汇出版社，2007：111.

我们这第一胎都希望是个男孩，如果是女孩还要花几千块钱买准生证生育第二胎，有的外出躲计划生育，生了几个女孩。孩子快6个月的时候，我儿子媳妇就到北京打工去了，他们在城市生活惯了，在家也呆不惯。孩子由我和他妈带，我们村很多刚生了孩子的年轻人都是把孩子放在家里由爷爷奶奶带。现在的年轻人都到城市打工挣钱去了，也造成了孩子和父母之间的隔阂，我们村一个姓张的年轻夫妇也在北京打工，把很小的女儿放在家里由爷爷奶奶带，有一次他们回家，孩子就是不叫他们爸爸妈妈，给一百块钱也不叫，这对年轻夫妻很伤心，后来就把女儿带到北京去了，听说很长时间才适应。

我儿子和他媳妇自从生了孩子以后，夫妻感情再也不如以前好了，我儿子说他们在北京天天吵架，有时因为一点点小事就大吵起来，一年多以后两个人就因为感情不合离了婚，一岁多的儿子判给了我们，目前由我们带，小孙子现在已经上小学三年级了。我儿子说这段婚姻主要是两个人结识的时间太短，没有充分了解对方，虽然开始认识时有感情，但后来天天吵架，两个人性格不和，消磨得就没感情了。开始时我不主张儿子离婚的，因为原来在农村娶个媳妇很不容易，即使结婚后两个人有矛盾，也会迁就着过，我们这一代人在我们这地方从来就没有离过婚的，现在年轻人讲感情，我们也管不了。后来我孩子在北京又谈了一个女朋友，是去年回来结的婚，我孩子找的第二个媳妇是黑龙江农村人，长得很胖，人家都叫小胖子，没有第一个媳妇好看，但我孩子就是喜欢，说他们两个有感情，能说到一块去，咳，现在的年轻人不知道怎么想的。”

L村新一代打工者大多是20世纪80年代左右出生的，他们都具有初中以上的学历，很少在家干过农活，在自己的婚姻问题上，更加有主见，更加注重两个人之间的感情，无论是别人介绍的还是自己自由恋爱结识的，都倾向于交往一段时间，培养一下感情，不再像他们的父辈那样，在别人的安排下，结完婚后再慢慢培养感情。在L村新一代打工者当中，已婚者大部分是通过在外打工，自由恋爱相识而结婚的，其中有四个是跨省婚姻，三男一女，在前文的婚嫁距离部分已提到过，他们从结识到结婚交往了2到5年，时间最短的是李A，和他老公结婚时，他们已经交往了两年多，姚某和他媳妇认识近3年，李B和他媳妇结婚时交往了3年多，李C和他媳妇交往了将近5年，2007年4月份才与媳妇领了结婚证，在L村举行了婚礼。L村四个跨省婚姻者，他们在结婚前都与对方相处了很长一段时间，相互非常了解，感情也非常深厚，双方家庭也没有在彩礼、嫁妆上花钱。而黎 A 与他媳妇交往才 1 年多，彼此不是很了解，他们是在家人的催促下匆忙结婚的，才导致了婚后感情的不和而离婚。

L 村其他非跨省结婚的新一代外出打工者，有的是在城市打工时认识的，有的是打工时老乡介绍的，还有的是在老家通过亲戚或熟人介绍认识的，他们这一代人无论是采取哪种形式结识的，婚前交往的时间、了解的程度都远远超出他们父辈那一代人，以感情为基础是他们结婚的依据，是典型的"先有感情后结婚"。

个案 34　L 村有一个姓苏的青年，现年 20 岁，初一没上完就到东莞打工去了，在厂里谈了一个女朋友，是四川人，两个人也谈得来，感情也可以，但女孩是独生女，父母无论如何也不愿意让女儿和他结婚，除非这位苏姓青年到四川做上门女婿，这位青年在家是老大，下面还有一个妹妹，他父母考虑到将来养老问题，当然不愿意让他到四川去做上门女婿，于是他就和四川的女友分了。前文在婚嫁距离这一章节也分析到，由于新一代农民工大多家庭子女较少，有的甚至是独生子女，考虑到父母将来的养老问题，父母不希望自己的子女嫁到很远的地方去，因此这一代人跨省婚姻的比例有所下降，除非邻近省份两个家庭离的较近。有感情的自由恋爱受到客观条件的限制，最终苏姓青年没有和四川的女友结婚。后来他的亲戚为他在邻村介绍了一个同在外地打工的女孩，两个人见面后感觉也可以，就确定了恋爱关系。根据当地介绍婚姻的习俗，苏姓青年的家庭已向女方下了两万多元的彩礼，目前他们已经交往一年多了，他们之间的交往并不是像他们的父辈们那样，只是在传统重大节日里两家走一下亲戚，他们在确定好恋爱关系后就一起到东莞打工去了，两个人在东莞相互照顾，平时下班后经常在一起，相处得很融洽，在 2008 年春节前回家举办婚礼。

有关调查显示：从 1949 年建国到 2000 年，河南农村居民对婚姻当事人的感情要求逐步提高，1949～1965 年，在婚姻策略中，要求"双方情投意合"的比例为 16.27%，1966～1976 年上升到 24.36%，1977～1992 年上升到 38.67%，1993～2000 年上升到 64.96%。[①] 可以看出 P 县所在的河南农民，建国初期在婚姻策略中对婚姻伴侣感情因素的要求比例很低，后来逐步缓慢上升，直到 20

① 孙立坤. 河南当代家庭变迁调查[M]. 北京：人民出版社，2004：454、455.

世纪 90 年代中后期才达到一个较高的要求。在对待婚姻问题上，当代农村青年的观念发生了很大的变化，尤其是从以往对门第和身份的重视向情感方面转移，应该说在某种程度上是一种进步。

迟书君 2003 年在深圳所做的调查也显示：深圳的流动人口（相当一部分是农民工）中，与恋爱对象感情很深的占 28.9%，比较深的占 45.5%，两项相加占 77.4%，不太深和不深的占 7.5%，说不清的占 18.1%。在与恋爱对象的关系评价中，非常满意的占 18%，比较满意的占 59.2%，两项相加占 77.2%，非常不满意和比较不满意的分别占 1.5%和 9.8%，无法判断的占 11.5%。即使婚后，认为"感情很好，各方面都合拍"的占到 64.3%，认为"对方很适合我，无所谓好坏"的也占到 19.4%，这两项相加也达到了 82.8%。从不同文化程度来看，注意与配偶培养感情的相对文化程度低的群体占比例高，初中及以下占 81.4%，高中占 78.7%，[①]而流动人口中文化程度在高中以下的全部是青年农民工。

可见，青年农民工对恋爱对象、婚后关系评价满意、感情深的占大多数，说明当前大多数青年农民工结婚前非常看重与恋爱对象的感情，并与恋爱对象感情已达到一定程度，关系融洽。

2003 年、2007 年厦门大学人口研究所"全国流动人口婚姻家庭调查"项目组，组织的全国流动人口与厦门市流动人口婚姻家庭的问卷调查，数据显示：流动妇女中未婚的最多，占 63.2%。关于婚姻态度，大部分流动妇女对配偶忠诚、对婚姻负责，认可爱情是婚姻的基础，她们对婚姻的情感要求与忠诚度高于流动男性。她们认为"婚姻必须有爱"、"一旦结婚就会保持对配偶忠诚"的比例均高于流动男性。[②] 有 61.9%的流动妇女选择了"婚姻必须有爱，不能凑合着过"，而对于这一问题的看法，不同年龄段的流动男女有所不同，如下表所示：[③]

	20 岁以下	20～24 岁	25～29 岁
流动妇女/%	68	66.2	65.3
流动男性/%	46.2	64.2	61

① 迟书君. 新型城市移民——2003 年深圳流动人口恋爱婚姻家庭状况调查[M]. 北京：社会科学文献出版社，2006：104、105、175.

② 孙琼如，叶文振. 流动妇女婚姻观念及其影响因素分析[J]. 北京科技大学学报（社会科学版），2009(4)：23-30.

③ 叶文振，王玲杰，孙琼如. 流动中的爱恋与婚育[M]. 厦门大学出版社，2009：49.

笔者在上海其他地方所做的问卷调查中，几乎所有的青年农民工都把“与对方有感情”作为和对方结婚的第一要素，关于“确定了恋爱关系，没结婚就同居的看法”这一原来在L村当地被村民视为“有伤风化”的规定，一些青年农民工以感情为依据，表示可以接受，如下表所示：

对于没有领结婚证就居住在一起的看法

排序	对于没有领结婚证就居住在一起的看法	百分比/%
1	只要感情好可以接受	43.1
2	只要双方愿意可以接受	35.2
3	反对	21.7

在上海S厂已婚的27名和21名未婚农民工当中，关于感情问题对他们进行了访谈，其中有一个问题就是“你的婚姻在考虑对方的下列各种要素中，最重要的是哪一个？其次重要的是哪一个？”笔者共设计了五个选项：①与对方有感情；②对方容貌；③对方家庭经济条件；④对方挣钱能力；⑤对方品德素质，所有的人都认为最重要的是“与对方有感情”，其次重要的是“对方品德素质”。当问及其他因素是否不重要时，他们大多回答的是“在其他条件具备的同时，当然会优先考虑与对方有感情这一重要因素”。由此可见，现在的青年农民工在自己婚姻伴侣的选择上，越来越看重“感情因素”。

第四节　小结

改革开放以来，国内外学者对农民工的研究层出不穷，但大多是从宏观结构的角度来研究，忽视了对农民工情感变化的研究。在这一章节里，笔者以社会变迁为背景，运用对比的手法，着重论述了情感在农民工婚姻策略中的地位与变化。

L村所在的P县当地，改革开放前结婚的村民，由于婚姻途径是以媒人介绍为主，自由恋爱结识的机会很少，再加上繁重的农业体力劳动、效率低下的农业收成、贫困枯燥的生活方式、“男女授受不亲”的传统惯习使L村当地村民很难在结婚前培养起“双方情投意合”的以爱情为基础的感情。由于子女在家庭中没有独立的经济来源，他们大多是在父母的安排下，按照当地的婚俗程序来完成自己的婚事,很少有选择的机会,是典型的"先结婚再培养感情"类型,虽然夫妻两人在婚前了解很少,但这样的婚姻相对比较稳定,离婚的几乎没有,贫穷的生活使村民们"离不起婚",这反映了当地村民客观的"生存实践"。

L村第一代外出打工者本质上仍然是传统意义上的农民,由于生产、经济条件并没有发生根本的改善,在婚姻的感情因素上与他们的父辈相比并没有本质的区别。

L村第二代外出打工者摆脱了繁重的农业体力劳动,常年在城市打工挣钱,经济上获得了相对独立。虽然婚姻结识基本上也是由媒人牵线搭桥的方式,自由恋爱的比例很低,但与改革开放前和改革开放初期结婚的村民相比,这一代农民工对自己的婚姻伴侣开始有了选择的权利,越来越看重感情因素在婚姻中的地位,如果婚后感情不和的会考虑到离婚,这在L村以前是不可想象的事情。

L村新一代打工者在婚姻途径上以自由恋爱结识为主,无论是跨省结婚还是与当地年轻人结婚,他们倾向于在婚前交往一段时间,培养一下感情,不再像他们的父辈那样,在别人的安排下,结完婚后再慢慢培养感情。他们这一代人无论是采取哪种形式结识的,婚前交往的时间、了解的程度都远远超出他们父辈那一代人,以感情为基础是他们结婚的依据,是典型的"先有感情后结婚"。

与L村外出打工的青年相比,上海S厂已婚和未婚的农民工选择婚姻伴侣时,在其他条件具备的同时,也会优先考虑与对方有感情这一重要因素。这种恋人之间的感情不是仅仅以相互之间的爱恋为基础的,这种感情具有一定的社会性,即恋爱的双方在户籍性质(城镇、农村户口)、外在经济条件、相互间的性格脾气、价值观念、兴趣爱好的一致,也就是追求更高层次的外在与内在的统一,由传统外在家族地位相似的"门当户对"转向"价值观念内在的统一"的门当户对。

由此可以看出,现代的青年农民工在经济上获得独立的同时,在感情、婚姻生活上有了很大的自主性,更加注重与婚姻伴侣在感情方面的"情投意合",而不是如他们父辈那样"先结婚后培养感情",即使婚后没有了感情,也会"凑合着过",这也说明:随着中国社会的转型、经济的快速发展,中国广大的乡村也发生了翻天覆地的变化,作为农村主体的青年农民工,他们婚姻生活中对感情的逐步看重反映了中国改革开放后农村经济条件、农民思想、农民生活以及城乡经济体制发生的重大变化。

第 7 章

新生代农民工的婚姻策略：远嫁(娶)还是回乡？

第一节 微妙变化：生存实践、时代折射

社会的转型对农民工婚姻策略有深远影响。本书以改革开放以来我国由计划经济体制向市场经济体制转型为社会背景，这一期间，国家逐步消除了对农民在城市打工的限制，特别是20世纪90年代以后，大量农村剩余劳动力涌入城市打工谋生，成为我国城乡社会经济生活的一个重要现象，农民的生活实践空间发生了转移，由原来在“一亩三分地”上仅仅得以活下去的生存实践转换到能够获得一定空间的发展实践，客观的生活、工作实践及传统文化惯习构成了农民工采取婚姻策略的基本考虑。

农民工的“婚姻策略”是研究的主要内容，“婚姻策略”这一概念来自于布迪厄的实践理论，笔者对这一概念重新进行了界定，着重强调“婚姻策略”是一个动态发展的过程，与农民工的生存、发展实践密切联系。婚姻策略是一种社会性的选择，是一种生存性的实践，与静态的择偶标准有所区别，同时本书又增加了爱情这一很难把握的主观因素对农民工婚姻策略的影响。

本书借鉴、吸收了国内外学者对我国农民工这一特殊群体研究的成果，独辟蹊径，从与农民工息息相关的婚姻策略这一角度入手，以上海S厂和P县L村为调查、访谈地点，在研究方法上，通过比较分析、个案深入访谈，全面展现不同时期农民工婚姻策略的生动实践。同时，通过近三年的时间，对在上海各行各业工作的300多名农民工进行问卷调查，所得到的数据对个案访谈是一个有效补充。在整体上，本书论述了S厂、L村外出农民工与他们父辈在不同生存

发展实践下不同的婚姻策略，进而反映出这两代人所处不同时代的经济、社会发展特征。

城乡经济发展的巨大差异是农民工到城市打工的基本动力，但农民工自身的身份、地位、收入等客观生活实践决定了他们的婚姻性质。虽然农民工在城市获得了一定的发展空间，但非常有限。由于我国城乡二元户籍制的限制，与城市居民相比，农民工在城市中收入较低，生存条件较差，处于城市的边缘地位，客观的生存实践决定了农民工的婚姻是同类型的平行婚。

“门当户对”自古以来是我国婚姻策略的基本标准，从婚姻场域中社会圈看，由于受传统观念和现实生存状况的影响，L 村民和 S 厂农民工是“同阶层”的婚姻，虽然有少数嫁入城市的外来媳妇，但她们也满足了城市家庭婚姻的基本需求，并未改变“同阶层”婚姻的本质属性。从婚姻场域的地域圈来看，由于受到交通条件、经济形态、户籍政策的限制，L 村改革开放前结婚的村民，他们的婚嫁距离大多在村庄附近，异省异县结婚的很少。改革开放后，第一代农民工的婚嫁距离与他们的父辈相比并没有本质的改变，在第二代农民工当中，跨省结婚的比例上升很快，但到了目前，由于新一代青年农民工大多是独生子女，或者家中子女较少，加上我国广大农村地区社会养老体制还很不健全，“养儿防老”仍是主要的养老模式，因此新一代农民工远距离跨省结婚的比例有所下降。同时，S 厂青年农民工的婚嫁距离也是以家乡附近为主，异省异县的比例很小，很多也是出于将来回家后对两家父母可以互相照料的考虑。

结婚年龄的变化能从一个侧面反映出整个社会的转型与变迁，每个时代的结婚年龄有所不同。由于受到“早婚早育”、“多子多福”、“养儿防老”传统惯习以及客观自然灾害的影响，L 村改革开放前村民结婚年龄相对偏小，倾向于早婚。改革开放后，我国广大农村实行家庭联产承包责任制，每个自然村按照人口平均分配土地，为了多分责任田，L 村当地第一代外出农民工大多采取虚报年龄、开假证明等手段提前登记结婚。由于常年在外打工，忙于自己的事业，L 村第二代和新一代外出农民工出现了晚婚现象，有近 1/3 的打工者结婚年龄超出国家规定的最低限制。

对于外在容貌，L 村改革开放前结婚的村民基本上没有特殊要求，只要能干农活、持家务、身体健康就行，理想与现实差距很大，客观的生存条件使他们对婚姻伴侣的容貌没什么特别要求，而外出的青年农民工对婚姻伴侣容貌的要求越来越高，尤其是常年在外打工的青年，观念的转变使他们在选择结婚对象时不在单纯考虑“身体壮、力气大、能干活”，更倾向于思想观念一致、外表不要太难看，时尚、头脑灵活等。

在婚姻的资本策略方面，主要表现在高额的聘礼和及各种婚姻花费上。娶媳妇时的各种婚姻花费一直是我国广大农民的沉重负担，L村青年农民工的父辈们一般是按照当地婚俗程序，由媒人介绍，追求“明媒正娶”，从介绍认识到结婚要花相当的费用，一些贫困的家庭会选择“倒插门”、“换亲”等形式来为孩子完婚。而青年农民工外出打工，获得了相对经济自主，思想观念与父母相比更为开放，他们采取自由恋爱的婚姻途径逐步增多，这种形式认识的农民工有相当多地依靠自己的经济能力来实现自己的结婚愿望，双方家庭就免去了相对高额的彩礼、嫁妆花费，但这种形式也会有花了钱而不成功的风险。但是，必须承认的是，随着家庭规模的小型化，父母不愿意自己的子女将来离自己太远，每年春节期间，就会发生回乡农民工通过亲戚朋友介绍，突击订婚、闪婚的现象。

爱情产生于婚姻实践，在婚姻的爱情方面，拥有美好的爱情一直是婚姻伴侣追求的理想，国内外学者对爱情的理解也不尽相同。在L村当地，由于受到客观经济条件的限制、“父母之命，媒妁之言”的婚姻途径以及“男女授受不亲”的影响，改革开放前结婚的村民大多是“先结婚再培养感情”，而当前青年农民工越来越看重感情因素在婚姻策略中的作用，倾向于“先有感情再结婚”，与他们的父辈截然不同。

总之，在L村，与改革开放前结婚的村民相比，当前L村青年农民工的婚姻策略随着时代的发展、社会的转型而有所不同，上海S厂青年农民工的婚姻策略也印证了这一变化，这种变化是我国城乡社会转型、变迁的必然结果。青年农民工的婚姻策略客观反映了他们在城市中生存、生活与发展的实践逻辑，虽然农民工婚姻的社会圈、地域圈相对扩大，婚龄后移，非常注重感情因素，但城乡二元结构的身份制、农民工在城市中的地位决定了他们的婚姻性质仍旧是“同阶层的平行婚姻”，L村及上海S厂农民工的婚姻策略特征反映了当前中国经济、社会的转型背景。

第二节　农民工的婚姻策略将何去何从

本书引用布迪厄的婚姻策略这一核心概念来研究我国社会转型期农民工

的婚姻变化，婚姻策略来源于布迪厄著名的社会实践理论，惯习、场域、资本是构成社会实践理论的三个基本要素。在运用婚姻策略这一概念时，紧紧抓住农民工婚姻策略基于他们的生活实践、根植于他们的生存条件，是潜在的行为倾向，一种社会构成的本能这一主线。但由于当时法国贝亚恩地区与中国的婚姻文化传统不同，在引用婚姻策略这一概念时可能无法完全把握其内含，而是把农民工的婚姻策略与当前我国社会转型的实践结合起来，同时增添爱情这一主观因素对农民工婚姻策略的影响，超出了布迪厄婚姻策略概念的范畴，关于农民工主观爱情因素的论述是否有画蛇添足之嫌？还需专家来定夺。在研究方法上，只是对L村民和上海S厂农民工这些群体进行了深入的个案访谈，论述的也仅仅是这两个地方农民工的婚姻策略，但由于我国广大农村经济、社会发展的差异性、农民工群体的庞大性以及各地婚姻文化传统的不同，不能全部对我国农民工群体进行深入的个案访谈，因此这一研究结论并不能代表我国全体农民工的婚姻策略，本书的主要贡献就在于详细论述了转型期L村和上海S厂农民工这一群体典型的婚姻策略特征。

本书写作的背景是中国社会的变迁与转型，时间范围限定在建国后至现在，1978年我国实现改革开放是一个转折点，农村经济体制由“大跃进”、“大集体”、“人民公社化”向“家庭联产承包责任制”过渡，农村生产、农民生活发生了很大的变化，尤其是1992年，邓小平南巡谈话后，我国掀起了对外开放的高潮，党的十四大确定了建立社会主义市场经济体制的方针政策，我国逐步由计划经济体制向社会主义市场经济体制过渡。国家逐步消除了对农民在城市打工的限制，大量农村剩余劳动力涌入到城市谋生。

经济体制的转型使我国农村社会生活发生了很大的变化。腾尼斯的“公社”理论，迪尔凯姆的“机械团结”理论，美国社会学家萨姆纳与雷德菲尔德提出的“民俗社会”都反映乡村社会的生活方式。传统的乡村社会成员生活方式的总特点就是“乡土性”，个体差异较少、同质程度很高，有较高的封闭性，自身的变化相当缓慢。①

乡村婚姻方式是其生活方式的重要体现形式，中国传统乡村社会的是按照婚俗来办理的，在婚姻的缔结方式上，是由家长或其他人操持决定，当事人很少

① 袁亚愚. 新修乡村社会学[M]. 四川大学出版社，1999：224-225.

有自己的意愿,因此婚姻当事人之间婚前很少有感情交流的机会。高额彩礼是婚姻程序中重要的一环,经济相对贫困的家庭拿不起高额彩礼,就会采取“童养媳”、“互换亲”、“招婿婚”等变通的形式来为孩子完婚。由于长期以来受到“早婚早育”、“多子多婚”封建观念的影响,村民大都倾向于早婚。

农民工到城市打工后,受现代工业经济及城市居民生活方式、思想观念的影响,当前农民工婚嫁思想与他们父辈相比已截然不同,他们深受传统乡村与现代都市婚姻思想的双重影响,但又在很大程度上受到我国城乡二元户籍的限制。虽然国内外很多学者对我国现存的户籍制度进行了批判,认为只有根本改革当前的户籍制度,才能使农村居民在医疗、养老、福利等各方面与城市居民享有平等的权利。但户籍制度的改革是一项复杂的系统工程,即使到现在,我国很多城市,如北京、上海等加强了对办理城市户籍的限制,如上海市对非上海生源的大学毕业生(包括硕士、博士)实行入沪打分制度,而且分数逐年提高,使越来越多的在上海找到工作的非上海生源毕业生办理不了上海户口,更不用说没有任何学历的农民工了。目前我国虽然加强了对农民工在城市中权益的保护,如严厉打击拖欠农民工工资的行为、改善农民工居住工作环境、解决农民工子女入学难问题,但这在本质上并没有改变农民工是农村户籍的属性。

在我国城市化过程中,虽然很多城郊村的耕地被征用,由农民变成了城市居民,但他们平时的交往也仅仅局限在同村之间,如李培林曾指出:“现在在中国的行政版图上,几乎每天都有约 70 个村落消失,每一年都有上万的村落在中国行政版图上消失,这些数千年的村落解体以后,农民怎样融入与他们完全不同的城市,是一个亟待解决的问题。”[①]蓝宇蕴通过在广州调查“城中村”,认为它是一个名副其实的进到城里的“乡下人”,他们是刚刚脱胎于农民的社会群体,由于它本身在社会资源格局中的弱势地位,特别是在权力关系格局中的弱势地位,因此而内在地决定了它的弱势群体地位。[②]

目前城乡统筹是建设社会主义新农村的一个热点问题,但也遇到一些瓶颈,根本的就是以户籍制度为主要内容的城乡分割体制并没有根本改变,很难在就业、医疗等方面实现突破,虽然我国沿海一些发达地区进行了试点,如浙江

① [法]孟德拉斯.农民的终结[M].社会科学文献出版社,2005 年版,后封面.

② 蓝宇蕴.都市里的村庄——一个“新村社共同体”的实地研究[M].生活读书新知三联书店,2005:338.

省在2003年就出台了“城乡统筹就业试点工作标准”，把农民失业问题第一次列入政府的工作日程，在全国率先统一实施就业工作，[①]但相对于全国来说仍是凤毛麟角。

由此可以看出，我国城乡二元分割户籍制度的客观存在，使城市居民和农民处于两种不同的生存状态和内心的思想观念，即使是城郊被征地变成城市户籍的农民，他们仍旧在内心深处认为自己是“农民”，很难融入到都市生活中去，生存的实践和传统根深蒂固的观念使他们的婚姻仍旧是“同阶层的”，也就是说农民工与城市居民很难结婚，被征地的新市民也很少与固有城市居民联姻。

笔者认为中国现存的户籍政策在今后相当长的时期内很难改变，农民工在城市中的阶层地位决定了他们的婚姻策略与他们父辈相比，在结婚年龄、婚嫁距离、婚姻支付、感情基础等外在形式上发生了很大的变化，这些变化进一步反映了中国从传统乡村农业社会到现代城市工业社会的变迁与转型，但同阶层结婚的内在本质并没有变。未来随着我国社会、经济的快速发展，城乡二元户籍制度进行实质性改革，城乡社会、经济统筹协调，城乡婚姻的外在形式和内在本质将会趋于一致，而农民工婚姻策略正是这种趋向的过渡，过渡的时间取决于我国户籍制度的改革、城乡统筹的发展、农民工融入城市观念的改变，这就是本书今后需要进一步探讨的问题。

同时，我们必须清楚地看到，近年来党中央和各级政府加大了对农民工在城市中权益的保护，如严厉打击拖欠农民工工资的行为、改善农民工居住工作环境、解决农民工子女入学难问题，比如浙江的嘉兴、湖州等地，给予优秀的外地农民工市民待遇，解决他们在当地生活中遇到的各种实际困难。农民工在城市中的阶层地位决定了他们的婚姻策略与他们父辈相比，在结婚年龄、婚嫁距离、婚姻支付、感情基础等外在形式上发生了很大的变化，这些变化进一步反映了中国从传统乡村农业社会到现代城市工业社会的变迁与转型，虽然同阶层结婚的内在本质并没有变，但未来随着我国社会、经济的快速发展，城乡二元户籍制度进行实质性改革，国家对城乡社会、经济发展进行统筹协调，城乡医疗、教育等公共服务进一步均等化，以及农民工逐步融入到城市生产、生活当中去，城乡婚姻的外在形式和内在本质将会趋于一致。

---

① 严新明. 生存与发展——中国农民发展的社会时空分析[M]. 社会科学文献出版社，2005:328.

参 考 文 献

一、书籍

[1] 邵伏先. 中国的婚姻与家庭[M]. 北京:人民出版社,1989.
[2] 王铭铭. 西方人类学名著提要[M]. 江西:江西人民出版社,2004.
[3] [芬兰]韦斯特马克. 人类婚姻史[M]. 北京:商务印书馆,2002.
[4] 马恩全集[M]. 北京:人民出版社,2003.
[5] 刘英,薛素珍. 中国婚姻家庭研究[M]. 北京:社会科学文献出版社,1987.
[6] 张琢,马福云. 发展社会学[M]. 北京:中国社会科学出版社,2001.
[7] 孙立平. 转型与断裂——改革以来中国社会结构的变迁[M]. 北京:清华大学出版社,2004.
[8] [美]刘易斯. 二元经济论[M]. 北京:北京经济学院出版社,1989.
[9] 潘绥铭. 中国性现状[M]. 北京:光明日报出版社,1995.
[10] [美]威廉·古德. 家庭社会学[M]. 台湾:台湾桂冠图书有限公司,1988.
[11] 费孝通. 江村经济[M]. 南京:江苏人民出版社,1986.
[12] 费孝通. 乡土中国、生育制度[M]. 北京:北京大学出版社,1998.
[13] 庄孔韶. 人类学通论[M]. 太原:山西教育出版社,2003.
[14] 庄英章. 家族与婚姻——台湾北部两个闽客村落之研究[M]. 台北:中央研究院民族学研究所,"中华民国"八十三年十二月.
[15] 肖爱树. 20世纪中国婚姻制度研究[M]. 北京:知识产权出版社,2005.
[16] 杨善华,沈崇麟. 市场经济与非农化背景下城乡家庭的变迁[M]. 杭州:浙江人民出版社,2000.
[17] 雷洁琼. 改革以来中国农村婚姻家庭的新变化[M]. 北京:北京大学出版社,1994.
[18] 阎云翔. 私人生活地变革:一个中国村庄地爱情、家庭与亲密关系 1949～1999[M]. 上海:上海书店出版社,2006.
[19] 吴本雪. 城市婚姻的基础,中国婚姻家庭研究[C]. 社会科学文献出版社,1987.
[20] 夏文信. 中国城市家庭地位的变化,中国婚姻家庭研究[C]. 北京:社会科学文献出版社,1987.

[21] 冯立天,巴巴拉·安德森,等.北京婚姻家庭与妇女地位研究[C].北京:北京经济学院出版社,1994.
[22] 孙淑敏.农民的择偶形态——对西北赵村的实证研究[M].社会科学文献出版社,2005.
[23] [美]艾尔·巴比.社会研究方法[M].北京:华夏出版社,2000.
[24] 水延凯.社会调查教程[M].北京:中国人民大学出版社,1988.
[25] 柯兰君,李汉林.都市里的村庄[M].中央编译出版社,2001.
[26] 侯钧生,西方社会学理论教程[M].天津:南开大学出版社,2001.
[27] [法]布迪厄,[美]华康德.实践与反思[M].北京:中央编译出版社,1998.
[28] 池子华,朱琳.中国历代流民生活掠影[M].沈阳:沈阳出版社,2004.
[29] 赵文林,谢淑君.中国人口史[M].北京:人民出版社,1988.
[30] 池子华.中国近代流民[M].杭州:浙江人民出版社,1996.
[31] 李长傅.中国殖民史[M].上海:上海书店1984年影印本.
[32] 黄承伟.中国农村扶贫自愿移民搬迁的理论与实践[M].中国财政经济出版社,2004.
[33] [英]吉登斯.社会的构成[M].三联书店,1998.
[34] 宋其超.失业及其治理[M].中国财政经济出版社,2004.
[35] 费孝通.江村农民生活及其变迁[M].兰州:敦煌文艺出版社,1997.
[36] 王桂新,殷永元.上海人口与可持续发展研究[M].上海财经大学出版社,2004.
[37] 张声华.上海流动人口的现状与展望[M].上海:华东师范大学出版社,1998.
[38] 平舆县志[M].郑州:中州古籍出版社,1995.
[39] 杨懋春.一个中国村庄——山东台头[M].南京:江苏人民出版社,2001.
[40] 曹锦清.黄河边的中国——一个学者对乡村社会的观察与思考[M].上海:上海文艺出版社,2000.
[41] 余红,丁聘聘.中国农民工考察[M].北京:昆仑出版社,2004.
[42] [美] 杜赞奇著.王福明译.文化、权力与国家——1900～1942年的华北农村[M].南京:江苏人民出版社,1995年版.
[43] 陈友华.中国和欧盟婚姻市场透视[M].南京:南京大学出版社,2004.
[44] 郑杭生.社会学新修概论[M].北京:中国人民大学出版社,2005.
[45] 郭松义.伦理与生活——清代的婚姻关系[M].北京:商务印书馆,2000.
[46] 纪一.中国婚姻家庭词典[M].北京:中外文化出版公司,1988.
[47] 张树栋,李秀领.中国婚姻家庭的嬗变[M].杭州:浙江人民出版社,1990.
[48] 鲍宗豪.婚俗与中国传统文化[M].桂林:广西师范大学出版社,2006.
[49] 丁世良,赵放.中国地方志民俗资料汇编〔C〕.华北卷,北京:北京图书馆出版社,1989.
[50] [美]黄宗智.华北的小农经济与社会变迁[M].中华书局,2004.

[51] 兰明春,彭萍.婚姻与家庭模式的选择[M].成都:四川大学出版社,1990.
[52] [奥地利]赖因哈德·西德尔.家庭历史的演变[M].北京:商务印书馆,1996.
[53] 马克思恩格斯选集[M].北京:人民出版社,1972.
[54] 沈崇麟,马有才.试论婚姻的"门当户对"问题[C].北京:社会科学文献出版社,1987.
[55] 孙立坤.河南当代家庭变迁调查[M].北京:人民出版社,2004.
[56] 孙立平.转型与断裂——改革以来中国社会结构的变迁[M].北京:清华大学出版社,2004.
[57] 严新明.生存与发展——中国农民发展的社会时空分析[M].北京:社会科学文献出版社,2005.
[58] 左学金,周海旺.上海流动人口状况与对策[C].北京:人民出版社,2000.
[59] 柯兰君,李汉林.都市里的村庄[C].北京:中央编译出版社,2001 年版.
[60] 刘红星.先秦与古希腊——中西文化之源[M].上海古籍出版社,1997.
[61] 黄平.寻求生存——当代农村外出人口的社会学研究[M].昆明:云南人民出版社,1997.
[62] [澳]杰华.都市里的农家女——性别、流动与社会变迁[M].南京:江苏人民出版社,2006.
[63] 陆学艺.当代中国社会阶层研究报告[M].北京:社会科学文献出版社,2002.
[64] 王处辉.中国农村嫁娶的区位学研究[C].北京:中国妇女出版社,1986.
[65] 张雨林,刘倩,王磊.从传统农村向社会主义农村的转化[M].上海:上海社会科学院出版社,1992.
[66] 曹锦清,张乐天,陈中亚.当代浙北乡村社会文化变迁[M].上海:上海远东出版社,2001.
[67] 王跃生.社会变革与婚姻家庭变动——20 世纪 30～90 年代的冀南农村[M].北京:三联书店,2006.
[68] 朱光磊.当代中国社会各阶层分析[M].天津人民出版社,2007.
[69] 隋晓明.中国民工调查[M].群言出版社,2005.
[70] 张树栋,李秀领.中国婚姻家庭的嬗变[M].杭州:浙江人民出版社,1990.
[71] 顾宝昌.社会人口学视野[C].商务印书馆,1992.
[72] [美]费尔德曼,[加]李南,朱楚珠.当代中国农村的招赘婚姻[M].北京:社会科学文献出版社,2006.
[73] 中国科学院国情分析研究小组,生存与发展[M].科学出版社,1989.
[74] 迟书君.新型城市移民——2003 年深圳流动人口恋爱婚姻家庭状况调查[M].北京:社会科学文献出版社,2006.

[75] 李银河. 中国人的性爱与婚姻史[M]. 郑州:河南人民出版社,1991.
[76] [芬兰]韦斯特马克. 人类婚姻史[M]. 北京:商务印书馆,2002.
[77] 刘杰. 乡村婚姻忧思录——中国农村婚姻现状与思考[M]. 人民日报出版社,1991.
[78] 潘晓梅,严育新. 情爱简史[M]. 北京:中国社会科学出版社,2004.
[79] 蔡文辉. 家庭社会学[M]. 台北:五南图书出版公司"中华民国"76 年 12 月出版.
[80] [英]安东尼·吉登斯. 亲密关系的转型——现代社会中的性、爱与爱欲[M]. 社会科学文献出版社,2001.
[81] [美] 莎伦·布雷姆. 亲密关系[M]. 北京:人民邮电出版社,2005.
[82] 袁亚愚. 新修乡村社会学[M]. 四川大学出版社,1999.
[83] [法]孟德拉斯. 农民的终结[M]. 社会科学文献出版社,2005.
[84] 蓝宇蕴. 都市里的村庄——一个"新村社共同体"的实地研究[M]. 生活读书新知三联书店,2005.
[85] 严新明. 生存与发展——中国农民发展的社会时空分析[M]. 社会科学文献出版社,2005.
[86] 刘豪兴. 社会学概论[M]. 高等教育出版社,2003.
[87] 孙本文. 社会学原理[M]. 商务印书馆,1946.
[88] 梁漱溟. 乡村建设理论[M]. 邹平乡村书店,1936.
[89] 费孝通. 江村农民生活及其变迁[M]. 敦煌文艺出版社,1997.
[90] 贺雪峰. 乡村研究的国情意识[M]. 湖北人民出版社,2004.
[91] 刘达临. 中国情色文化史[M]. 人民日报出版社,2004.
[92] 王铭铭. 西方人类学名著提要[M]. 江西:江西人民出版社,2004.
[93] [英]罗素. 婚姻革命[M]. 北京:东方出版社,1988.
[94] 庄孔韶. 人类学通论[M]. 太原:山西教育出版社,2003.
[95] 潘晓梅,严育新. 情爱简史[M]. 北京:中国社会科学出版社,2004.
[96] 丁世良,赵放. 中国地方志民俗资料汇编〔C〕. 华北卷,北京图书馆出版社,1989.
[97] 彭怀真. 婚姻与家庭[M]. 台北:巨流图书公司,1996.
[98] 潘绥铭. 中国性现状[M]. 北京:光明日报出版社,1995.
[99] 马克斯·韦伯. 经济与社会[M]. 旧金山:维斯特尤出版社. 1994.
[100] 赵文林,谢淑君. 中国人口史[M]. 北京:人民出版社,1988.
[101] 黄承伟. 中国农村扶贫自愿移民搬迁的理论与实践[M]. 北京:中国财政经济出版社,2004.
[102] 皮埃尔·布迪厄著. 实践感[M]. 南京:译林出版社,2003.
[103] 阎云祥. 礼物的流动——一个中国村庄中的互惠原则与社会网络[M]. 上海:上海人民

出版社，2000.
[104] 黎明志. 简明婚姻史[M]. 北京：群众出版社，1989.
[105] 毕天云. 社会福利场域的惯习[M]. 北京：中国社会科学出版社，2004.
[106] 阎云翔. 私人生活地变革：一个中国村庄地爱情、家庭与亲密关系 1949～1999[M]. 上海书店出版社，2006.
[107] 肖爱树. 20 世纪中国婚姻制度研究[M]. 北京：知识产权出版社，2005.
[108] 徐安琪. 世纪之交中国人的爱情和婚姻[M]. 北京：中国社会科学出版社，1997.
[109] 刘达临，等. 中国婚姻家庭变迁[M]. 北京：中国社会出版社，1998.
[110] 胡申生，邓伟志. 上海婚俗[M]. 文汇出版社，2007.
[111] 陆学艺. 当代中国社会流动[M]. 北京：社会科学文献出版社，2004.
[112] 郑杭生. 李路路. 当代中国城市社会结构现状与趋势[M]. 北京：中国人民大学出版社.
[113] 孟庆洁. 上海市外来流动人口的生活方式研究[M]. 上海社会科学院出版社，2009.
[114] 卢国显. 农民工：社会距离与制度分析[M]. 社会科学文献出版社，2010.
[115] 赵丽丽. 城市女性婚姻移民的社会适应和社会支持研究——以上海市“外来媳妇”为例[D]. 上海大学社会学博士论文，2008(3).
[116] 王石泉. 中围老年社会保障制度与服务体系的重建[M]. 上海社会科学院出版社，2008.
[117] 萧洪恩. 土家族仪典文化哲学研究[M]. 北京：中央民族大学出版社，2002.

二、文章

[1] 李天石. 论北魏时期良贱身份制的法典化[J]. 江海学刊 2004(5)：131-137.
[2] 张玉玲. 公平对待农民工——访韩俊[N]. 光明日报，2003-1-20(B1).
[3] 宋林飞. “农民工”是新兴工人群体[J]. 江西社会科学，2005(3)17-23.
[4] 宋林飞. 中国农村劳动力的转移与对策[J]. 社会科学研究，1996(2)：105-117.
[5] 刘建荣，社会转型时期农民价值观念的冲突[J]. 湖南师范大学社会科学学报，2005(3)：28-31.
[6] 范燕宁. 当前中国社会转型问题研究综述[J]. 哲学动态 1997(1)：18-21.
[7] 丰子义. 马克思现代性思想的当代解读[J]. 中国社会科学 2005(4)：53-63.
[8] 童星，文军. 三次社会转型及其中国的启示[J]. 开放时代 2000(8)：12-15.
[9] 谢立中. 社会变迁过程中的复杂性[J]. 首都师范大学学报(社会科学版)，2003(2)：92-99.
[10] 刘祖云. 社会转型：一种特定的社会发展过程[J]. 华中师范大学学报(哲学社会科学版)，1997(6)：32-37.

[11] 范燕宁.当前中国社会转型问题研究综述[J].哲学动态,1997(1):18-21.

[12] 刘玲玲.社会转型的类型和当代中国社会转型的实质[J].教学与研究,1997(4):15-17.

[13] 郑杭生.社会转型论及其在中国的表现——中国特色社会学理论探索的梳理和回顾之二[J].广西民族学院学报(哲学社会科学版),2003(5)62-73.

[14] 谢立中.现代化理论的过去与现在[J].社会科学研究,1998(1):67-73.

[15] 王永进,邬泽天.我国当前社会转型的主要特征[J].社会科学家,2004(6):41-43.

[16] 孙立平.实践社会学与市场转型过程分析[J].中国社会科学,2002(5):83.

[17] 方长春.从"再分配"到"市场"——市场转型与社会分层研究综述[J].南京社会科学,2006(1).

[18] 梁玉成.渐进转型与激进转型在初职进入和代内流动上的不同模式——市场转型分析模型应用于中国转型研究的修订[J].社会学研究,2006(4):33.

[19] 张培刚,方齐云.经济发展与二元经济的改造[J].求是学刊,1997(2).

[20] 吴鲁平.当代中国青年婚恋、家庭与性观念的变动特点与未来趋势[J].青年研究,1999(12).

[21] 梁旭光.改革以来农村婚姻状况的变化,人大复印资料《社会学》[J].1987(4):104.

[22] 贺军平.新中国农村的婚姻与家庭考察,人大复印资料《社会学》[J].1990(1):91.

[23] 王思斌,婚姻观念的变化与农村社会亲属化,人大复印资料《社会学》1990(6):139.

[24] 王东墟,时延春,王景花.河南省各类农民思想政治意识与价值观念状况分析[J].河南社会科学,1998(3):19-24.

[25] 吴鲁平.农村青年的择偶观从传统向现代位移[J].中国青年研究,2000(3):13-15.

[26] 李建萍,赵宏,王俊华.河北省青年农民的道德现状及其构建[J].河北建筑科技学院学报(社科版),2003(2):7-9.

[27] 徐安琪.择偶标准:五十年变迁及其原因分析[J].社会学研究,2000(6):18-30.

[28] 朱考金.城市农民工心理研究——对南京市610名农民工的调查与分析[J].青年研究,2003(6):7-11.

[29] 周大鸣.中国农民工的流动——农民工输入地与输出地比较[J].广东青年干部学院学报,1999(4):59-65.

[30] 谭琳,苏珊·萧特,刘惠."双重外来者"的生活——女性婚姻移民的生活经历分析[J].社会学研究,2003(2):75-83.

[31] 邓智平.关于打工妹婚姻逆迁移的调查[J].南方人口,2004(3):35-40.

[32] 丘海雄,张应祥.理性选择理论述评[J].中山大学学报社科版,1998(1):117-123.

[33] 周长城.理性选择理论,社会学研究的新视野[J].社会科学战线,1997(4):224-229.

[34] 张峰.博弈逻辑述评,福建论坛人文社会科学版[J].2004(3):54-57.

[35] 吕新雨."民工潮"的问题意识[J].读书,2003(10).
[36] 李强.影响中国城乡流动人口的推力与拉力因素分析[J].中国社会科学,2003(1):125-136.
[37] 郭玉锦.身份制与中国人的观念结构[J].哲学动态,2002(8):29.
[38] 刘祖云.中国社套流动的现状与趋势初探[J].社会科学研究,1994(6):38.
[39] 李强.现代化对中国社会分层结构之影响[J].东南学术,2000(2):12-17.
[40] 陈映芳."农民工":制度安排与身份认同[J].社会学研究,2005(3):119-132.
[41] 王宗凡.上海市农民工社会保险制度[J].中国劳动,2006(10).
[42] 张照新,宋洪远.中国农村劳动力流动国际研讨会重要观点综述[J].中国农村观察,2002,(1).
[43] 李强.影响中国城乡流动人口的推力与拉力因素分析[J].中国社会科学,2003(10).
[44] 宋金平.中国农业剩余劳动力转移的模式与发展趋势[J].中国人口科学,2001(6).
[45] 许经勇.论中国经济社会转型时期的农民工[J].湖南城市学院学报(人文社会科学版),2004(1):80-83.
[46] 陈文联.等级观念对我国封建婚姻制度的影响[J].船山学刊 2005(1):55-57.
[47] 贺汉魂,皮修平."农民工":一个不宜再提的概念——"农民工"的伦理学思考[J].农村经济,2005(5):107-109.
[48] 管志慧,彭兆祺."我国城市农民工歧视"问题的研究[J].科技与管理,2004(2):87-89.
[49] 曾昱.城市农民工的社会心理探析[J].兰州学刊,2004(4):189-191.
[50] 康来云.农民工心理与情绪问题调查及其调适对策[J].求实,2004(7):85-88.
[51] 吴兴陆,亓名杰.农民工迁移决策的社会文化影响因素探析[J].中国农村经济,2005(1):26-32.
[52] 李强,唐壮.城市农民工与城市中的非正规就业[J].社会学研究,2002(6):13-25.
[53] 俞德鹏.论外地劳动力分类管理制度的不合理性[J].中国农村经济,2000(11).
[54] 李强.社会学的"剥夺"理论与我国城市农民工问题[J].学术界,2004(4):7-22.
[55] 李强.户籍分层与农民工的社会地位[J].中国党政论坛,2002(8):16-19.
[56] 周海旺.上海市外来媳妇及其子女的户口政策研究[J].中国人口科学,2001(3):33-40.
[57] 孙常敏,周海旺.上海流动人口的婚姻、生育与计生管理[J].人口与计划生育,1999(4):33-34.
[58] 朱力.准市民的身份定位[J].南京大学学报(哲学·人文科学,社会科学)2000(6):113-122.
[59] 陈占江,李长健.新生代民工的发展困境及其解决机制[J].求实,2006(1):53-55.
[60] 程启军,曾小龙.新生存主义——新型农民工的生存之道[J].青年研究,2006(11):

25-30.

[61] 霍宏伟. 我国北方一个农庄的婚姻圈研究——对山东省济阳县江店乡贾寨村的个案分析[J]. 社会 2002(12):36-40.

[62] 金辉. "三年自然灾害"备忘录[J]. 社会,1993 年,第 4、5 合期.

[63] 刘旭. 底层婚姻:在"现代"和"封建"之间[J]. 华东师范大学学报(哲学社会科学版)2004(6):103-109.

[64] 潘允康. 试论婚姻中的交换价值[J]. 人大复印资料 1986(1):79-81.

[65] 孙立平. 实践社会学与市场转型过程分析[J]. 中国社会科学,2002(5):83.

[66] 方长春. 从"再分配"到"市场"——市场转型与社会分层研究综述[J]. 南京社会科学,2006(1).

[67] 梁玉成. 渐进转型与激进转型在初职进入和代内流动上的不同模式——市场转型分析模型应用于中国转型研究的修订[J]. 社会学研究,2006(4):33.

[68] 王宁. 代表性还是典型性? ——个案的属性与个案研究力一法的逻辑基础[J]. 社会学研究,2002(5):123-125.

[69] 符平. 青年农民工的城市适应:实践社会学研究的发现[J]. 社会 2006(2):136-160.

[70] 刘中一. 场域、惯习与农民生育行为布迪厄实践理论视角下农民生育行为[J]. 社会 2005(6):126-140.

[71] 陈瑞. 以歙县虹源王氏为中心看明清徽州宗族的婚姻圈[J]. 安徽史学 2004(6):68-76.

[72] 风笑天. 农村外出打工青年的婚姻与家庭:一个值得重视的研究领域[J]. 人口研究,2006(1):57-60.

[73] 魏万青. 劳工宿舍:企业社会责任还是经济理性一项基于珠三角企业的调查[J]. 社会,2011(2):97-110.

[74] 周伟文,侯建华. 新生代农民工阶层:城市化与婚姻的双重困境——S 市新生代农民工婚姻状况调查分析[J]. 社会科学论坛,2010(18):151-159.

[75] 沈文捷. 城乡联姻造就城市新移民探析[J]. 南京财经大学学报,2007(3):8-91.

[76] 丁金宏,朱庭生,朱冰玲等. 论城市两地户口婚姻的增长、特征及其社会政策寓意——以上海为例[J]. 人口研究,1999(5):176-183.

[77] 唐利平. 人类学和社会学视野下的通婚圈研究[J]. 开放时代,2005(2):153-158.

[78] 王杰. 同村婚姻:青年农民工婚姻新模式的诠释——以辛村为例[J]. 青年研究,2007(11):36-42.

[79] 尹子文. 第二代农民工婚姻问题探析[J]. 中国农村观察,2010(3):13-23.

[80] 王亚萍,毕兰凤. 农村青年婚恋观与人口外出流动的相关性分析——以王村的个案研究为例[J]. 青年探索,2007(6):87-89.

[81] 刘华芹，王修彦．婚姻支付对男方父母的文化心理意义研究[J]．广西民族大学学报（哲学社会科学版），2010(2)：74-78.

[82] 孙淑敏．乡城流动背景下低收入地区农村男子的择偶困境——对甘肃省东部蔡村的调查[J]．西北人口，2010(1)：42-46.

[83] 温文芳．晚清童养媳的婚姻状况及其盛行的原因[J]．甘肃行政学院学报，2005(2)：127-129.

[84] 李银河．中国女性的爱情婚姻与性[J]．青年作家，2007(2).

三、英语文献

[1] Giddens, A. 2000 Social Theory and Modern Sociology, Cambridge: Polity Press, p. 15.

[2] Yin, Robert K. 1994, Case Study Research: Design mtd Methods 2nd ed London: Sane.

[3] Burawoy, Michel. 1998. "The extended Case Method. "Sociolonical Theory vol. 16.

[4] Bratter, Jenifer, Eschbach, Karl. "What about the couple?" Interracial marriage and psychological distress, Social Science Research. Dec2006, Vol. 35 Issue 4, p1025-1047, 23p.

[5] Lloyd, Kim M. Latinas' Transition to First Marriage: An Examination of Four Theoretical Perspectives. Journal of Marriage & Family. Nov2006, Vol. 68 Issue 4, p993-1014, 22p, 5 charts, 1 graph.

[5] Aune, Kristin Marriage in a British Evangelical Congregation: Practising Postfeminist Partnership? Sociological Review; Nov2006, Vol. 54 Issue 4, p638-657, 20p.

[6] GERODETTI, NATALIA, Eugenic Family Politics and Social Democrats: "Positive" Eugenics and Marriage Advice Bureaus. Journal of Historical Sociology; Sep2006, Vol. 19 Issue 3, p217-244, 28p.

[7] Lee, Matthew T. State of The Union': Marriage and Free Love in the Late 1800s. Contemporary Sociology; Sep2006, Vol. 35 Issue 5, p479-480, 2p.

[8] Batson, Christie D. Qian, Zhenchao , Lichter, Daniel T. Interracial and Intraracial Patterns of Mate Selection Among America's Diverse Black Populations. Journal of Marriage & Family; Aug2006, Vol. 68 Issue 3, p658-672, 15p, 6 charts.

[8] Glenn, Norval D. Understanding the Divorce Cycle: The Children of Divorce in Their Own Marriages. Contemporary Sociology; Jul2006, Vol. 35 Issue 4, p372-373, 2p.

[9] Schoen, Robert, Cheng, Yen-Hsin Alice, Partner Choice and the Differential Retreat From Marriage. Journal of Marriage & Family; Feb2006, Vol. 68 Issue 1, p1-10, 10p.

[10] Ghimire, Dirgha J. Social Change, Premarital Nonfamily Experience, and Spouse Choice

in an Arranged Marriage Society. American Journal of Sociology; Jan2006, Vol. 111 Issue 4, p1181-1218, 38p.

[11] Kang, Miliann, Cross-Border Marriages: Gender and Mobility in Transnational Asia. Contemporary Sociology; Jan2006, Vol. 35 Issue 1, p25-26, 2p.

[12] Kalmijn, Matthijs, Attitude alignment in marriage and cohabitation: The case of sex-role attitudes. Personal Relationships; Dec2005, Vol. 12 Issue 4, p521-535, 15p.

[13] Schwartz, Christine R. TRENDS IN EDUCATIONAL ASSORTATIVE MARRIAGE FROM 1940 TO 2003. Demography; Nov2005, Vol. 42 Issue 4, p621-646, 26p.

[14] Matthews, Sarah H. Crafting Qualitative Research Articles on Marriages and Families. Journal of Marriage & Family; Nov2005, Vol. 67 Issue 4, p799-808, 10p.

[15] Cunningham, Mick, Thornton, Arland, The Influences of Parents' and Offsprings' Experience with Cohabitation, Marriage, and Divorce on Attitudes Toward Divorce in Young Adulthood. Journal of Divorce & Remarriage; 2005, Vol. 44 Issue 1/2, p119-144, 26p, 3 charts.

[16] Raymo, James M. Iwasawa, Miho, Marriage Market Mismatches in Japan: An Alternative View of the Relationship between Women's Education and Marriage. American Sociological Review; Oct2005, Vol. 70 Issue 5, p801-822, 22p.

[17] Waite, Linda, Marriage, family and health. Family Matters; Autumn2005 Issue 70, p54-55, 2p.

[18] Gary Roseman, An analysis of changes in the characteristics of emigrating Farmers and Laborers from the Hamburg Passenger lists: 1855-1857, 1875-1877, and 1880, The Social Science Journal, Volume 41, Issue 3 , 2004, Pages 409-421.

[19] Roy, Srila revolutionary marriage: on the politics of sexual stories in Naxalbari. Feminist Review; 2006 Issue 83, p99-118, 20p.

[20] Guzzo, Karen BenjaminHow do marriage market conditions affect entrance into cohabitation vs. marriage? Social Science Research; Jun2006, Vol. 35 Issue 2, p332-355, 24p.

[21] Edin, KathrynA peek inside the black box: What marriage means for poor unmarried parents. Journal of Marriage & Family; Nov2004, Vol. 66 Issue 4, p1007-1014, 8p.

[22] Kobali, Heather L. Crossing the Threshold: Men's Incomes, Attitudes Toward the Provider Role, and Marriage Timing. Sex Roles; Oct2004, Vol. 51 Issue 7/8, p387-395, 9p.

[23] Barber, Jennifer S. Community Social Context and Individualistic Attitudes Toward

Marriage. Social Psychology Quarterly; Sep2004, Vol. 67 Issue 3, p236-256, 21p.

[24] Kalmijn, MatthijsMarriage Rituals as Reinforcers of Role Transitions: An Analysis of Weddings in The Netherlands. Journal of Marriage & Family; Aug2004, Vol. 66 Issue 3, p582-594, 13p.

[25] Reis, Elisa P. The Lasting Marriage Between Nation and State Despite Globalization. International Political Science Review; Jul2004, Vol. 25 Issue 3, p251-257, 7p.

[26] Parrado, Emilio A. International Migration and Men's Marriage in Western Mexico. Journal of Comparative Family Studies; Winter2004, Vol. 35 Issue 1, p51-71, 21p.

[27] Conover, Pamela JohnstonIdentity, Emotion and Reason in the Same-Sex Marriage Debates. Conference Papers—American Political Science Association; 2003 Annual Meeting, Philadelphia, p1-55, 56p, 6 charts.

[28] Prandy, Kenneth, Lambert, PaulMarriage, Social Distance and the Social Space: An Alternative Derivation and Validation of the Cambridge Scale. Sociology; Aug2003, Vol. 37 Issue 3, p397-411, 15p, 1 chart.

[29] Waite, Linda J. Lehrer, Evelyn L. The Benefits from Marriage and Religion in the United States: A Comparative Analysis. Population & Development Review; Jun2003, Vol. 29 Issue 2, p255-275, 21p.

[30] McDaniel, Susan A. The Transformation of Partnerships: Canada, The Netherlands, and the Russian Federation in the Age of Modernity/ The Case for Marriage: Why Married People are Happier, Healthier, and Better Off Financially (Book). Canadian Journal of Sociology; Spring2003, Vol. 28 Issue 2, p245, 4p.

[31] Qu MinganGroup Marriage and Promiscuity in Chinese Primitive Society. Chinese Sociology & Anthropology; Spring2003, Vol. 35 Issue 3, p69, 16p.

[32] de Vaus, David Marriage and mental health. Family Matters; Winter2002 Issue 62, p26, 7p.

[33] Wang Feng, Yang Quanhe, Age at Marriage and the First Birth Interval: The Emerging Change in Sexual Behavior Among Young Couples in China. Population & Development Review; Jun96, Vol. 22 Issue 2, p299-320, 22p, 5 charts, 2 graphs.

[34] Chowhudry, Fakhrul I. Trovato, FrankThe Role and Status of Women and the Timing of Marriage in Five Asian Countries. Journal of Comparative Family Studies; Summer94, Vol. 25 Issue 2, p143-157, 15p, 6 charts.

[35] Lichter, Daniel T. LeClere, Felicia B. Local Marriage Markets and the Marital Behavior of Black and White Women. American Journal of Sociology; Jan1991, Vol. 96 Issue 4,

p843,25p,4 charts.

[36] Johnson, David R. Booth, AlanRural Economic Decline and Marital Quality: A Panel Study of Farm Marriages. Family Relations; Apr90, Vol. 39 Issue 2, p159-165, 7p, 4 charts, 1 diagram.

[37] Kiernan, Kathleen E. Eldridge, Sandra M. Age at marriage: inter and intra cohort variation. British Journal of Sociology; Mar1987, Vol. 38 Issue 1, p44-65, 22p.

[38] Miller, Brent C. Klein, David M. A Survey of Recent Marriage and Family Texts. Contemporary Sociology; 1/1/81, Vol. 10 Issue 1, p8-21, 14p.

[39] Miller, Brent C. White, PriscillaThe Family. Marriage, and Social Change/The Family: An Introduction/Men, Women and Change: A Sociology of Marriage and Family. Journal of Marriage & Family; Nov77, Vol. 39 Issue 4, p833-834, 2p.

[40] Edward O. Laumann, Subjective Social Distance and Urban Occupational Stratification, American Joumal of Sociology, Volume 71 , Issue I (Jul. , 1965).

附录 1　访谈提纲

您好：

我们是中国浦东干部学院转型期"新生代农民工婚姻策略"课题组，我们将对您关于婚姻等情况开展访谈，我们采取匿名的方式开展访谈，也不会把你的资料信息公布出去，请您放心填写，谢谢您的配合！

1. 你的性别(请在合适答案后面打√)？

   (1) 男(　　)；(2)女(　　)

2. 你出来打工多长时间了？(　　)

3. 你来自(　　)省(自治区或直辖市)(　　)县(　　)乡(　　)村

4. 你的年龄是：(　　)

5. 你的学历(请在合适答案后面打√)：

   (1) 文盲；(2) 小学；(3)初中；(4) 高中(或中专)

6. 你的月收入是：(　　)元

7. 你的婚姻状况(请在合适答案后面打√)：

   (1) 未婚；(2) 已婚；(3) 离婚没有再结婚；(4) 丧偶

8. 你的婚姻结识方式或认可的婚姻结识方式是：(　　)

   (1) 自己认识；(2) 别人介绍；(3) 家人介绍；(4) 媒人牵线；(5) 通过婚介或征婚

   你作出这一选择的原因是(　　　　　　　　　　　　　　　　　　　　)

9. 你的结婚年龄或准备结婚的年龄是：(　　)岁

10. 你的婚姻途径(指婚姻当事人的婚姻大事)是由：

    (1) 父母做主；(2) 父母做主本人同意；(3) 自己做主；(4) 自己做主父母同意

    你作出这一选择的原因是(　　)

11. 你的婚姻支付或将来结婚的花费(指婚姻当事人在婚姻过程中主要的花费，例如彩礼、嫁妆、盖新房等)大约(　　)元

12. 你的择偶标准是:

A1. 你的婚姻在考虑对方的下列各种社会条件中，最重要的是(　　)；其次重要的是(　　)

(1) 家庭出身；(2) 本人学历；(3) 本人职业；(4) 父母职业；(5)户籍

你作出这一选择的原因是(　　　　　　　　　　　　　　　　　　　　　　)

A2. 你的婚姻在考虑对方的下列各种社会生理中，最重要的是(　　)；其次重要的是(　　)

(1) 年龄；(2) 身高；(3) 容貌；(4) 生育能力；(5) 健康

你作出这一选择的原因是(　　　　　　　　　　　　　　　　　　　　　　)

A3. 你的婚姻在考虑对方的下列各种物质条件中，最重要的是(　　)；其次重要的是(　　)

(1) 收入；(2) 住房；(3) 积蓄；(4) 财产；(5) 综合经济条件

你作出这一选择的原因是(　　　　　　　　　　　　　　　　　　　　　　)

A4. 你的婚姻在考虑对方的下列各种心理条件中，最重要的是(　　)；其次重要的是(　　)

(1) 老实本分；(2) 温柔体贴；(3) 气质修养；(4) 理解宽容；(5) 有竞争能力；(6) 有责任心；(7) 有事业心

你作出这一选择的原因是(　　　　　　　　　　　　　　　　　　　　　　)

A5. 你的婚姻在考虑对方的下列各种相容互补条件中，最重要的是(　　)；其次重要的是(　　)

(1) 价值观念；(2) 兴趣爱好；(3) 性格脾气；(4) 生活习惯；(5) 持家能力

你作出这一选择的原因是(　　　　　　　　　　　　　　　　　　　　　　)

A6. 你的婚姻在考虑对方的下列各种因素中，最重要的是(　　)；其次重要的是(　　)

(1) 与对方有感情；(2) 对方容貌；(3) 对方家庭经济条件；(4) 对方挣钱能力；(5) 对方品德素质

13. 你的婚嫁距离或对自己将来嫁娶的地理位置看法是(请在合适答案后面打

√）：

(1) 同村结婚；(2) 同乡不同村；(3) 同县不同乡；(4) 异县异省

你作出这一选择的原因是（ ）

14. 你对婚姻的看法是(请在合适答案后面打√)：

(1) 嫁鸡随鸡，嫁狗随狗，嫁个扁担扛着走（女性要从一而终）；(2) 婚姻以幸福为标准，不幸福就离婚；(3) 对婚姻不满意，考虑到影响会将就着过

15. 对于没有领结婚证就居住在一起，你如何看？（请在合适答案后面打√）

(1) 反对；(2) 只要感情好可以接受；(3) 只要双方愿意可以接受

16. 对于婚外恋和外遇，你如何看待(请在合适答案后面打√)

(1) 反对；(2) 只要对方人好，可以交往

17. 对于女孩傍大款，当小蜜，你的态度是(请在合适答案后面打√)

(1) 反对；(2) 只要对方人好，可以交往

18. 你平时交往较多的人是（ ）

(1) 同乡；(2) 亲戚；(3) 同厂的员工；(4) 本地人

19. 你认为你的婚姻观念是（ ）

(1) 不开放；(2) 较传统；(3) 中间；(4) 较开放；(5) 很开放

20. 你结婚前或到目前为止谈过几个对象或朋友？（ ）

21. 分别为什么和以前的对象或朋友分开？

22. 你为什么和你的对象结婚或交往？

23. 你对自己婚姻决定或打算的原因是什么？

附录2 调查问卷表

您好：

我们是中国浦东干部学院"转型期新生代农民工的婚姻策略"课题组，主要是调查新生代农民工在上海的工作、生活、思想状况，以及他们婚恋观、婚姻圈等方面的变化，目的是通过描述、分析新生代农民工生活、工作场景的现状及婚姻策略的微妙改变，进而反映出改革开放以来我国经济、社会的转型，以及新生代农民工在我国经济、社会发展中的地位、作用等，为相关部门制定有关政策提供参考。我们采取匿名的方式开展问卷调查，不会把您的信息资料公布出去，请您放心填写，谢谢您的配合！

1. 你的性别是(请在合适答案后面打√)？

   (1) 男(　　)；(2)女(　　)

2. 你出来打工多长时间了？(　　)

3. 你来自哪个省(自治区或直辖市)？(　　)

4. 你的年龄是(请在合适答案后面打√)：

   (1) 18～25；(2) 25～30；(3) 30～35；(4)35～40；(5) 40～45；(6) 45～50；(7) 50～55

5. 你的学历是(请在合适答案后面打√)

   (1) 文盲；(2) 小学；(3) 初中；(4) 高中(或中专)

6. 你出来打工的原因和动机是(请在合适答案后面打√)可多选

   (1) 增加家庭收入；(2) 提高生活水平；(3) 追求新的生活方式；(4) 为子女或兄弟挣学费；(5) 为结婚而挣钱；(6) 学习技术提高自己为以后创业做打算；(7) 家里需要钱；(8) 不想读书；(9) 不想务农；(10) 羡慕城里生活；(11) 农村收入水平太低、农村缺乏发展机会、农村太穷；(12) 城市收入高、外出见世面

7. 你现在从事的工作是________________

8. 你是通过哪些方法找工作的(请在合适答案后面打√)？可多选
(1) 朋友亲戚介绍；(2) 自己到人才市场找；(3) 老乡介绍；(4) 通过中介机构找

9. 你的收入是(请在合适答案后面打√)
(1) 500～800 元；(2) 800～1 000 元；(3) 1 000～1 500 元；(4) 1 500～1 800 元；(5) 1 800～2 000 元；(6) 2 000～2 500 元以上

10. 你从事工作的特点是(请在合适答案后面打√)可多选
(1) 工作很累又不稳定；(2) 工作比较轻松，收入又好；(3) 工作比较危险(如有毒、反射性等)对健康不利；(4) 以体力劳动为主

11. 你的单位给你交纳医疗保险和工伤保险吗(请在合适答案后面打√)？
(1) 是(　　)；(2) 否(　　)

12. 你出来打工后思想上发生了哪些变化(请在合适答案后面打√)？可多选
(1) 开阔了眼界；(2) 自己的想法和以前不一样了；(3) 自己的素质和文明程度提高了；(4) 自己的生活方式发生了变化；(5) 自己的想法回去后对村里人有一定影响

13. 你认为出来打工回去后对周边农村人有影响的是(请在合适答案后面打√)
(1) 生活方式；(2) 婚姻观念；(3) 对孩子教育的看法；(4) 对农村计划生育的看法；(5) 起到吸引、表率、榜样作用

14. 你认为城里人对你的态度是(请在合适答案后面打√)可多选
(1) 歧视；(2) 态度较好；(3) 无歧视；(4) 友好；(5) 一般

15. 你参加过职业培训或者充电学习吗(请在合适答案后面打√)？
(1) 有(　　)；(2) 没有(　　)

16. 你学习目的是(请在合适答案后面打√)可多选
(1) 学知识；(2) 提高自己的社会地位；(3) 学习技能便于找到更好的工作；(4) 提高自己的学历

17. 你学习的途径是(请在合适答案后面打√)
(1) 职业技能培训；(2) 自学考试；(3) 电大；(4) 函授

18. 你平时的娱乐活动有哪些(请在合适答案后面打√)最多选 3 项
(1) 唱歌；(2) 旅游；(3) 逛商场，由于收入不高很多时候只是看看；(4) 去

找老乡玩;(5) 进行体育活动锻炼身体;(6) 看书,看报纸;(7) 上网;(8) 学习;(9) 看电视

19. 你的收入安排是(请在合适答案后面打√)可多选
(1) 寄回家里补贴家用;(2) 给子女或兄弟姐妹 上学;(3) 留着以后创业;(4) 供自己学习用

20. 你每月各种花费占总收入的多少(请在合适答案后面打√)
(1) 二分之一;(2) 三分之一;(3) 大部分;(4) 因工资低而不够花

21. 你今后打算是(请在合适答案后面打√)可多选
(1) 通过自己的努力留在城里;(2) 利用在城里学习的技术、管理经验回去创业;(3) 继续打工,年龄大了、干不动了回去种地或安度晚年,叶落归根;(4) 好好培养自己的孩子,希望他们能考上大学留在城里

22. 为了生存,在没有任何帮助的情况下,你会(请在合适答案后面打√)可多选
(1) 饿死也不会犯罪;(2) 偷盗;(3) 抢劫;(4) 乞讨些吃的;(5) 谋财杀人

23. 你回到农村后,与农村中的同伴进行交谈,对"同一个问题的看法"你认为(请在合适答案后面打√)
(1) 对问题的看法还是一致的;(2) 有一些观点已经不一样了

24. 当你遇到一些问题时,比如遇到拖欠工资,自己的权益受到侵害时,你首先想到用什么来解决问题(请在合适答案后面打√)
(1) 法律武器;(2) 很冲动,用极端的手段(比如用暴力等)解决;(3) 无可奈何,自认倒霉

25. 你对孩子的教育观念是(请在合适答案后面打√)
(1) 挣钱,砸锅卖铁也要供应孩子上学,希望孩子考上大学,将来找个好工作;(2) 孩子上学没有用,能识几个字就行了;(3) 对孩子教育不太重视,任其发展;(4) 百无一用是书生

26. 你的婚姻状况(请在合适答案后面打√)
(1) 未婚;(2) 已婚;(3) 离婚没有再结婚;(4) 丧偶

27. 你赞同下面哪种婚姻方式(请在合适答案后面打√)
(1) 娃娃亲;(2) 父母包办;(3) 换亲;(4) 自由恋爱;(5) 通过婚介或征婚;(6) 早婚

28. 你认为自己的婚姻大事应该由(请在合适答案后面打√)

(1) 父母包办,听父母的;(2) 通过媒人介绍,最好门当户对;(3)自由恋爱,以感情为基础,对方人品要好,不考虑对方贫富,学历等情况;(4) 对方要有一定经济基础,最好有房,车等;(5) 不想结婚,想独身

29. 你对自己嫁娶的地理位置看法是(请在合适答案后面打√)

(1) 同村结婚;(2) 同乡不同村;(3) 同县不同乡;(4) 异县异省

30. 你对婚姻的看法是(请在合适答案后面打√)

(1) 嫁鸡随鸡,嫁狗随狗,嫁个扁担扛着走(女性要从一而终);(2) 婚姻以幸福为标准,不幸福就离婚;(3) 对婚姻不满意,考虑到影响会将就着过

31. 对于没有领结婚证就居住在一起,你如何看?(请在合适答案后面打√)

(1) 反对;(2) 只要感情好可以接受;(3) 只要双方愿意可以接受

32. 对于婚外恋和外遇,你如何看待(请在合适答案后面打√)

(1) 反对;(2) 只要对方人好,可以交往

33. 对于女孩傍大款,当小蜜,你的态度是(请在合适答案后面打√)

(1) 反对; (2) 只要对方人好,可以交往

34. 你择偶的标准是(请在合适答案后面打√)

(1) 道德品行好;(2) 身体健康;(3) 会持家;(4) 外貌要好;(5) 较强的责任心;(6) 较强的能力

35. 你对生育孩子的看法是(请在合适答案后面打√)

(1) 重男轻女,最少要生一个男孩;(2) 养儿防老; (3) 多子多孙多福;(4)男女一样,只生一个孩,孩子多负担重,最重要是培养孩子成才; (5) 不要孩子

36. 你的消费观念是(请在合适答案后面打√)

(1) 量入为出,力求节余;(2) 能挣会花,知足常乐;(3) 追求名牌时尚,高消费;(4) 不太注重品牌,看中了就买

37. 你对幸福的理解是(请在合适答案后面打√)

(1) 衣食无忧,生活安定;(2) 有地位,受人尊重;(3) 人际关系好,被人理解;(4) 有足够的钱,可以随意消费

38. 你认为自己的精神状态是(请在合适答案后面打√)

(1) 时常能体会到幸福;(2) 觉得前途比较光明;(3) 经常感到有压力,为将来生活感到焦虑;(4) 有时会想到自杀

39. 你追求的目标是(请在合适答案后面打√)(最多2项)

(1) 家庭幸福;(2) 事业有成;(3) 儿女有出息;(4) 老来有保障;(5) 自我有发展

40. 你认为你有哪些品质(请在合适答案后面打√)(最多3项)

(1) 艰苦奋斗,自力更生,吃苦耐劳;(2) 孝敬父母;(3) 勤俭节约;(4) 乐观向上,相互尊重;(5) 热爱祖国、热爱家乡

41. 你来到城市打工后学到哪些意识(请在合适答案后面打√)(最多3项)

(1) 公德意识;(2) 法治意识;(3) 创新意识;(4) 环保意识;(5) 效率意识;(6) 竞争与合作意识;(7) 开放意识;(8) 责任意识

42. 你认为将来国家建设的社会主义新农村应该是(请在合适答案后面打√)

(1) 经济发展,城乡差距较小,人民安居乐业;(2) 农村环境优美;(3) 农村医疗、养老等社会保障比较完备;(4) 农民的精神文化素质、文明程度较高;(5) 农民的生活方式、生活习惯、思想观念与城市人没多大差别

43. 你信仰宗教吗?(请在合适答案后面打√)

(1) 信(　　);(2) 不信(　　)

44. 如果你信仰宗教,你信仰哪一种宗教?(请在合适答案后面打√)

(1) 基督教;(2) 天主教;(3) 伊斯兰教;(4) 佛教;(5) 道教;(6) 其他宗教

45. 你喜欢的节日是(请在合适答案后面打√)

(1) 春节;(2) 中秋;(3) 情人节;(4) 圣诞节; (5) 其他节日

46. 你对金钱的看法是(请在合适答案后面打√)

(1) 钱够用就可以;(2) 钱生不带来,死不带去;(3) 钱越多越好;(4) 有多少钱花多少钱

47. 你希望居住在城市里吗?(请在合适答案后面打√)

(1) 希望;(2) 不希望;(3) 很想,但没有办法

48. 你认为你快乐吗?(请在合适答案后面打√)

(1) 是(　　);(2) 不是(　　)

49. 你时常会孤独吗?(请在合适答案后面打√)

(1) 是(　　);(2) 不是(　　)

50. 你对自己的前途、工作、生活持什么样的态度?(请在合适答案后面打√)

(1) 乐观;(2) 悲观

51. 你认为你心理健康吗？（请在合适答案后面打√）

(1) 是(　　)；(2) 不是(　　)

52. 你能适应迅速发展的社会变化吗？（请在合适答案后面打√）

(1) 适应(　　)；(2) 不适应(　　)

53. 你赞同认可目前的社会吗？（请在合适答案后面打√）

(1) 认同，说明原因(　　　　　　　　　　　　　　　　　　　　)；

(2) 不认同，说明原因(　　　　　　　　　　　　　　　　　　)

54. 你参加过政治活动吗(比如选举等)？（请在合适答案后面打√）

(1) 参加过(　　)；(2) 没有(　　)

55. 你关注国家大事、国家的发展吗？（请在合适答案后面打√）

(1) 关注(　　)；(2) 很少关注(　　)

56. 你关注国际时事吗？（请在合适答案后面打√）

(1) 关注(　　)；(2) 很少关注(　　)

57. 你支持共产党的领导吗？（请在合适答案后面打√）

(1) 支持(　　)；(2) 说不清楚(　　)

58. 当你个人利益与国家(集体)利益、社会利益以及他人利益发生矛盾时，你会（请在合适答案后面打√）

(1) 坚持个人利益，不惜牺牲国家、社会、他人利益；(2) 牺牲个人利益，维护国家、社会、他人利益；(3) 最好个人、国家、社会和他人利益能够兼顾起来

再次感谢你的参与和回答！

问卷统计结果：

1. 性别比例：

性别	男	女
人数	230	270
百分比	46%	54%

2. 来上海打工时间的长短：

时间	1年以下	1年～3年	3年～5年	5年以上
人数	52	306	103	39
百分比	10.4%	61.2%	20.6%	7.8%

3. 来自省份：

在我们的调查中，来自全国(除台湾省外)各地的农民工都有，甚至有在上海街头卖藏药、藏刀的西藏农民，但来自安徽、江苏、浙江、河南、四川、山东等省份的打工者较多。

省份	安徽	江苏	浙江	河南	四川	山东	其他省份
人数	106	93	77	68	62	54	40
百分比	21.2%	18.6%	15.3%	13.6%	12.4%	10.8%	8.1%

4. 年龄构成：

年龄/岁	18～25	25～30	30～35	35～40	40～45
人数	218	174	50	42	16
百分比	43.6%	34.7%	10.1%	8.3%	3.3%

5. 学历构成：

学历	文盲	小学	初中	高中(或中专)
人数	0	118	243	139
百分比	0%	23.6%	48.5%	27.9%

6. 出来打工的原因与动机(多选)：

排序	原因与动机	百分比
1	城市收入较高、外出见世面	50.6%
2	农村收入水平太低、农村缺乏发展机会、农村太穷	49.7%
3	羡慕城市生活、追求新的生活方式	45.3%
4	增加家庭收入、提高生活水平	41.2%

（续表）

排序	原因与动机	百分比
5	学习技术提高自己为以后创业做打算	38.6%
6	为子女或兄弟挣学费	35.4%
7	为结婚而挣钱	22.3%

7. 从事的工作：

工作种类	体力劳动（建筑业、工厂操作员、修理工、服务员、营业员等）	脑力劳动（文员、会计、主管、人事等）
人数	391	109
百分比	78.2%	21.8%

8. 找工作的途径：

排序	找工作途径	百分比
1	朋友亲戚介绍	38.2%
2	自己到人才市场找	25.1%
3	老乡介绍	20.2%
4	通过中介机构找	16.5%

9. 收入状况：

收入/元	1 200～1 500	1 500～2 000	2 000～2 500	2 500～3 000	3 000～3 500	3 500 以上
人数	162	123	77	64	39	35
百分比	32.4%	24.6%	15.3%	12.8%	7.8%	7.1%

10. 从事工作特点（多选）：

排序	工作特点	百分比
1	以体力劳动为主	78.2%
2	工作很累又不稳定	53.4%
3	工作比较危险（如有毒、反射性等）对健康不利	32.1%
4	工作比较轻松收入又好	23.5%

11. 单位是否交纳各种保险：

单位是否交纳各种保险	百分比
是	93.4%
否	6.6%

12. 出来打工后思想发生的变化(多选)：

排序	思想发生的变化	百分比
1	开阔了眼界	82.3%
2	自己的想法回去后对村里人有一定影响	76.4%
3	自己的生活方式发生了变化	75.8%
4	自己的想法和以前不一样了	68.5%
5	自己的素质和文明程度提高了	61.9%

13. 出来打工回去后对周边农村人有影响的是：

排序	回去后对周边农村人的影响	百分比
1	生活方式	75.8%
2	对孩子教育的看法	72.3%
3	对农村计划生育的看法	67.2%
4	婚姻观念	63.8%
5	起到吸引、表率、榜样作用	48.1%

14. 城里人对你的态度：

排序	城里人对你的态度	百分比
1	一般	42.6%
2	态度较好	21.3%
3	友好	11.5%
4	无歧视	15.2%
5	歧视	9.4%

15. 是否参加过职业培训或者充电学习：

是否参加过职业培训或者充电学习	人数	百分比
是	243	48.6%
否	257	51.4%

16. 学习目的(多选)：

排序	学习目的	百分比
1	学习技能便于找到更好的工作	61.4%
2	学知识	50.8%
3	提高自己学历	38.6%
4	提高自己社会地位	29.1%

17. 学习途径：

排序	学习途径	百分比
1	职业技能培训	23.1%
2	电大	9.5%
3	自学考试	8.4%
4	函授	7.6%

18. 平时娱乐活动方式(多选)：

排序	娱乐活动方式	百分比
1	去找老乡玩	80.3%
2	看电视	73.1%
3	逛商场，由于收入不高很多时候只是看看	54.2%
4	看书，看报纸	38.6%

19. 收入安排(多选):

排序	收入安排	百分比
1	寄回家里补贴家用	76.3%
2	给子女或兄弟姐妹上学	62.1%
3	留着以后创业	48.5%
4	供自己学习用	32.4%

20. 每月各种花费占总收入的比例:

排序	每月各种花费占总收入的比例	百分比
1	大部分	34.3%
2	二分之一	31.2%
3	三分之一	26.3%
4	因工资低而不够花	8.2%

21. 今后打算(多选):

排序	今后打算	百分比
1	继续打工,年龄大了、干不动了回去种地或安度晚年,叶落归根	52.3%
2	好好培养自己的孩子,希望他们能考上大学留在城里	48.6%
3	通过自己的努力留在城里	36.5%
4	利用在城里学习的技术、管理经验回去创业	24.1%

22. 为了生存,在没有任何帮助的情况下,你会选择(多选):

排序	为了生存,在没有任何帮助的情况下,你会选择	百分比
1	饿死也不会犯罪	98.6%
2	乞讨些吃的	32.6%
3	偷盗	5.1%
4	抢劫	0%
5	谋财杀人	0%

23. 回农村后，与农村中的同伴进行交谈，对“同一个问题的看法”你认为：

排序	对“同一个问题的看法”	百分比
1	对问题的看法还是一致的	23.6%
2	有一些观点已经不一样了	76.4%

24. 当你遇到一些问题时，比如遇到拖欠工资，自己的权益受到侵害时，你首先想到用什么来解决问题：

排序	权益受到侵害时，你首先想到用什么来解决问题	百分比
1	法律武器	56.3%
2	无可奈何，自认倒霉	34.2%
3	很冲动，用极端的手段(比如用暴力等)解决	9.5%

25. 对孩子的教育观念是：

排序	对孩子的教育观念	百分比
1	挣钱，砸锅卖铁也要供孩子上学，希望孩子考上大学，将来找个好工作	98.3%
2	对孩子教育不太重视，任其发展	1.3%
3	孩子上学没有用，能识几个字就行了	0.4%
4	百无一用是书生	0%

26. 婚姻状况：

排序	婚姻状况	百分比
1	已婚	47.5%
2	未婚	51.2%
3	离婚没有再结婚	0.6%
4	丧偶	0.7%

27. 赞同的婚姻方式：

排序	赞同的婚姻方式	百分比
1	自由恋爱	87.4%
2	通过婚介或征婚	9.6%
3	父母包办	1.7%
4	早婚	1.3%
5	娃娃亲	0%
6	换亲	0%

28. 认为自己的婚姻大事应该由：

排序	认为自己的婚姻大事应该由	百分比
1	自由恋爱，以感情为基础，对方人品要好，不考虑对方贫富，学历等情况	87.4%
2	通过媒人介绍，最好门当户对	6.2%
3	对方要有一定经济基础，最好有房，车等	3.1%
4	父母包办，听父母的	1.7%
5	不想结婚，想独身	1.6%

29. 对自己嫁娶的地理位置看法是：

排序	对自己嫁娶的地理位置看法	百分比
1	同乡不同村	43.1%
2	同县不同乡	36.2%
3	异县异省	17.5%
4	同村结婚	3.2%

30. 对婚姻的看法是：

排序	对婚姻的看法	百分比
1	婚姻以幸福为标准，不幸福就离婚	54.1%
2	对婚姻不满意，考虑到影响会将就着过	45.9%
3	嫁鸡随鸡，嫁狗随狗，嫁个扁担扛着走(女性要从一而终)	0%

31. 对于没有领结婚证就居住在一起的看法：

排序	对于没有领结婚证就居住在一起的看法	百分比
1	只要感情好可以接受	43.1%
2	只要双方愿意可以接受	35.2%
3	反对	21.7%

32. 你如何看待婚外恋和外遇：

排序	你如何看待婚外恋和外遇	百分比
1	反对	56.3%
2	只要对方人好，可以交往	43.7%

33. 对于女孩傍大款、当小蜜的态度：

排序	对于女孩傍大款、当小蜜的态度	百分比
1	反对	74.2%
2	只要对方人好，可以交往	25.8%

34. 择偶标准(多选)：

排序	择偶标准	百分比
1	道德品行好	100%
2	身体健康	100%
3	外貌要好	67.1%
4	较强的责任心	52.3%

35. 对生育孩子的看法是：

排序	对生育孩子的看法	百分比
1	男女一样，只生一个孩，孩子多负担重，最重要是培养孩子成才	96.1%
2	不要孩子	3.9%
3	重男轻女，最少要生一个男孩	0%
4	养儿防老	0%
5	多子多孙多福	0%

36. 你的消费观念是：

排序	你的消费观念是	百分比
1	量入为出，力求节余	87.2%
2	不太注重品牌，看中了就买	9.4%
3	能挣会花，知足常乐	2.1%
4	追求名牌时尚，高消费	1.3%

37. 对幸福的理解是：

排序	对幸福的理解	百分比
1	衣食无忧，生活安定	64.3%
2	有足够的钱，可以随意消费	21.6%
3	人际关系好，被人理解	12.7%
4	有地位，受人尊重	1.4%

38. 认为自己的精神状态是：

排序	认为自己的精神状态是	百分比
1	经常感到有压力，为将来生活感到焦虑	50.8%
2	觉得前途比较光明	27.2%
3	时常能体会到幸福	11.7%
4	有时会想到自杀	0.3%

39. 追求的目标是(多选)：

排序	追求的目标	百分比
1	家庭幸福	45.8%
2	事业有成	43.1%
3	自我有发展	38.2%
4	儿女有出息	34.7%
5	老来有保障	29.6%

40. 你认为你有哪些品质(多选):

排序	你认为你有哪些品质	百分比
1	艰苦奋斗,自力更生,吃苦耐劳	94.7%
2	孝敬父母	90.1%
3	勤俭节约	86.3%
4	乐观向上;相互尊重	63.5%
5	热爱祖国、热爱家乡	58.2%

41. 你来到城市打工后学到的意识(多选):

排序	来到城市打工后学到的意识	百分比
1	法治意识	84.3%
2	公德意识	81.6%
3	创新意识	76.5%
4	责任意识	73.8%
5	效率意识	69.2%
6	环保意识	64.9%
7	竞争与合作意识	54.2%
8	开放意识	49.8%

42. 你认为将来国家建设的社会主义新农村应该是(多选):

排序	你认为将来国家建设的社会主义新农村应该是	百分比
1	经济发展,城乡差距较小,人民安居乐业	92.5%
2	农村医疗、养老等社会保障比较完备	86.4%
3	农村环境优美	73.2%
4	农民的生活方式、生活习惯、思想观念与城市人没多大差别	68.2%
5	农民的精神文化素质、文明程度较高	55.1%

43. 你信仰宗教吗?

排序	你信仰宗教吗	百分比
1	信	8.6%
2	不信	91.4%

44. 如果你信仰宗教,你信仰哪一种宗教?

排序	如果你信仰宗教,你信仰哪一种宗教	百分比
1	佛教	5.1%
2	基督教	2.3%
3	天主教	0.74%
4	其他宗教	0.21%
5	伊斯兰教	0.08%
6	道教	0.07%

45. 你喜欢的节日是:

排序	你喜欢的节日	百分比
1	春节	84.6%
2	中秋	80.7%
3	其他节日	32.7%
4	情人节	31.5%
5	圣诞节	17.4%

46. 你对金钱的看法是:

排序	你对金钱的看法	百分比
1	钱够用就可以	67.4%
2	钱生不带来,死不带去	13.6%
3	有多少钱花多少钱	11.5%
4	钱越多越好	7.5%

47. 你希望居住在城市里吗？

排序	你希望居住在城市里吗	百分比
1	很想，但没有办法	54.1%
2	希望	31.8%
3	不希望	14.1%

48. 你认为你快乐吗？

排序	你认为你快乐吗	百分比
1	是	79.4%
2	不是	20.6%

49. 你时常会孤独吗？

排序	你时常会孤独吗	百分比
1	是	14.7%
2	不是	85.3%

50. 你对前途、工作、生活的态度？

排序	你对前途、工作、生活的态度	百分比
1	乐观	83.9%
2	悲观	16.1%

51. 你认为自己心理健康吗？

排序	你认为自己心理健康吗	百分比
1	是	84.3%
2	不是	15.7%

52. 你能适应迅速发展的社会变化吗?

排序	你能适应迅速发展的社会变化吗	百分比
1	适应	81.7%
2	不适应	18.3%

53. 你赞同认可目前的社会吗?

排序	你赞同认可目前的社会吗	百分比
1	认同	86.1%
2	不认同	13.9%

54. 你参加过政治活动吗(比如选举等)?

排序	你参加过政治活动吗	百分比
1	参加过	39.2%
2	没有	60.8%

55. 你关注国家大事、国家的发展吗?

排序	你关注国家大事、国家的发展吗	百分比
1	关注	93.4%
2	很少关注	6.6%

56. 你关注国际时事吗?

排序	你关注国际时事吗	百分比
1	关注	73.5%
2	很少关注	26.5%

57. 你支持共产党的领导吗?

排序	你支持共产党的领导吗	百分比
1	支持	96.7%
2	说不清楚	3.3%

58. 当你个人利益与国家(集体)利益、社会利益以及他人利益发生矛盾时，你会选择？

排序	当个人利益与集体、社会与他人利益矛盾时选择	百分比
1	最好个人、国家、社会和他人利益能构兼顾起来	69.5%
2	牺牲个人利益，维护国家、社会、他人利益	22.7%
3	坚持个人利益，不惜牺牲国家、社会、他人利益	7.8%

后 记

写完本书，我的心情久久难以平静，字里行间倾注了我深深的感情。在读硕士、博士期间，我为了更容易接触在上海各个行业工作的农民工，周末就到上海大学嘉定校区自考中心、普陀区业余大学自考办等地方去授课，来报考自学考试和听课的大多是青年农民工。他们到上海后，思想发生很大变化，对学习的渴求异常强烈，上课特别认真和专注。很多青年农民工和我熟悉之后，我就让他们带我去他们工作及居住的地方参观，与他们深入交谈，让他们帮我发放和回收问卷等。正是因为有很多不知道姓名的农民工朋友的积极参与，才使我能够完成本书的写作，感谢他们。即使在我工作之后，我也继续关注青年农民工，在主持课程、带班之余，我对来自外地在中国浦东干部学院工作的女服务员进行了深入访谈，使我的案例更生动，感谢她们。

博士生导师陶飞亚先生严谨的学术态度、孜孜不倦的教诲、高尚的人格魅力使我受益匪浅，感谢陶老师在我读博期间给予我各方面的帮助，也感谢陶老师对本书写作给予的指导。一朝为师，恩情难忘。也感谢读博期间李友梅、仇立平、张文宏、顾骏、张佩国、张江华、肖瑛、陆小聪、金波、郑丽、贺斌等各位老师的大力帮助。感谢上海大学影视学院副院长许正林教授的热心帮助及大力推荐。

博士后导师李路路教授是一个谦和、儒雅、博学、具有高度责任心的良师益友，他对我的工作很支持，不远千里亲自为全国厅局级领导教授《社会管理与社会建设》方面的课。李老师对我博士后期间的学术研究提出很多建设性的指导意见，而且给予本书很多建议，非常感谢李老师无微不至的关怀。

感谢华东师范大学社会发展学院罗国振教授、陈映芳教授、文军教授、卢汉龙教授、阎云翔（紫江教授）、蒋逸民教授、邝春伟教授、姚南强教授、韩晓燕教授等对我工作的大力支持及对学术研究的关心与指导。

学院合作导师冯俊教授是我学习的标杆，在学院工作那么繁忙的情况下，每天读书、写作到深夜，在国内外知名学术期刊发表了一系列含金量很高的专著，令我钦佩。感谢冯俊教授这一巨大的榜样给我带来的工作干劲和对科研孜孜不倦的追求。也非常感谢学院王金定副院长、成旦红副院长、姜海山副院长，教务部夏健明主任，他们对工作的高度热情与责任感，对中国干部教育事业孜孜不倦的追求，对同事们的关心与照顾都令我感动。

学院合作导师、教研部主任郑金洲教授对我工作、科研给予很大的支持，他干练的做事风格、生动流畅的表达艺术、豁达爽朗的宽广胸怀给我潜移默化的影响及深刻的启迪。感谢科研部主任何立胜教授、信息部主任周曦民教授、办公厅主任赵荣根教授、办公厅副主任萧柄楠教授和王洪水教授以及教研部副主任燕乃玲、赵世明教授等对我工作、思想、科研的帮助与指导。在我隔壁办公的于洪生教授是我经常“打扰”的对象，他的低调、博学给我工作科研很多启示。感谢赵泉民教授犀利的语言艺术及深厚的学术功底给我的“冷思考”。

感谢上海交通大学出版社郁金豹副总编以及易文娟编辑的支持与帮助，是他们的辛勤努力、认真细致的工作，才使这本书能够出版。

感谢爱人在完成繁忙的工作之余，辛辛苦苦对我们这个小家的照料，她几乎全部承担了家务劳动，及对三岁多女儿的照顾，她的勤俭、善良及对生活的热爱令我感动，这样我才能在完成工作之余挤出时间做科研。每当她抱怨我工作太忙，照顾不了孩子了时，我就把教研部女教师这一群体的伟大事迹讲给她听，使她能够获得无穷的动力。感谢教研部所有的美女教师，你们不仅承担了学院繁重的教学任务，还经常半夜到机场接前来授课的领导和专家，带班期间住在学院协调教学活动，而且你们还要承担起哺育年幼子女的责任。正是你们的伟大，为我和爱人树立了榜样，使我能够投入到工作科研中去。也感谢学院车队的师傅及服务员们！你们对工作的热爱、负责，及周到细致的服务感染了我及全体中国浦东干部学院的教师。

最后要感谢我的父母，正是你们一直以来对我严格的教育，在我几次想辍学的情况下把我“逼”进学校，直到我考上大学为止。为了给我筹学费，父亲承包了村里外出打工人家的 20 多亩土地，没日没夜地干，脸晒黑了，腰累弯了，落下一身病。母亲一生节俭，勤劳能干。当你们来到上海时，时间不长，就找各种借口要回去，说是没人说话，还是家里好，可以种点菜，养几只鸡，到处走走。

2011年7月中旬，说是家里20多年前盖的房子年久失修，倒掉了，准备再盖新的，不然没地方住，我虽然还欠着银行的房贷，还是向朋友借一些钱，给父母寄回去，以解燃眉之急。你们是天下所有伟大父母的一分子，父母是天下子女成长的坚实脊梁。父母的爱是慷慨的，他们把爱洒给了春露，洒给了秋霜；留给了清晨，留给了黄昏；父母的爱没有陌路界限，是体贴、慰藉、宽容和理解，正是有了家庭父母之爱和祖国母亲之爱所孕育的源源不断的不竭动力，我们国家经济、社会发展才会如此之快。

需要感谢的人实在是太多太多……那我就怀着一颗感恩的"心"去工作，用实践行动感谢每一位的帮助。